Johann Philipp Glökler

Land und Leute Württembergs

Zweiter Band

Johann Philipp Glökler

Land und Leute Württembergs
Zweiter Band

ISBN/EAN: 9783742810915

Hergestellt in Europa, USA, Kanada, Australien, Japan

Cover: Foto ©Lupo / pixelio.de

Manufactured and distributed by brebook publishing software
(www.brebook.com)

Johann Philipp Glökler

Land und Leute Württembergs

Land und Leute
Württembergs

in

geographischen Bildern dargestellt

von

Johann Philipp Glökler.

2. Band.

Stuttgart.
Verlag von C. Cammerer.
1861.

Vorwort.

Nach einer ziemlich langen, unfreiwilligen Unterbrechung, herbeigeführt durch Umstände, die weder vom Verfasser noch vom Verleger beseitigt werden konnten, folgt endlich der zweite Band der geographischen Bilder von Württemberg. Verschiedenerlei Anzeigen und eingängliche Besprechungen haben nach Erscheinen des ersten Bandes das Unternehmen willkommen geheißen, und der bescheidene Wunsch des Verfassers, es möchte dem Werke Seitens der Kreise, für die es besonders bestimmt ist, ein freundlicher Empfang zu Theil werden, ist — es darf dieß hier wohl ausgesprochen werden — in vollem Maße erfüllt worden.

Der vorliegende zweite Band befaßt sich nun ausschließlich mit dem bekanntesten Theil unseres Landes; deßhalb muß bemerkt werden, daß es bei der Fülle des Stoffs oft sehr schwer wurde, das richtige Maß einzuhalten, vom Wichtigen das Wichtigste auszuwählen. Von gar Manchem mußte, wenn auch noch so ungern, Umgang genommen werden, um den gegebenen Umfang nicht zu überschreiten. Versichert kann übrigens werden, daß die Auswahl mit gewissenhafter Strenge getroffen wurde; und so dürfte, hoff' ich, nur Weniges übergangen sein, was der geneigte Leser noch berührt gewünscht hätte.

Nicht unerwähnt glaube ich lassen zu dürfen, daß mit dem noch folgenden dritten Bande, der die wichtigsten Partien des nördlichen Württembergs und Oberschwabens behandeln wird, das ganze Werk zum Abschluß kommt; und auch dieser letzte Band soll in kürzester Frist ausgegeben werden.

Möge nun auch dieser Theil meiner Arbeit eben so freundlich aufgenommen werden, wie der erste! Möge besonders die Jugend, die reifere, gerne zu diesen Schilderungen greifen! Mögen diese Bilder nähren und festigen die Liebe zur Heimath und die Liebe zu Dem, der ihr die Fülle der Wunder geschenkt!

Ludwigsburg, im Februar 1861.

Der Verfasser.

Inhalt.

Inhalt des ersten Bandes.

Schwaben.

Willst Du in die Ferne schweifen,
Weil die Fremde einzig groß?
O die Heimath birgt der Wunder
Reiche Füll' in ihrem Schooß!

Schau die Thäler, schau die Hügel,
Schau die Auen, hold geschmückt:
Rings ein sonnerhelltes Eden,
Dessen Reiz das Herz entzückt.

Wo Du weilst — ein trauter Garten,
Frisch mit Blüthen übersät;
Wonnen spendet da der Morgen,
Wonnen bringt der Abend spät.

Und es winkt der Zaubergarten
Dir zu stetem Frohgenuß;
Tausend Früchte, süß und labend,
Beut er Dir im Ueberfluß.

Und Du wolltest in der Ferne
Suchen erst, was groß und hehr?
Was Du draußen auch magst finden:
O Die Heimath schenkt Dir mehr!

Drum erfaß mit voller Liebe
Immerbar Dein Heimathland,
Und für's gottbeglückte Schwaben
Sei Dein ganzes Herz entbrannt.

Land und Leute Württembergs.

Zweiter Theil.

Stuttgart.

Einmal im Leben die vielgepriesene Königsstadt zu sehen und sich in all ihrem Zauber zu weiden; einmal im Schooße der Stätte zu weilen, die nur Erhabenes, Glänzendes bergen soll: das ist ein mehr oder minder lebhafter Wunsch eines jeden der Söhne des lieblichen Schwabens. Gilt sie doch allwärts, landauf und landab, als Sammelplatz des manchfachen Schönen und Großen, das Kunst und Natur zu erzeugen vermögen! Vermeint ja die wildeste Phantasie, all' ihre luft'gen Gebilde in ihr verwirklicht zu finden! Soll doch Stuttgart es sein, das jeglichen Wunsch erfüllt, jeglicher Hoffnung entspricht! Wie viel von solchen Träumen dem Reiche der Wahrheit zufalle, möge von uns ununtersucht bleiben. Daß aber schon unsere Vorfahren von ihrem Stuttgart eine gar hohe Meinung hatten, ist eine bekannte Thatsache. Läßt doch ein berühmter Mann des 16. Jahrhunderts, Ulrich von Hutten, die Schwaben seiner Zeit Stuttgart ein „irdisches Paradies" nennen! — Wenn wir das Paradies nun auch anderswo suchen, als in der schmucken Hauptstadt des reichgesegneten Schwabenlandes; wenn wir mit jenen ausschweifenden Hoffnungen uns nicht allzu lange beirren: so möcht' es doch an der Zeit sein, genauer und sorgsamer Umschau zu halten in Stuttgart. Gewiß ist, daß es mit seiner nächsten Umgebung des Angenehmen, Schönen, Belehrenden Mancherlei bietet, was des Beschauens, ja was des Ruhmes wohl werth ist. Möge das Bild, das wir jetzt von der „Schönen" entwerfen, weder zu trüb noch zu hell, weder zu grau noch zu rosenroth werden!

1.

Wir fragen zuerst nach der **Lage** der Königsstadt Württembergs*). Ein kleines Seitenthälchen des schönen, weiten Neckarthals auf der linken Seite desselben, unweit Cannstatt, beherbergt die Hauptstadt des Landes. Dieses Thal beginnt bei Vaihingen auf den Fildern, zieht sich von Südwest nach Nordost etwa drei Stunden lang fort und ist von einem kleinen Bache, dem Nesenbach, durchflossen. Anfänglich sehr schmal und zu beiden Seiten von enge sich anschließenden und bewaldeten Hügelabhängen begrenzt, dehnt es sich im letzten Drittel seiner Längenausdehnung zu dem freundlichsonnigen, über eine halbe Stunde breiten kesselartigen Thalbecken aus, dessen nicht ganz ebener Grund die Stadt beinah vollständig einnimmt. Dieses große, runde, fast geschlossene Thalbecken hat eine Tiefe von 600 bis 700 Fuß und bildet eine weite Ausbuchtung, in der die Stadt Raum genug zur ununterbrochenen Ausbreitung findet. Weiterhin verengt es sich wieder etwas durch Vorsprünge der umgebenden Anhöhen und mündet bei Berg — eine halbe Stunde von Stuttgart — ins prächtige Neckarthal.

Unmittelbar an die Stadt schließen sich Gärten und Obsthaine und wohl auch Felder, und bilden einen lieblichen Kranz um die „Schöne," der bis an den Fuß der Hügelabhänge reicht. Diese selber sind bis zu den waldgekrönten Höhen und Berg-

*) Nach E. S. in den Jugendblättern von Barth.

flächen mit schönen Weinpflanzungen bedeckt und mit Landhäusern und Gartenhüttchen geziert. So ruht Stuttgart im Schooße einer freundlichen, manchfach geschmückten holden Natur. Wenn auch seine Lage nicht großartig oder gar weltgeschichtlich genannt werden kann; wenn kein Hauptfluß, kein weites Thal zwischen Gebirgsketten eine wahrnehmbare oder gar auffallende Strömung der weltbewegenden Ideen und völkerbeglückenden Interessen von Land zu Land veranlaßt: die Stätte, die der Haupt- und Residenzstadt des Königreichs Württemberg angewiesen ist, prangt lieblich und schön in freundlicher Thalbucht im milden, fast rings einschließenden Schooße sanftgewölbter Hügel, geschmückt mit den anmuthigsten Reizen üppiger Naturfülle. Lohnt es sich nicht der Mühe, daß wir gerade den weiten Thalschooß von Stuttgart näher ins Auge fassen?

Er wird gebildet von zwei großen Halbkreisen der rebenbedeckten Abfälle der Hügelterrasse, die hinter der Stadt, im Süden, zu einer anscheinend geschlossenen Höhe aufsteigen; von ihr herab laufen die Thalhänge mit verschiedenen Vorsprüngen in sanftgewölbten Stufen in den Thalgrund aus, die oberen steiler, die untern ganz sacht. An ihrem Fuße rahmen sie ringsum die Stadt mit einem dichten Obstwalde ein. Unterhalb der Stadt, im Norden, scheinen sie sich durch niedrigere Vorsprünge von beiden Seiten her wieder zu schließen. Beide Verschließungen sind jedoch, die im Hintergrund wie die im Vordergrunde der Stadt, nur scheinbar; sie sind von Thalpforten durchbrochen, durch welche das Bächlein des Thales sein Rinnsal gefunden hat. Fast rings um Stuttgart treten die Vorsprünge und Abfälle der sie umgebenden Hügelhalbkreise ganz nahe zur Stadt heran, jedoch bei ihren allmäligen Abfällen nicht erdrückend nahe, aber so, daß die ganze Grundfläche des Thalbeckens von der Masse der Straßen und Gebäude bedeckt ist. Deßhalb genießt man auch auf allen größeren und weiteren Straßen den lieblichen Anblick auf die Berge umher und auf ihre üppigen Weingärten.

Unterhalb der Stadt nähern sich aber einander die beiderseitigen gegenüber liegenden Hügelterrassen durch bedeutende, von der Hauptmasse heraustretende, sehr hübsche Vorkuppen, die wie zwei Arme die Stadt umfangen, als wollten sie — wie schon vorhin gesagt worden — das Thalbecken wieder verschließen. Allein die Oeffnung zwischen beiden Vorsprüngen bleibt doch stets so weit, daß die Thalsohle immer noch Raum genug bietet zu den ausgedehnten Parkanlagen des Schloßgartens und sogar zu Gärten und Feldern. Mitten zwischen beiden, unter Bäumen versteckt, zieht sich das Bächlein, das manchmal so wild und ausgelassen daher tobt, zum Neckar hin und kann seine Vereinigung mit ihm fast kaum mehr erwarten. Die am Fuße beider Thalabhänge herabziehenden Terrassen sind mit ihrem sanftgewölbten Abfalle zum Neckarthal eine um so größere Zierde der Landschaft, als sie durch den Rosenstein und die Villa, die großartigen Landhäuser des Königs und des Kronprinzen, gekrönt, gleich Vorwachten das schöne Neckarthal und den zu ihren Füßen hinwallenden Strom beherrschen.

So bildet die ganze Umgebung sammt dem Thalbecken von Stuttgart selbst durch anmuthvolle Hügelbildungen und Thalgründe mit der Fülle des Pflanzenschmucks dennoch eine Landschaft, die einer Residenz und der Landeshauptstadt nicht unwürdig ist, vielmehr den milden Charakter des Landes in einem lieblichen Gesammtbilde in der Lage seiner Hauptstadt verkörpert, des Landes, das durch die reichen Naturgaben, durch den freundlichen Wechsel anmuthiger

Landschaften in Höhen und Gauen, Hügeln und Thälern und durch seinen beinah vollständigen und trefflichen Anbau gleich ausgezeichnet ist.

Betrachten wir übrigens jene beiden Hügelhalbkreise, welche das Thalbecken Stuttgarts umschließen, nochmals, um zu einem anderen Resultat zu gelangen! — Der östliche ist eine mit der ganzen Masse des obern Hügellandes zusammenhängende Terrasse mit bauchig hervortretenden Hügeln und dazwischen ausgetieften Buchten, der westliche ein vorspringender Hügelast, hinter dem noch mehrere ähnliche gegen Westen folgen. Beide gehören zu den Abfällen und Ausläufern der südlich von Stuttgart um 600 bis 700 Fuß höher liegenden Höhenplatte der „Filder" oder eigentlich der Hügelmasse des „Schönbuchs." Diese Hügelbildung, die um Stuttgart auftritt, ist demnach die Bergstufe oder Terrasse, mit welcher das Unterland mit Einem Male zu dem höheren Mittelland aufsteigt. Somit liegt Stuttgart auf der Grenzscheide zwischen dem südlich liegenden württembergischen Oberlande und dem nördlich ziehenden Unterlande, den beiden Haupttheilen Württembergs, welche sich sowohl durch ihre mittlere Meereshöhe, als den davon abhängigen Anbau sehr merkbar unterscheiden; jenes ist mehr dem Ackerbau, dieses aber mehr dem Weinbaue günstig. Von dem Filderplateau führt die Weinsteige in das lebendige Stuttgart. Sie verbindet also das Oberland mit dem Unterland; von ihr tragen aber auch diese beiden Landestheile noch die Namen „Land ob der Steig," „Land unter der Steig," eine Benennung, die zur Zeit der Theilung des Landes (vom Jahr 1441 bis 1482) von ganz besonderer Bedeutung war.

Wenn wir uns auch Stuttgarts geographische Lage merken wollen, so sagt man uns, daß nach ganz genauen Bestimmungen das Gymnasialgebäude unter dem 48° 46′ 32″ nördlicher Breite und 26° 50′ 38″ östlicher Länge (von Ferro) und daß es etwa 800 par. Fuß über der Meeresfläche liege.

Die Lage der Stadt nach den Himmelsgegenden ist — wie die Richtung des ganzen Thals — nordöstlich; deßhalb sind auch die verschiedenen Lagen der Hügelterrassen um die Stadt her der Sonne zugewandt, oder doch ihr zugänglich, und somit sind sie alle zu Rebhügeln geeignet. Das ist nun eine in der ganzen Welt wohl seltene Lage, so lieblich im Schooße der im ganzen Kreise des Beckens rund um Stuttgart her aufsteigenden Weinberge. Aber gerade diese Lage ist es, die den Ostwinden wegen der ganz nahen Terrasse der östlichen (rechtseitigen) Thalwand den Zugang in die Stadt wehrt, während die Südwestwinde die Richtung des Thals treffen. Daher ist auch in der Residenz die Luft im Ganzen nicht die beste und der Gesundheit zuträglichste. Sie ist meist dumpf, und zu Zeiten liegen bis gegen die Mittagsstunde üble Nebel auf dem geschlossenen Thalbecken.

Zu vollständiger Orientirung möge noch von Stuttgarts Stellung zum ganzen Lande und zu Europa die Rede sein. Dazu brauchen wir richtige Karten.

Unschwer finden wir auf diesen, daß die Königsstadt fast im Mittelpunkte des Königreichs liegt. Die mathematische Mitte des Landes wäre zwar beinahe Kirchheim oder Nürtingen, also etwa drei Meilen südöstlicher als Stuttgart; die geographische Mitte wäre wohl das günstig gelegene Plochingen, drei Meilen östlich von Stuttgart, am Eintritt des Filsthals ins Neckarthal. Die Mitte des Hauptverkehrs aber im Lande zwischen Nord und Süd, West und Ost, auf den drei großen Hauptstraßen*), die das Land durchziehen und die zugleich große europäische Straßenzüge sind, ist unstreitig Cannstatt und Stuttgart. Daher mußte der Schwerpunkt des Verkehrs in die Residenz fallen, für welche der Zusammenfluß der Hauptlandesbehörden und der Regierung vollends das entscheidende Gewicht geben mußte. Obgleich also Stuttgart mehr im Nordwesten des Landes — vom äußersten Südosten 18 Meilen, von der nordwestlichen Grenze dagegen kaum 6 Meilen entfernt, während man von den Endpunkten in Nordost und Südost beinah gleichweit, nämlich 12 Meilen, nach Stuttgart hat — liegt, so zieht dennoch die Straßen- und Verkehrsrichtung von allen Seiten her über Stuttgart: von Mergentheim und Hall nach Tuttlingen und Rottweil wie nach Friedrichshafen; von Straßburg und Carlsruhe, von Frankfurt und Heidelberg nach Ulm wie an den Bodensee. Natürlich hat die Eisenbahn, die von Heilbronn bis an den Bodensee eine einzige 34 Meilen lange Bahnlinie bildet und von Bietigheim westlich zum Anschluß an die badische Bahn bei Bruchsal sich hinzieht, den Verkehr von Stuttgart außerordentlich gehoben und gesteigert. Ja diese Schienenstraße wird — so scheint es — ihre Früchte je länger je mehr für die Hauptstadt des Landes tragen, da Stuttgart nun durch eine ununterbrochene Bahnlinie sowohl der Nordsee und England mittelst der westdeutschen Eisenbahnen, als Paris, dem atlantischen Ocean und Amerika selbst mit der großen

*) Diese sind 1) die von Vaihingen an der Enz bis Ulm (Paris—Wien); 2) die von Heilbronn nach Friedrichshafen (Holland — Schweiz; England—Italien); 3) die von Tuttlingen bis Ellwangen (Basel, Genf, Lyon—Nürnberg, Leipzig und Berlin; Madrid—Petersburg.

französischen West-Ost-Bahn so nahe gerückt ist, daß auch in dieser Richtung seine Lage in der Welt eine nur günstige genannt werden muß.

Und wenn wir noch nach der Stellung der Residenz Württembergs auf der Erde sehen, so finden wir vorerst, daß sie im Südwesten Deutschlands (in der Nähe Frankreichs und der Schweiz), im Gebiete des Rheins, östlich vom nördlichen Abfalle des Schwarzwaldes und vorwärts der Hochfläche der schwäbischen Alp, im Neckarlande, und zwar in einer nördlich geöffneten Endbucht des Hügellandes liegt, von den am leichtesten erreichbaren Hauptpunkten des Rheinstroms nur einige Tagreisen entfernt, z. B. von Straßburg über Carlsruhe 28 Stunden, von Mannheim 24 Stunden. Sodann ergibt sich, daß — wie die Karte dieß weist — Stuttgart vom Meere fern und tief im Binnenlande Mitteleuropas seine Lage hat; vom nächsten Meere, dem Mittelmeere, und zwar vom Busen von Genua ist es 77 Meilen, vom adriatischen Meerbusen (Venedig, Triest) 110 Meilen entfernt, bis zur Nordsee und zwar zur Mündung des Rheins bei Rotterdam sind es etwa 80, zur Mündung der Weser 88, und zur Elbemündung etwa 90 Meilen. Und wollten wir von Stuttgart an den atlantischen Ocean bei Havre reisen, so hätten wir 115 Meilen zurück zu legen.

In dieser Beziehung möge nur noch Weniges hier eingeschaltet werden. Die große Wellstraße von Belgien zum Oberrhein, von Ostende nach Triest, von London nach Aegypten und Ostindien führt durch Stuttgart und es ist unsere Hauptstadt von London 120, von Ostende 90, von Cöln 46, von Friedrichshafen 22, von Triest 110 Meilen entfernt. Sodann zieht durch Stuttgart die große Westoststraße (von Paris nach Wien) und es sind nach Paris 90, nach Straßburg 14, nach

München 30, nach Wien 90, nach Belgrad 182, nach Constantinopel 326 Meilen von Stuttgart aus. Somit liegt Stuttgart gerade in der Mitte zwischen Paris und Wien. Endlich ist es die mitteleuropäische Querstraße von Südwest nach Nordost, welche die Residenz Württembergs berührt. Die Entfernung dieser beträgt von Marseille 128, von Lyon 88, von Bern 50, von Basel 38 Meilen; dann sind es nach Leipzig 60 nach Berlin 80, nach Danzig an der Ostsee 135, nach Prag 86, nach Dresden 66, nach Warschau 174, nach St. Petersburg 310 Meilen; ferner nach Rom 146, nach Neapel 176, nach Athen 300, nach Jerusalem 480, nach Kopenhagen 130 Meilen.

Zum Schlusse dieses Abschnitts können wir noch — immer auf der Karte — untersuchen, welche Ortschaften im Westen Europas unter derselben Mittagslinie mit Stuttgart liegen, und werden wir nordwärts, in Wüttemberg selbst, Ludwigsburg, Lauffen, außerhalb des Landes aber Aschaffenburg, den westlichen Scheitel des Vogelsgebirges, Waldeck und Pyrmont beinahe, und etwas östlich Friedrichsstadt in Schleswig finden; südwärts aber werden Reutlingen (etwas östlicher), Constanz, Mailand, und die Mitte der Inseln Corsika und Sardinien mit Stuttgart gleiche östliche Länge haben. Ebenso mag es interessant sein, zu wissen, daß Stuttgart westwärts mit Liebenzell, Calmbach, Baden-Baden, Versailles und in Nordamerika mit Newfoundland (es liegt also bedeutend nördlicher als die Vereinigten Staaten und hat dennoch kein kälteres Klima als die Mitte dieses Staatenverbands), ferner ostwärts mit dem rothen Berge, mit dem Kocherursprung, fast mit Neresheim, mit der Südspitze von Böhmen, mit Sarepta in Südrußland die nämliche nördliche Lage oder dieselbe Entfernung vom Aequator hat.

So wäre nicht nur die Weltstellung, welche Stuttgart einnimmt, eine ziemlich günstige zu nennen, sondern auch die Gegend selbst, in der es liegt, ist eine reizende und anziehende, sofern das kleine Nebenthälchen mit einer völlig unverderbten, von der „Cultur" fast unversehrten, romantischen Natur umgeben und verbunden ist. „Die lieblichen Thäler umher, besonders das schöne Neckarthal; die ausgedehnten Waldungen, welche in Ost, Süd und Südwest in einem breiten, fast ununterbrochenen Gürtel die Stadt umschließen und einen Reichthum der herrlichsten, wie in ursprünglicher Schöpfung gebliebenen Waldpartien in Höhe und Tiefe enthalten, die sich darstellen als prächtige Waldberge, als ruhige Waldthälchen, als tiefe Waldschluchten und vornehmlich als sehenswerthe Wasserfälle, die das Bächlein in seinem oberen Laufe in unerschöplicher Mannigfaltigkeit bildet: dieß alles ist für Stuttgart ein Geschenk, dessen Werth nicht hoch genug geschätzt werden kann, und durch das es für den Mangel einer großartigeren Strombahn und einer großartigeren Weltbedeutung, so wie für den Mangel an großartigerem Glanze der Kunst, den ihm das bescheidene Maß seines Wohlstandes versagte, reichlich entschädigt ist. Zugleich aber ist die Hauptstadt des Schwabenlandes und Schwabenvolkes hiedurch auch eingeladen und leise gemahnt, man möchte sagen unterwiesen und berufen, sich nicht von der Natur und deren Wahrheit und Führung zu entfernen, nie seinen Ruhm in eitlem Prunke der Unnatur und Unwahrheit zu suchen, sondern sich unverrückt an die urkräftige, stets junge Frische der Natur zu halten, an ihr sich zu stärken und das Heiligthum der schwäbischen Treuherzigkeit unversehrt zu bewahren."

2.

Die Karte bei Seite! Wir richten unsern Blick in das Reich der Vergangenheit. Es ist nicht ohne Werth, zu erfahren, wie eine Stadt, eine Landschaft das wurde, was sie in der Jetztzeit ist. Somit wäre ein kleines Stück Geschichte vorzutragen und zwar die Geschichte von Stuttgart.

Allein über den ersten Anbau des Thales, über die Uranfänge der Gründung der Stadt erhalten wir von der Geschichte gar keine Aufhellung. Ob in den altgermanischen Zeiten sich in dem Thalbecken Ansiedler niedergelassen, ob die Römer, an denen wir beim nahen Cannstatt die unzweideutigsten Spuren finden, auch hieher ihre Schritte gelenkt haben: die Gelehrten sind darüber nicht im Reinen. Wir wollen die widerstreitenden Ansichten in dieser Richtung nicht vereinigen oder mit einer neuen vermehren. Nicht unwahrscheinlich dürfte übrigens die Behauptung sein, daß der ganze Thalgrund sogar noch in jenen Zeiten mit Wald und Sumpf bedeckt war, als die entferntere Umgegend — das Neckarthal und die Filderebene — jene ausgedehnten Ansiedlungen der Römer erhielt, von welchen sich heute noch Ueberreste genug finden. Mit Recht sagt ein Neuerer*): „So wasserarm wie in unseren Tagen war es nicht zu allen Zeiten im Stuttgarter Thale. Mit jedem Jahrhundert vorwärts wird es trockener und dürrer. Vieler fischreichen Seen um Stuttgart erwähnt die Chronik. Und Gewässer waren es, welche in der Geschichte und Vorgeschichte so mächtige Diluvialmassen (Schuttland und aufgeschwemmtes Land) im Thale ablagerten. Aeltere Leute erinnern sich noch, in ihrer Jugend

---

*) Dr. Fraas in seinem „geologischen Bilde des Stuttgarter Thals."

in der Gegend vom Bahnhof und Postgebäude Schilf und Binsen geschnitten zu haben. Nur vier Fuß tief unter dem Pflaster fand man dort beim Graben einer Dohle erst kürzlich den Sauerwassertuff mit Mammuthknochen. Wo jetzt der Hauptverkehr Stuttgarts ist — das große Thor, das in die Welt hinausführt — da war noch vor hundert Jahren ein See, nach dem „Landbuch" 35 Morgen groß, der untere See genannt. Außer diesem fanden sich in und um Stuttgart noch andere größere und kleinere Seen. Eben so war der schleichende Nesenbach in seinen jüngeren Tagen ein toller und zorniger Bursche, der oft Gärten verwüstete, Steine in die Wiesen warf, manchmal meuchelmörderisch die Familien in ihren Wohnungen überfiel, kurz: Schaden und Muthwillen verübte, wie und wo er nur konnte. So mag es also vorlängst Zeiten gegeben haben, da es noch nicht geheuer war, in Stuttgart zu wohnen, da der Mensch mit Sumpf und Fluthen um den Besitz des Thales kämpfen mußte. Die ältesten Niederlassungen von Menschen geschahen daher auch nicht im Thale selbst, wo jetzt die Stadt liegt, sondern vielmehr an den Berghängen; auf jenen soliden Keuperterrassen standen die Weissenburg, die Reinsburg, die Bragburg und andere namenlose Bauten, deren Spuren hier noch gefunden werden. Allmälig stieg der Mensch von den Bergen hinab in das Thal, so bald es ihm die Natur erlaubte und gründete an einer lichten Stelle des Waldes ein „Steinhaus" mit einem „Stutengarten;" und dieses soll der erste Anfang der Stadt sein. Hiemit stehen wir an der Schwelle von Geschichte und Vorgeschichte. Keine geschriebene Chronik meldet übrigens von dieser wasserreichen Vorzeit des Diluviums; nur die Profile der Bodenschichten, die bei Erd- und Grabarbeiten sichtbar werden, dienen als Handhabe zu den Schlüssen der Gelehrten.

Allerdings gehen die Alluvionen (angeschwemmtes Land; Gebilde der obersten Fläche des Erdkörpers) der geschichtlichen Periode, in denen Knochen 2c. von noch lebenden Thieren gefunden werden, in dunkeln, fetten, oft schwarzen Lehmboden über. In ihm finden sich die Kreuz- und Querstämme verschiedener Holzarten, die durch die fetten Thone vor dem Vermodern geschützt wurden. So fand man im Jahre 1600 beim Kellergraben in der Nähe des alten Schlosses „viel Eich-Stämme, schwurz und so hart, daß man mit Aexten nichts davon schlagen kunnt.“ Aehnliche Erfunde machte man bei Anlegung der Königsstraße, beim Bau des Marstalls, der Reiterkaserne, des Rosensteins. Besonders ausgedehnt sind die Lehmlager am Rande des Thales, in der Nähe von Mündungen der Seitenthäler. In diesem Lehm, den Regen und Schnee einst aus den weichen Keupermergeln löste, liegen die Reste des Stuttgarter Urwaldes, der uns den Wasserreichthum jener Zeit leicht erklärt; denn wo Wald ist, ist auch Feuchtigkeit und Wasser. Mitten durch den Stuttgarter Urwald strömte wild und ungefesselt ein Wasser, dessen Lauf in einem Konglomerat (Trümmergestein) von Steingeschieben durch die ganze Länge des Thales bis zu seiner Mündung in den Neckar sich verfolgen läßt. Im Gegensatz zu dem Geschiebe des Neckars nennt man es das Stuttgarter Konglomerat, indem alle oberhalb Stuttgart anstehenden Gesteinsarten in Stücken von einem halben Loth bis zu mehreren Centnern, Sandsteine und Kalke von allen Farben und Härten, hier innig zusammengebacken sind. Außerdem ist noch das ganze Thal bis hinunter nach Cannstatt Zeuge vom Dasein zahlloser Mineralquellen, deren Niederschläge hier als fester Kalk, dort als lockerer Kalktuff oder als bloßer Tuffsand je nach Sättigung der Quellen vor sich gingen. Noch heute quellen in Berg und Cannstatt über 30 natürliche und viele künstlich erbohrte Sauerwasser aus unergründeter Tiefe zu Tage mit einer beständigen Temperatur von 14 Grad Wärme und die Gegenwart hat sogar oberhalb Berg ein großartiges Mineralbad hervorgezaubert.

In den genannten drei Gebilden haben sich auch die Reste der Diluvialthiere und Pflanzen erhalten. Die Riesengebeine des Mammuths und andere Ueberbleibsel jener Bewohner des Urwaldes wurden hier gefunden und die gefundenen kolossalen Zähne und Knochen, die im Naturalienkabinet zu Stuttgart aufbewahrt sind, erregen vor andern die Aufmerksamkeit des Naturfreundes. Nur schade ist es, daß auch bei der größten Vorsicht beim Herausgraben diese Schätze der Vorwelt nicht immer unverletzt gehoben werden konnten. Die Erhaltung der Blätter und Früchte von Eichen, Birken, Erlen, Tannen ꝛc. verdanken wir allein dem Sauerwasserkalk; im Konglomerat und den Letten sind die Stämme des Urwaldes aufbewahrt. Die Mollusken sind im Lehm und Kalk in großer Anzahl zu finden, während sie im Konglomerat fehlen.

Die Diluvialperiode tritt hier, wie überall, als die Zeit uns entgegen, welche den älteren Boden für die Jetztwelt bearbeitete und zurichtete. Das Diluvium hat nach dem vorigen Plane der Schöpfung die Aufgabe übernommen, die Kanten und Spitzen der nackten, dem Meer entstiegenen Gebirge zu brechen und abzurunden, die Spalten und Klüfte der Tiefe auszufüllen und die Oberfläche der Erde dem Menschen wo möglich zu ebnen. Darum hat es mittelst der mechanisch und chemisch lösenden Kraft des Wassers eine größtmögliche Mengung der Gebirgstheile zu Stande gebracht: die erste Bedingung eines glücklichen physischen Lebens der Menschen. Das Diluvium ist der große landwirthschaftliche Proceß zu nennen, da der ursprüngliche Boden umgeackert wurde, um Wind und

Wetter das frische Gebirge annagen zu lassen und einen andern Boden für wohnliche Sitze zu legen. Aus vielen Profilen, die den zwischen Stuttgart und Cannstatt erbohrten Brunnen entnommen sind, in welchen man den oberhalb Cannstatt entstehenden Muschelkalk nicht erreichte, ferner aus zahlreichen Schichtenverwerfungen an den Thalgehängen und dem Umstande, daß die Sauerbrunnen einzig und allein dem Diluvialkalk entquellen, ziehen wir folgende drei Schlüsse mit ziemlicher Sicherheit: 1) vor der Diluvialzeit war das Stuttgarter Thal eine tiefe Kluft, eine Spalte im Gebirge; 2) erst in der Diluvialzeit brachen die Mineralwasser aus der Tiefe, und zwar in viel größerer Masse, als heut zu Tage, die zur Ausfüllung der Spalte wesentlich beitrugen; sodann führten gewaltige Süßwassermassen von den Höhen herab aufgelöste Keuper- und Juratheile; 3) eine Aufstauung des Neckarwassers unterhalb Cannstatt ist mehr als wahrscheinlich, und die Folge davon war eine entweder theilweise oder vollständige Ueberschwemmung des Thals.

So ging unter den verschiedenartigsten Einflüssen von Sauer- und Süßwasser, von gelöstem Jura und Keuper, von Thonen und Kalken, von Kiesel und Erden die merkwürdigste Mengung und Mischung des jetzigen Bodens hervor, welche nirgends sonst im ganzen Lande zu finden ist. Wollten wir noch weiter zurückgehen in die Bildung des älteren Gebirgs, so führte dieses uns rings um Stuttgart an alte Gränzwälle zwischen Meer und Festland. Der ganze Keuper mit seinem bunten Schichtenwechsel, mit seinen hundert Farben, mit seinen Sandsteinen und Letten, mit seinen fossilen Fußstapfen und Wellenschlägen, mit seinen Amphibien und Pflanzen ist entschiedene Urbildung. Hier, um Stuttgart, finden sie sich am schönsten und reichsten, die Grenzbreccien, diese zusammengebackenen Schichten, die voll Zähne,

Schuppen, Knochen und Schalenreste von der Brandung zertrümmerter Organismen stecken; hier trotzte der Keuper mit schwäbischer Kraft und Ausdauer dem Andrang des Jurameers, bis er unbesiegt, aber von der Masse erdrückt, endlich in seinen Fluthen begraben wurde. Doch damit kämen wir schon aus dem Weichbild der Residenz hinaus."

Betreten wir jetzt wieder das Gebiet der Geschichte! Wo stund jenes „Steinhaus mit dem Stutengarten?" Unweit der jetzigen Stiftskirche. Von ihm soll die Stadt ihren Namen und ihr Wappen — eine schwarze Stute mit einem säugenden Fohlen vorstellend — erhalten haben. Wie dem sein mag, schon ums Jahr 1105 muß Stuttgart nicht unbedeutend gewesen sein. Um diese Zeit wurde die Stadt von dem bekannten Abt Bruno von Hirschau, dem Bruder des Grafen Conrad von Württemberg, mit einem Schlosse und Keller von beträchtlichem Umfang versehen. Um diese Schutzwehr siedelten sich in rascher Folge viele Leibeigene und Diener an, um Getreide- und Weinbau zu treiben. In der zweiten Hälfte des 13. Jahrhunderts mußte die Niederlassung bereits mit Mauer und Graben umgeben werden. Schon im Jahr 1286 hält sie sieben Wochen lang eine harte Belagerung von Kaiser Rudolph von Habsburg aus. Den Grund zur Größe Stuttgarts legte Graf Eberhard der Erlauchte vom Jahr 1300 an. Die Zerstörung der Stammburg „Württemberg" (Wirtinberg) durch den Feldherrn Kaiser Heinrichs VII., Conrad von Weinsberg, im Jahre 1311 war höchst wahrscheinlich die nächste Veranlassung zur Verlegung der Residenz in dieses Thalbecken. Das Jahr 1320 bringt den „Erlauchten" dazu, Stuttgart zu seiner Residenz und Hauptstadt zu erklären und sie für sich und die Seinen zum Wohnsitz zu wählen. Auch das Erbbegräbniß mit dem Domherrnstift von Beutelspach (im Remsthale, unweit Waiblingen und der Stammburg) verlegte er das Jahr darauf in seinen neuen Wohnsitz. So wurde Stuttgart der Hauptort des kleinen Stammlandes, der anfänglich kaum 10 Q. M. großen Familiengrafschaft Württemberg. Das damalige kleine Städtchen ist in seinem ursprünglichen Umfange als die Altstadt noch jetzt, nnd war in seinen Befestigungen durch Stadtmauer, Graben*), Wall und Thürme noch vor 40 bis 50 Jahren recht gut zu erkennen. Dagegen ist von seinen sieben Burgen umher seit deren Zerstörung im Jahre 1287 auch die letzte Spur verschwunden.

Die erste bedeutende Erweiterung erhielt Stuttgart unter Graf Ulrich dem „Vielgeliebten" vom Jahr 1441 an. Im Westen und Osten der Altstadt entstunden die obere Stadt, genannt die „reiche Vorstadt" und die „Eßlinger Vorstadt, die drei Hauptkirchen, das Rathhaus mit dem Marktplatz u. s. w." Auch Graf Eberhard im Bart wählte im Jahr 1482 trotz seiner Vorliebe für Tübingen, nachdem die beiden Landestheile wieder vereinigt waren, Stuttgart zu seiner Residenz und sorgte namentlich durch eine von ihm 1492 entworfene und erlassene Stadtordnung für Wohlstand und Sicherheit. Zu seiner Zeit, im Jahr 1486, sah Stuttgart die erste Buchdruckerpresse. Während der 52jährigen Regierung des Herzogs Ulrich hatte die Stadt mit Drangsalen aller Art zu kämpfen. Seuchen, Krieg, Ueberschwemmung, Belagerung suchten sie heim. Dagegen brachte ihr das Jahr 1534 die Reformation, welche durch den Nachfolger Ulrichs, Herzog Christoph, volle Befestigung erhielt. Dieser edle Fürst erbaute

---

*) Daher heißen die höher liegenden Straßen um diesen Graben her: die Königsstraße„ am großen Graben," die Eberhardsstraße „am kleinen Graben."

das alte Schloß mit den noch stehenden Thürmen und umgab es zur Beschützung mit Mauer und Graben. Er vollendete die „reiche Vorstadt;“ er umfaßte die ganze damalige Stadt mit Mauer und Graben, gründete eine Wasserleitung für Feuersgefahr und erwählte Stuttgart zum Wohnsitz für die von ihm gebildeten Landeskollegien. An der Stelle, wo jetzt das neue Kanzleigebäude steht, errichtete er ein Gebäude, das den Namen „Stock“ führte, weil an demselben nur ein Stockwerk vollendet worden war. Unter ihm wurden über 1000 Morgen neuer Weinberge um Stuttgart angelegt.

Unter Herzog Ludwig erhielt die Stadt abermals mehrfache Verschönerungen. Das Schloß wurde völlig ausgebaut und durch zwei Thürme verstärkt. Das noch heute stehende Landschaftsgebäude und das nunmehr zum Theater eingerichtete „neue Lusthaus“ wurden aufgeführt. Auch Herzog Friedrich I. schmückte die Stadt mit prachtvollen und kunstreichen Bauwerken und Gartenanlagen, die jedoch später meist wieder zu Grunde gingen.

Gräßliches Ungemach jeder Art brach über die Stadt während des dreißigjährigen Krieges herein. Im Jahre 1636 starb die Hälfte der Einwohnerschaft an pestartigen Seuchen, ja es trat am Ende beinah gänzliche Entvölkerung ein. Und als man sich kaum einigermaßen erholt hatte, setzte eine Reihenfolge schauerlicher Ereignisse die bedrängte Einwohnerschaft wiederholt in eine verzweiflungsvolle Lage, besonders während der Kriege Ludwigs XIV. von 1688 bis 1697. Plünderungen, Niedermetzelungen, Erpressungen folgten sich auf dem Fuße. Doch stockte selbst unter diesen Hemmnissen die Zunahme Stuttgarts nicht. So beschenkte Herzog Friedrich Carl, der Vormund des Herzogs Eberhard Ludwig, die Stadt mit einem Gymnasium, und der letztere, obgleich seine Liebe seiner Schöpfung Ludwigsburg zuwendend, gründete das Waisenhaus und erbaute die erste Kaserne.

Wesentlich trug zur Verschönerung der Stadt der prachtliebende und baulustige Herzog Carl Eugen bei. Von ihm rühren her das neue Schloß, drei Kasernen und das Akademiegebäude. In diesem befand sich die weltberühmte Carlsschule, von Herzog Carl gegründet und sorgsam gepflegt.

Die großen Ländererwerbungen des verewigten Königs Friedrich mußten ebenfalls wohlthätig auf die Ausdehnung der Hauptstadt wirken. Ganze Straßen und Stadtviertel erhoben sich in kurzer Zeit, am schönsten die Königsstraße mit dem Königsthor, dem Marstall, der katholischen Kirche. Das neue Schloß wurde mit Geschmack und Pracht im Innern vollendet. Die Anlage des schönen Schloßgartens, der von Anfang an dem ungestörten Zutritt des Publikums geöffnet wurde, ist das Werk Friedrichs.

Mit dem reinen Wohlwollen des Landesvaters und in der Absicht, den Sitz seiner Ahnen, die Wiege seiner eigenen Kinder blühender zu machen und so das Beste der Stadt zu fördern, setzte des regierenden Königs Majestät die Wirksamkeit des verewigten Vaters fort und unter König Wilhelm erhielt Stuttgart das würdige, unverkennbare Aussehen einer Residenz. In den mehr als 40 Jahren seiner segensreichen Regierung hat sich das äußere Bild der Stadt gänzlich umgestaltet. Luft und Licht sind in ihr volles Recht getreten. Ueberall haben Verschönerungen stattgefunden. Leute, welche ein Jahrzehnt lang außerhalb Stuttgart lebten, können sich — wenn sie es wieder betreten — der Verwunderung und des Staunens über all das Neue und Schöne nicht enthalten. Längst sind die düsteren Farben verschwunden; dick berauchtes Mauerwerk wurde abgebrochen; Plätze und Straßen wurden geebnet und frei gemacht.

Von Jahr zu Jahr wird Stuttgart im Innern und nach Außen größer und freundlicher. Neue großartige Gebäude in edlem Styl und massiver Bauart erstehen alljährlich. Der Schloßgarten in seiner imposanten Ausdehnung hat sich an Umfang und Ausschmückung verdoppelt, und der blühende Rosenstein bildet mit der kronprinzlichen Villa den schönen Schlußstein eines lieblichen Ganzen.

Das Gute und Nützliche mit dem Schönen und Geschmackvollen zu verbinden und den spätern Geschlechtern ein Denkmal der Thätigkeit und Fürsorge für die Wohlfahrt der Enkel zu hinterlassen: das ist es, was den königlichen Willen in seinen Bestrebungen und Handlungen geleitet hat. Daß ihm dieß gelungen, bejahen einstimmig die Zeitgenossen, wird einst die unparteiische Richterin, die Geschichte, rühmend bezeugen müssen.

3.

Wir stehen bereits wieder in der Gegenwart. Die Vergangenheit lief rasch an unseren Augen vorüber, und wir fragen nunmehr nach der Eintheilung der Stadt, wie solche die natürliche Lage mit sich bringt.

Wir hörten bereits, daß aus der Hügelmasse von der Waldhöhe im Hintergrunde des Beckens von Stuttgart ein vorspringender Hügelast sich in den Thalbusen herabsenkt. Sein weit sich vorstreckender Fuß läuft tief in die Stadt hinein. Dadurch bildet er den höher liegenden Theil derselben. Somit ist Stuttgart in eine obere und untere Stadt getheilt. Mit sanfter Senkung verläuft sich der um etwa 100 Fuß höhere Rücken von der obersten Stadt allmälig in die tiefer liegende östliche Hälfte und noch sanfter in den nördlichen Theil derselben. Durch die reinere Luft und die weiteren und geraden Straßen hat die obere Stadt vor der unteren und besonders vor dem inneren, alten Stadttheil unverkennbare Vorzüge. Nur die äußeren Partien der unteren Stadt, die sämmtlich neueren Ursprungs sind, ja sogar größtentheils aus der jüngsten Zeit herstammen, haben ebenfalls weite und gerade Straßenzüge und größere, freie Plätze.

Die Stadt selbst hat einen Umfang von ungefähr anderthalb Stunden; ihr Flächenraum beträgt sechs Zehntel einer Quadratmeile. Ihre Häuserreihen reichen von einem Ende zum andern in jeder Richtung eine halbe Stunde weit. Von Südwest nach Nordwest besteht sie aus sechs Haupttheilen. Diese sind 1) die obere ältere (westliche) Stadt mit 2) der oberen neuen (südwestlichen) Vorstadt, die gegen den genannten hübschen Schlußhügel des Bergastes südwärts aufsteigt; beide machen so ziemlich die eine, westliche, Hälfte der Stadt aus; dann folgt abwärts 3) die innere Altstadt in der tiefsten Gegend des Thalbeckens, einer Mulde zwischen den untersten Ausläufern des eben genannten Schlußhügels; sie ist ein ovales und beinahe geschlossenes Hauswerk enger, winkeliger, manchmal finsterer Gassen mit kalter, übler Luft; im Osten der Altstadt, durch zwei breite Straßen geschieden, zwischen welchen das Thalbächlein hinfließt, liegt dann 4) die alte, sogenannte Eßlinger Vorstadt, der vorigen ähnlich; beide setzen sich rückwärts, südlich, fort 5) in die am nördlichen Fuß jenes Hügels liegende neuere Tübinger Vorstadt, durch diese fließt das Bächlein des Thales, benützt von einer Menge Gerbereien, in die Stadt herein; endlich 6) am entgegen gesetzten, nördlichen, Ende der unteren Stadt findet sich der schönste Theil der ganzen Stadt, die ebenfalls neuen und neuesten Straßen um das Residenzschloß her. Somit enthalten die beiden äußersten

Enden der Stadt, der eben genannte Theil und die oberste Vorstadt die schönsten Gebäude und Straßen.

So hat Stuttgart, wie eine großartige Weltstadt, seine durch besonderen Charakter sehr augenfällig sich auszeichnenden Gegenden, ja man kann in dieser Residenz ein, wenn auch kleines Bild einer Weltstadt bekommen. Auch in Stuttgart liegt, wie z. B. in Paris, das große Residenzschloß mit dem Schloßgarten am untern Ende der Stadt. Es ist demnach in Stuttgart auch eine Gegend des Adels und der feinen Welt (in dem 6., zum Theil auch in dem 2. der oben angeführten Haupttheile), eine Gegend der Beamten und Mittelklassen (nämlich in dem 1. und theilweise 2., 5. und 6.), eine Gegend der vornehmen Kaufleute (hauptsächlich die Königsstraße, welche die Mitte der Stadt in ihrer ganzen Länge durchzieht), eine Gegend der kleineren und billigeren Gewerbe (die Altstadt, in dem 3.), eine Gegend der Weingärtner und ihrer Gewerbe und der ärmeren Leute (zum Theil auch des Gesindels, das in jeder großer Stadt sich einnistet, in dem 4.), eine Gegend des Verkehrs vom Lande her (eine der beiden großen Straßen zwischen dem 3. und 4.) und endlich eine Gegend der Gerbereien xc (in dem 5.). Der Bahnhof liegt am Nordende der Stadt, unweit des Residenzschlosses.

Auffallend ist hiebei, wie die vornehme Welt ihre Wohnplätze in der Stadt geändert und sie immer in die neueste, am schönsten gebaute Gegend verlegt hat. Ehe die Residenz ihr jetziges vornehmes Aussehen hatte, begnügte man sich mit den besseren Wohnungen der oberen Stadt. Als in Folge der Erhebung des Staats zum Königreich auch die Königsstadt auf einmal ein königliches Ansehen gewinnen sollte und ganz neue Stadtheile entstanden, zog sich der Adel und der höhere Beamtenstand, der in Stuttgart wenig eigene Häuser besitzt, also meist zur Miethe wohnt, in die damals neuen, hübscher gebauten Straßen, und bei der jüngsten Erweiterung der Stadt mit noch schöneren Häusern und Straßen am nördlichen Ende der unteren Stadt wurden diese bezogen.

Auch die Bauart dieser Stadttheile ist verschieden. Theilweise besitzt Stuttgart allerdings ein altes, aber durchaus kein alterthümliches Ansehen. Es fehlt ihm ganz das Gepräge einer mittelalterlichen Hauptstadt, wie solches auch nur Ulm und Heilbronn, ja sogar Eßlingen in den alten schönen Kirchen und Thürmen, sowie im germanischen Baustyle der alten Gebäude und Straßen haben. Auf allen Seiten geöffnet und sehr arm an Kirchen und Thürmen, hat Stuttgart theils den Charakter der älteren schwäbischen Landstädtchen in der Altstadt und Eßlinger Vorstadt, theils den der schwäbischen Landstädte neuerer Zeiten in der oberen älteren und in der Tübinger Vorstadt, theils den modernen Geschmack in der oberen neuen Vorstadt und in den neuesten Straßen um das Residenzschloß her.

Somit reisen wir in Stuttgart in sehr von einander verschiedenen Städten herum. In den neuesten Gegenden der Stadt, vornehmlich beim Eintritt in die Residenz vom Neckar und auch vom Bahnhofe her, glauben wir uns in eine Stadt der Paläste versetzt. In der großen oberen älteren Hälfte der Stadt sehen wir nichts von Pracht und Glanz und Baustyl. Und in der inneren Altstadt, sowie in der Eßlinger Vorstadt befinden wir uns gar in einem alten, häßlichen und übelriechenden Landneste; nur einzelne restaurirte Häuser wagen es, das residenzliche Ansehen kund zu thun oder zu wahren.

Bis auf die neuere Zeit stand überhaupt die Bauart auf einer sehr untergeordneten Stufe, was seine Ursachen in dem ganz früheren Charakter der Stadt und des Schwabenvolks dieser Gegenden insbesondere hatte. Man baute von Holz mit Riegelwänden, und Sparsamkeit war der leitende Gedanke bei jedem Bauwesen. Darum verlohnte es sich dem Baumeister nicht, auf Reisen und bei Meistern der Baukunst seinen Geschmack auszubilden. Sodann konnte man sich früher in Stuttgart für den Mangel an architektonischen Schönheiten durch den Reichthum an Gärten und Bäumen entschädigen, den die noch wenig volkreiche Stadt damals besaß. Heut zu Tage haben aber gerade diese Gärten um die Stadt her den weiten Gebäudestraßen weichen müssen. Denn wo man mit der Erweiterung der Stadt hinaus wollte, mußte man in die Gärten eingreifen, die von allen Seiten Stuttgart so lieblich und wohlthuend umgaben. Deßhalb hat man, seit die Wohnungen in die Gärten verlegt sind, diese in jene verpflanzt mit ganzen Gruppen von Blumen und Pflanzen aller Art in den Zimmern. Erst seit einigen Jahrzehnten fing man an, in einem mehr soliden Sinn, der vom Throne ausging, zu bauen, und dem Kunstgeschmack die schuldige Huldigung darzubringen. Das vortrefflichste Material in der unmittelbarsten Nähe Stuttgarts — die Werksteine aus den mittleren Sandsteinlagern des Keupers auf beiden Seiten der Bergfelder um die Stadt her — erleichterte diese Richtung des Baustyls. Die prunkvollen Bauten der Neuzeit, wie man sie in den neueren Stadttheilen und besonders in der Königsstraße sieht, sind Zeuge dieses gehobenen Kunstgeschmacks. Gerade die Königsstraße behauptet unter allen Straßen den ersten Rang. Sie ist der belebteste Theil der Stadt. Bis tief in die Nacht hinein rollen Carossen hin und her, schmettern leichte Einspänner vorbei, wogen auf beiden Seiten die Menschen auf und ab. Die Schaulust findet hier eine blumenreiche Weide. Die angesehensten Läden haben ihre verführerischen Schätze ausgebreitet. Die schönsten Kleiderstoffe, je nachdem es die Jahreszeit erfordert, sind an den Schaufenstern ausgestellt. Schätze aller Art, die der gesteigerte Kunst- und Gewerbfleiß hervorbringt, locken mit ihren Reizen die Neugier an. — Rechts und links münden die bedeutendsten Straßen in die „Prachtvolle“ ein; durch sie bewegt sich das hiesige Leben in seinen bedeutungsvollsten Beziehungen. Kein öffentlicher Aufzug, kein festliches Gepränge, kein militärischer Glanz, kein hoher Besuch, der sich nicht in dieser Straße zeigte!

Bei dem Allem ist sie aber auch wieder bescheiden und tolerant, diese Straße. Neben der vornehmen Welt wandelt der schlichte Bauersmann behaglich auf und ab, um sich zu weiden an all dem dargebotenen Schönen. An seiner Leine führt der Metzger zuweilen auch eine alte Kuh oder ein trauriges Schaf, oder schnattert auf ihr besonders beim Beginn des Winters die pure Einfalt vom Lande in Gestalt einer Heerde Gänse. Trotz ihres stolzen Namens ist die Königsstraße dennoch sehr populär,

Am belebtesten ist sie Mittags und Abends. So bald die Glocke 12 Uhr schlägt, bewegt sich von der neuen Kaserne hinweg fast durch die gesammte Länge unserer Straße bis hin auf den Schloßplatz tagtäglich und Jahr aus und ein die sogenannte Wachparade mit rauschender Musik voraus. Zur gleichen Stunde öffnen sich die Kerkerthüren der Fabriken und Comptoirs, machen sich essenholende und kinderwartende Mädchen, Arbeiter der Handwerksmeister und Fabrikanten auf der Königsstraße zu schaffen; aus allen Gassen und Gäßchen fließen die Menschenwogen in Stuttgarts Hauptstrom und rauschen, die Musik in der Mitte, gegen den Schloßplatz. Die letztere, je die Musik eines Regiments, belebt mit ihren lustigen, muthigen Märschen, mit ihren hüpfenden Tänzen mit Großtrommelbegleitung und den Capriolen des pferdebeschweiften türkischen Halbmonds die ganze Straße. Auch bei schneidender Kälte sind um diese Zeit zu beiden Seiten derselben alle Fenster geöffnet und mit freudigen Zuschauern besetzt. Wie regt und bewegt es sich dann in mancher Brust bei den munteren Tönen! — Diese Zwölfuhr-Parade ist zwar eine „alte" und alltägliche „Geschichte", aber auch eine von jenen, die immer neu bleiben und immer wieder Reize für Schau- und Hörlustige spenden.

Besehen wir uns aber die Königsstraße auch ohne Musik! In ihrer unteren Hälfte wurde sie schon von König Friedrich 1806 begonnen; vollendet wurde sie jedoch erst unter König Wilhelm. Kaum wird eine andere Stadt eine solche Straße aufzuweisen haben, die durch ihre bedeutende, schnurgerade Länge, ihre behagliche Breite, ihre schönen Häuser und Paläste, sowie durch ihre Belebtheit ihr gleichkommt. Selbst die neueste Zeit sucht ihre Verschönerung noch zu erhöhen; die Häuser-Vortreppen, welche die Trottoirs unterbrechen, verschwinden nach und nach gänzlich, oder werden sie innerhalb der Häuser aufgeführt, um nicht länger einen Stein des Anstoßes zu bilden; neue geschmackvolle Gebäude treten an die Stelle der alten, um der schönen Straße zur erhöhten Zierde zu gereichen. Ob wohl auch die einzige, die Straße noch verunstaltende Hausecke dem guten Geschmack der Neuzeit zum Opfer fallen wird? Ganz besonders erhöht aber „der Königsbau", gegenüber dem K. Residenzschlosse und an der Seite des Kronprinzlichen Palastes mit seinen Säulenreihen und seiner großartigen Architektur das königliche Ansehen dieser Straße.

Was Stuttgart, was namentlich die Königsstraße geworden: dem hier residirenden Hofe haben sie's zu verdanken. Und der solide Wohlstand, die Freundlichkeit der Wohnungen und Straßen sammt der Freundlichkeit der Menschen: sie drücken zugleich der Stadt den Stempel der Behaglichkeit auf.

Die schmucken Schaufenster in den Erdgeschoßen der Häuser auch anderer Straßen kramen die Ueppigkeit und den Luxus reicher Schätze und Herrlichkeiten aus. Diese Straßen und palastartigen Häuser haben Stuttgart gegen früher einen ganz veränderten Charakter geschaffen, sie haben es großstädtisch gemacht. Und Stuttgart besieht sich selber so gerne in diesem glänzenden Spiegelbild, bietet der Schaulust für ihre gierigen Blicke gerade in diesen Theilen volle Befriedigung, während es minder schöne, ja winkelige, finstere Gegenden gern zu verhüllen bemüht ist, oder sich anstrengt, auch ihnen ein freundliches Kleid anzulegen.

An diese Darstellung des innerlich und äußerlich Schaubaren knüpft sich aber unwillkürlich der Gedanke, wie die Zeitläufte, das Wachsthum des Landes von der Grafschaft bis zum Königreich, immer mehr Einwohner in diese Mauern lockten, wie der Zehrer den Nährer, wie der Erzeuger unwägbarer Produkte den der wägbaren in dieses Thalbecken hereinrief, wie eine Handthierung die andere forderte und so jeder Generation die folgende in vermehrter, ja in steigender Zahl sich anfügte.

4.

Mögen wir endlich einzelne großartige Bauten und Kunstgegenstände beschauen! *) Wir beginnen mit dem Königlichen Residenzschlosse. Wir verschaffen uns bei der Schloßinspektion im alten Schlosse leicht eine Einlaßkarte, und ein Diener läßt uns mit Muße und ohne Drängen alles betrachten, was unsere Aufmerksamkeit fesselt.

Zwar ist das Königshaus nicht großartig und imposant; aber es ist eine liebliche Residenz. Unbeschadet eines günstigen Eindrucks auf den Beschauer hätte es wohl noch einen Stock höher gebaut werden dürfen; aber dann wäre ihm auch der Charakter des Herablassenden, Einladenden benommen gewesen; es hätte dann denjenigen des Ueberhebenden, Verschlossenen, Unzugänglichen angenommen und sich mit dem Wesen seiner hohen Bewohner in Widerspruch gesetzt. Das Einfach-Schöne, das Nützlich-Angenehme ist der Charakter des Residenzschlosses.

Schon oben wurde gesagt, daß Herzog Carl Eugen der Erbauer dieses Schlosses sei. Am 3. Sept. 1746 legte er den Grundstein zu demselben. Seine Vollendung verdankt es übrigens dem Könige Friedrich, welcher von 1805 bis 1807 den innern Ausbau des rechten Flügels und der übrigen unvollendeten Theile des Ganzen bewerk-

*) Großentheils nach der „Beschreibung des Stadtdirektionsbezirks Stuttgart. 1856."

stelligen ließ. Gegen Nordost stößt das Schloß an den Königl. Hofgarten, gegen Südost an die Akademiegebäude; seine Südwestseite mit der reizenden Aussicht auf die Planie wird von einem hübsch-angelegten Garten eingeschlossen, und gegen Nordwest breitet sich vor ihm der umfangreiche Schloßplatz aus. Auf diesem stellen wir uns erst auf. Vor uns ist geöffnet das mittlere der drei Thore, von dessen Postamenten die beiden kolossalen Schildhalter, Löwe und Hirsch, auf uns herabblicken. Der innere Schloßhof ist von dem großen Schloßplatze durch geschmackvolle Barrieren abgegrenzt. Wir verweilen noch einen Augenblick in dem inneren Schloßhofe. — Von hier aus stellt sich uns der Bau aus drei Theilen bestehend dar. Der mittlere Haupttheil ist auch das Hauptgebäude (Corps de Logis) und mißt auf seiner Rückseite 600, auf der Vorderseite aber, die uns gerade im Gesicht liegt, 300 Fuß. Zu beiden Seiten dieses Theils sind — links und rechts von uns — die Flügelgebäude, jedes ebenfalls 300 Fuß lang. Der Durchschnitt des Corps de Logis, sowie der Flügel und Vorsprünge beträgt 70 Fuß, so daß die Flügel gegen den Schloßhof eine Façade von 140 Fuß Breite haben. Rechnen wir das Erdgeschoß auch mit ein, so hat das Schloß drei Stockwerke, von denen das dritte aber auf allen Seiten aus Mansarden besteht; nur auf der Seite gegen den Schloßhof wechseln diese mit geraden Stöcken und Attiken darüber. Auf sämmtlichen in Zwischenräumen durchbrochenen Attiken sowohl, als auf den Verdachungen der Frontons sind verschiedene von Kinderengeln, Trophäen und andern Attributen begleitete Statuen aufgestellt, welche die fürstlichen Eigenschaften und Tugenden versinnlichen sollen. Die Fenster sind, mit Ausnahme derer in den Vorsprüngen, die rundbogig, und derer der Südseite, welche horizontal bedeckt sind, im Stichbogen, die Thüren sämmtlich im Rundbogen überwölbt. Das ganze Gebäude ruht durchaus auf einem Pfahlroste, ist aus glattbehauenen Sandsteinen gearbeitet und hat einen glücklichen und ganz gleichen Farbenton. Das ziemlich flache Dach ist mit Schiefer bedeckt.

Den interessantesten Anblick bietet das Schloß auf der westlichen Seite dar; man übersieht da das Hauptgebäude mit den beiden Flügeln. Auf den Vorderseiten der letzteren, vor denen sich Freitreppen ausbreiten, tritt die mittlere Partie gleichsam als Avant-Corps hervor. Zwei Paar auf gemeinsamem Sockel stehende toskanische Säulen und zwei Pilaster tragen einen Balkon, der in der Mitte noch einen von zwei ähnlichen Säulen gestützten Vorsprung hat. Drei rundbogige Eingangsthüren führen im Erdgeschoß durch diese Flügel ins Innere; drei ähnliche öffnen sich auf dem Balkon. Außer diesem Westportal haben die Flügelgebäude noch ein weiteres gegen den Hof sich öffnendes Portal mit einem von zwei gekuppelten toskanischen Säulen und zwei Wandpfeilern getragenen Balkon. Am schönsten stellt sich aber das mittlere Hauptgebäude mit seinen drei vollendeten Stockwerken dar, deren drittes noch eine Attika mit freistehenden Figuren trägt. In der Mitte springt es als Avant-Corps mit abgerundeten Seitenflächen hervor. Diesem baut sich ein großer Portikus aus gegekuppelten dorischen Säulen und Wand-Pfeilern mit einem Balkon vor, der mit einem durchbrochenen steinernen Geländer und dazwischen aufgestellten Postamenten mit Kindergruppen umzogen ist. Vor diesem Portikus, der zur Auffahrt dient, sitzen auf Postamenten einerseits Minerva, andrerseits Herkules, in Sandstein gehauen, über lebensgroße Figuren. Das Giebelfeld, durch welches das Avant-Corps nach oben abgeschlossen wird, enthält in hübscher Darstellung das württembergische Wappen, auf der einen Seite von einer sitzenden Pallas mit dem Oelzweig in der Hand und einer neben ihr mit Blumen tändelnden Kindergruppe, auf der andern von einem ruhenden Mars und einer andern mit Kriegsgeräthschaften spielenden Kindergruppe umgeben. Das Dach hat die Form einer von einem vergoldeten Geländer eingefaßten Kuppel, über die sich die kolossale vergoldete Königskrone erhebt, die im Glanze der Sonne gar herrlich prangt.

Ehe wir in das Königshaus selbst eintreten, betrachten wir noch jenes Monument, das der 10. December des Jahres 1859 enthüllte: es ist das Standbild des Herzogs Eberhard im Bart, welches der kunstliebende König durch die gewandte Hand des Bildhauers v. Hofer gestalten ließ. Der königliche Enkel wollte durch dieses Denkmal seinem erhabenen Ahnherrn den Tribut der Liebe und Dankbarkeit zollen.

Drei Stufen führen zu dem Piedestal von Granit, auf dem das Kunstwerk ruht. Mit Hinzurechnung dieser Stufen hat das Piedestal 14 Fuß Höhe. Auf seiner Vorderseite zeigt es das herzogliche Wappen Eberhards und unter diesem mit römischen Buchstaben und Zahlen in Bronce die Inschrift: „Eberhard im Bart, Württembergs erster Herzog. 1495.“ Auf der Rückseite ist dagegen das königliche Wappen von Württemberg angebracht, und unter diesem lesen wir: „Seinem großen Ahnherrn König Wilhelm 1859.“ Auf den beiden Langseiten sind zwischen doppelten Pilastern je zwei Kränze — und zwar, um die Eigenschaft des Helden und des Regenten zu bezeichnen, Lorbeer- und Eichenkränze — eingelassen. Das Konstruktive des Piedestals führte von selbst zu den Pilastern, welche die Fugen bedecken, und indem die Gliederung nicht ganz modern ist, vermittelt sie den Uebergang von den Umgebungen der Neuzeit zu der Rittergestalt des Mittelalters.

Eberhard selbst erscheint als Heerführer hoch zu Roß, mit der Rechten das Schwert emporhebend, mit der Linken das schöne Pferd anhaltend, welches der kräftigen Hand parirt. Der Herzog prangt in voller Rüstung, im gothischen Kostüm aus der Zeit des Kaisers Maximilian I. Sein Schwert ist treu nachgeformt jenem Geschenke, welches Eberhard einst von dem eben genannten Kaiser erhalten hat und das — als das einzige von Eberhard noch vorhandene Waffenstück — im Besitze unseres erhabenen Königs sich befindet. Dieses Schwert wurde dem Herzog bei feierlichen Anlässen vorausgetragen. Der Knauf zeigt die Wappen von Württemberg und Teck, welche auch mit dem Wahlspruch „Attempto“ auf der reichverzierten Scheide angebracht sind, die vom Künstler ebenfalls mit besonderer Sorgfalt und Treue im Standbild ausgeführt ist. Den Ritterhelm krönt der Federschmuck. Von dem edlen Angesichte fließt majestätisch der Bart herab. Der Ausdruck der ernsten und zugleich milden Züge läßt uns in dem Helden jene Religiosität ahnen, welche den Grundzug in dem Wesen Eberhards bildete. — Die Figur des Herzogs ist 9 Fuß, Roß und Reiter zusammen sind 13 Fuß hoch. Das Ganze zeigt gediegene Auffassung und gelungene Vollendung. — So blickt hinfort Eberhard als schützender Genius hinein in die vor ihm sich öffnenden Räume, mahnend an altdeutsche Treue der Württemberger gegen ihr Herrscherhaus, schirmend Verfassung und Recht. Das Standbild selbst wird aber den spätesten Enkeln erzählen, was König Wilhelm durch Aufstellung desselben bekunden, was er seinem Volke recht tief einprägen wollte. —

Treten wir nun unter dem Portikus des Hauptgebäudes durch das Hauptportal in das Innere des Schlosses ein! Eine sehr helle und geräumige, aus mehreren Abtheilungen bestehende Vorhalle nimmt uns auf. Die sogenannte Marmortreppe führt uns in den obern Stock. An den Wänden laufen Pilaster mit korinthischem Kapitäl empor, auf denen das überreich verzierte Hauptgesims ruht. Durch ein Vestibule gelangen wir in den großen Marmorsaal. Er hat eine länglichrunde Grundform und ist 63' lang, 40,5' breit und 40,5'' hoch. An den mit verschiedenem farbigem Marmor bekleideten Wänden laufen marmorne Säulen und Pilaster empor, die mit metallenen Fußgesimsen und Kapitälen geschmückt sind. Sie tragen das Gesimse, das sich zu einer um den ganzen Saal laufenden Gallerie bildet. Das Gemälde des Spiegelgewölbes der Decke zeigt in der Form eines ovalen Bildes das eben vollendet von Engeln in die Rahme gehoben wird, eine allegorische Darstellung.

Die südlich an den Marmorsaal anstoßenden sog. Gesellschaftszimmer durchwandernd, treten wir in den Thronsaal und von da in zwei mit ausgezeichneten Freskogemälden geschmückte Säle. Diese Bilder stellen Begebenheiten aus der württembergischen Geschichte dar. Den Ausfall Graf Eberhards des Erlauchten aus der belagerten Stadt Stuttgart (im J. 1286), die Schlacht bei Eßlingen zwischen Ulrich dem Vielgeliebten und den verbündeten Reichsstädten (1449), den Einzug des Herzogs

Eberhard im Bart in Tübingen (1495) sieht man im ersten Saale äußerst ansprechend und gelungen gemalt, im zweiten aber den Ueberfall im Wildbad (1367), die Zerstörung der Feste Berneck (1368) und die Schlacht bei Döffingen (1388). Wie kühn der greise Eberhard der Greiner, hoch zu Roß, den Blick auf die Gruppe links gewendet, die den gefallenen Grafen Ulrich in sich schließt, sich muthig auf die Massen der fliehenden Feinde wirft, ausrufend: „Mein Sohn ist wie ein anderer!"

Wir gelangen, den rothen Marmorsaal und den Koncertsaal durchschreitend, in den weißen Saal. „Beim Eintritt in denselben zieht unwillkürlich das mittlere und größte Plafondgemälde, das in einer Höhe von 40 Fuß erscheint, das Auge auf sich und überrascht durch den Glanz und die Frische der Farben. Im Hauptbilde gruppirt sich ein vielbewegtes Leben von herrlichen Gestalten um die lichtstrahlende, auf einer Quadrige stehende Erscheinung des Phöbus Apollo, welcher, von den vier Sonnenrossen gezogen, als der in der Welt des Geistes und der Natur triumphirende Lichtgott mit all dem ihm zugehörenden Gefolge auf der Wolkenbahn dahinzieht. Zunächst vor ihm schweben, einen Schleier um sich, der von einem frischen Winde geschwellt ist, die Grazien; vor diesen die blumenstreuenden Horen und unter diesen die anmuthigen Gestalten von Jünglingen, welche den Thau der Nacht und des Morgens aus ihren Amphoren zur Erde hinabgießen. Dem Sonnengotte nach und hinter dem Wagen desselben folgen in mannigfaltiger Gruppirung die neun Musen, welche das auf der Basis des Naturlebens entwickelte geistige Lichtleben zur Anschauung bringen und darstellen sollen. An die Seiten dieses Hauptgemäldes schließen sich zwei Bilder an, die wie episodisch den Gedanken des Ganzen begleiten und Erweiterungen desselben sind: Venus und Eros; Bacchus und Ariadne. Liebe und Wein in diesen mythologischen Göttern personificirt, ordnen sich dem Ganzen in entsprechender und wohlbegründeter Stellung als Seitenbilder ein. Zwischen diesen durch und als Folie der Hauptgemälde ziehen sich die Gestalten lieblicher Knaben arabeskenartig an der Decke hin. Diejenigen, welche um Venus und Eros gruppirt sind, thun ihr Möglichstes, durch Musik dem heiteren Sinne dieser beiden Gottheiten einen lyrischen Ausdruck zu geben. Um den Cymbelschall und Flötenton in die nöthige Harmonie zu bringen, haben sie einen Kapellmeister ihresgleichen in der Mitte. Um Bacchus und Ariadne üben ähnliche Knabengestalten, paarweise zusammengestellt, den heitern Dienst des Weingottes, und da stufenweise die Wirkungen ihres fröhlichen Dienstes an ihnen sichtbar werden, sieht man ihre Weinlaune in lustiger Kurzweil sich bethätigen.

Die Eckseiten des Saals enthalten vier weitere Gemälde, welche die Grundpfeiler des Ganzen bilden. Es sind die mythologischen Figuren des Pluto und der Proserpina, des Poseidon und der Thetis, des Aeolus, welchem eine Aeola beigesellt ist, der Ceres und der Jasion: es sind die Repräsentanten des Feuers, des Wassers, der Luft und der Erde, die personificirten Elementarkräfte, welche die Träger des irdischen Daseins sind, und dem Helios mit seinem Gefolge die Stätte bereiten, auf welcher er mit seinem Lichteinfluß sich wirksam erweisen kann. Von diesen sehen, wie in dem Gefühle eines höheren Waltens über ihnen, die Gottheiten des Feuers, des Wassers und der Erde zum Hauptbilde, zur Sonne, empor. In halber Höhe des Saals, an einem kleinen Seitenplafond, sind noch drei freundliche Amoretten, welche im Hinterhalt zu liegen scheinen, um, was von den Wirkungen der oberen Götter etwa verschont bliebe, für sich in Anspruch zu nehmen. Der mittlere dieser Kleinen schläft in sanfter Ruhe auf Wolken, aber so, daß ihn das leiseste Flüstern erwecken könnte. Von den beiden andern befühlt einer die Spitze seines Pfeils, während der zweite die Stärke seines Bogens versucht. — So hat der Künstler ein Ganzes geschaffen, das richtig motivirt und mit höherem ästhetischem Gefühle eingehalten nicht blos dem Zwecke des Saals entspricht, sondern als Kunstwerk e i n e n Gedanken verfolgt und in einer Weise ausgestattet zur Darstellung bringt, wie es nur einem Meister der Kunst möglich ist. Da der Saal selber ungewöhnlich prächtig, lichtvoll und schön in seinen Verhältnissen ist, die ihn schon an und für sich zu etwas Ungewöhnlichem machen, und da die Ornamentik reich ist ohne schwerfällige Ueberladungen, so ist die Harmonie dieser Kunstschöpfung eine vollendete und der Eindruck des Ganzen ein überwältigender. Wie so viele großartige Schöpfungen in dieser und in andern Richtungen von dem hohen Fürsten unseres Landes ausgegangen sind, so hat auch diese jüngste Kunstschöpfung, die für alle Zeiten ihren unbeschränkten Werth haben wird, nur durch die hochsinnige Kunstliebe und wahrhaft königliche Munificenz möglich werden können. Der Künstler selber, der längstberühmte Hofmaler v. Gegenbauer, hat seinen mannigfachen Gebilden ein neues hinzugefügt, das in überraschender Weise zeigt, was Malerei und Ornamentik in harmonischer Verbindung zu leisten vermögen." —

Auch die folgenden Gemächer, ein jedes besonders benannt, sind auf's schönste geschmückt mit Gemälden aller Art, mit Büsten und Statuen, und die Kunsterzeugnisse vaterländischer Meister haben hier ihre wohnliche Stätte gefunden. Wie lange wir auch diese Kunstschätze beschauen, immer nicht endet unser Genuß, unsre Bewunderung.

Verfolgen wir unsern Weg durch die Räume des Erdgeschoßes, so treten wir von der großen gewölbten Säulenhalle unter dem großen Marmorsaal gegen Süden in drei wieder mit Fresken aus der württembergischen Geschichte geschmückte Säle. Diese großen historischen Bilder sind, wie die vorigen, von Hofmaler v. Gegenbauer gemalt und zeichnen sich ganz besonders aus. Da tritt uns entgegen Graf Eberhard der Erlauchte vor Kaiser Heinrich VII. zu Speyer (1309), Graf Eberhard der Greiner, Kaiser Karl IV. gegen seinen Nebenbuhler, Günther von Schwarzburg, vertheidigend (1348), die Gräfin Henriette von Mömpelgard (Gemahlin des Grafen Eberhard IV.), den Grafen Friedrich von Zollern gefangen nehmend (1423); sodann sind Scenen aus dem Leben des Grafen Eberhard im Bart gar sinnig dargestellt. — Alle diese Bilder fesseln den Beschauer und versetzen ihn lebhaft in die Vergangenheit

Es nehmen uns dann die Zimmer auf, die für hohe Besuche bestimmt sind, worin uns wieder Gemälde und Büsten verschiedener Art ansprechen. Dann folgt eine der schönsten und prachtvollsten Freitreppen, die es gibt, Sie wurde in Wasseralfingen nach äußerst geschmackvollen Mustern gegossen. Sämmtliche Wände, sowie die Decken des Treppenhauses sind mit Malereien reich' geschmückt. Die Gemächer der höchstseligen Königin Katharina enthalten einen großen Reichthum an vortrefflichen Copien nach alten Meistern und werthvollen Familienporträts. Sie ziehen sich bis zu dem einfach verzierten Vestibule des Südportals im nördlichen Flügel, das sich vor dem herrlich ausgestatteten Speisesaal ausbreitet. Die westlich an diesen Saal und die Vorhalle sich anschließenden zwei Reihen Zimmer, einerseits mit der Aussicht in den Hof, andererseits in den königl. Schloßgarten, sind für fremde hohe Gäste bestimmt und herrlich eingerichtet. Oestlich vom Speisesaal, und diese Seite des mittleren Flügels sammt dem nördlichen Vorsprung des Corps de Logis einnehmend, befinden sich die Appartements Sr. Majestät des Königs.

Außer den angeführten Kunstschönheiten zeichnen sich sämmtliche Säle und Zimmer des Schlosses — es sind derselben 365 — durch Reichthum, Mannigfaltigkeit, Kostbarkeit und künstlerische Behandlung der darin aufgestellten Möbel, Vasen u. s. w. aus den seltensten und werthvollsten Stoffen, durch die Menge von Uhren, Stukkatur-, Ciselir- und Metallarbeiten, durch prachtvolle Stickereien, Teppiche, Tapeten u. s. w. ganz besonders aus.

Alles spricht ungemein lieblich an; der Geist des rein menschlichen Waltens, eines gesunden Gefühls, einer weisen Ordnung bringt den freundlichsten Eindruck hervor. Mit solchem Eindruck verlassen wir die königliche Wohnung und treten, uns noch einmal umwendend und das großartige Gebäude wiederholt überblickend, hinaus in's Freie, auf die Mitte des großen Schloßplatzes, mischen uns aber nicht lange unter die Hin- und Herwandelnden; haben wir doch des Schönen und Interessanten noch so viel zu beschauen!

Da steht vor uns die 101 württembergische Fuß hohe **Jubiläumssäule.** Sie soll jedem Württemberger sein ein Denkmal der Erinnerung an die ersten 25 Jahre der segensreichen Regierung unseres geliebten Königs Wilhelm. Am 28. September 1841 wurde nämlich eine Feier in Württemberg abgehalten, wie solche das Land und seine Residenz nie vorher gesehen. Und diese Feier galt gerade dem theuren Landesvater. Theilnehmer aus allen Gegenden des Landes hatten sich vereinigt, diesen Jubeltag würdig zu begehen. Es war ein herrlicher Anblick, eine wandernde Ausstellung des Schönsten, was die gütige Natur an ihren besten Gaben verlieh, eine Vereinigung dessen, was Wissenschaft, Kunst und Gewerbfleiß hervorgebracht und sich zu eigen gemacht hatten! Eine Verbindung aller Stände zu Einem Zwecke, zu Einem Ganzen, vom schlichten Bauernjungen bis zum höchsten Staatsbeamten, vom verdienten General und dekorirten Veteranen der Befreiungskriege bis zum jungen Trommelschläger, von der blühenden Jugendgestalt bis zum ältesten Greise, hatte sich damals zur Verherrlichung des hochherzigen Fürsten zusammen geschaart, um ihm Liebe und Dankbarkeit auszudrücken, um dem Auslande zu zeigen, wie eine zu Einer Familie vereinigte Bevölkerung den Jubeltag ihres Landesvaters zu ehren wisse. Ein Festzug von über zehntausend Theilnehmern, unter ihnen gegen tausend Jungfrauen, sechshundert Reiter und über dreißig Wagen, Hunderte von Fahnen und Emblemen, mehr als dreißig Musikbanden bewegten sich durch einige Hauptstraßen dem Schlosse zu. Und eine Zierde dieses Zuges, die lebendigste Staffage desselben, waren die unzähligen Zuschauer, die im Festgewande alle Plätze und Straßen bedeckten und vom untersten Geschoße bis in die Giebel der Häuser alle Fenster besetzten. Das war eine Menschenmasse! Als der Zug hier, auf dem

Schloßplatze, angekommen war, ertönten die Glocken der vier Stadtpfarrkirchen; die Kanonen donnerten, die Trompeten schmetterten, die Fahnen flatterten. Der geliebte König war aus dem Schlosse getreten, zu Pferd gestiegen und, den jugendfrischen Kronprinzen zur Seite, ließ er die langen Reihen an sich vorüberziehen. Wie sie da freudig ergriffen waren, die Landeskinder, als sie den kräftigen, gesunden Regenten erblickten! Und mit welcher Lust sie des Erhabenen freundliche Grüße entgegen nahmen! Um 12½ Uhr Mittags langte die letzte Abtheilung des Zuges an, und doch hatte sich derselbe schon um halb 10 Uhr in Bewegung gesetzt! Das Läuten der Glocken, der Donner der Kanonen verstummte. Tiefe Stille herrschte. Da ertönte das Festlied, mit freudigem Herzen von den Liederkränzen angestimmt:

Welchen König darf man loben? —
Der ein Viertelhundertjahr
Mit der Treue schönsten Proben
Seinem Volk ein Vater war.

Nach beendigtem Gesange sprach der erste Ortsvorsteher von Stuttgart Namens der ganzen Versammlung Worte des Dankes und brachte dem Könige ein herzliches „Lebehoch," das viel tausendstimmig wiederholt wurde. Die Kanonen mischten sich in diesen Freudenruf und alle Musiken ertönten. Zum würdigen Schlusse des Festes wurde der Choral: Nun danket alle Gott rc. von den Sängern begonnen und alle Anwesenden stimmten dankbaren Sinnes mit ein. Die Festabtheilungen — es waren ihrer zwölf — zogen in ihre Quartiere. Den ganzen Nachmittag bewegten sich aber unabsehbare Massen auf dem Schloßplatz und in allen Straßen, um anzusehen die Blumen und Früchte, die Kränze, das Laubwerk, die bunten Tücher, Fahnen, Gemälde und Büsten und Namenszüge des Königs, mit denen Stuttgarts Bewohner, ein jeder in seiner Weise, die Häuser schmückten: ein buntes Gemälde in allen Farben, im Ganzen aber von der schönsten und großartigsten Wirkung. Den Mittelpunkt vom Ganzen, um den sich die Meisten drängten, bildete aber jene Festsäule, die gerade da stand, wo die jetzige Gedenksäule aufgerichtet wurde. Theilweise waren es geschichtliche Daten und Thaten, theilweise charakteristische Darstellungen der vielfältigen Beschäftigungen der Schwaben, mit denen die schlank emporstrebende und doch nur „provisorische" Säule geschmückt worden war. In einer Höhe von 85 Fuß schwebte über dem Kapitäl ein Genius, der eine Tafel mit der Zahl 25 hoch emporhielt. In niegesehenem und niegehörtem Jubel wogten die Tausende hin und her, und wo sich der König, der ganz allein die Straßen durchritt, sehen ließ, begrüßte ihn einstimmig der Ruf der Unzähligen: „Hoch lebe der König!" Aus allen Augen strahlte nur Freude! Höher schlug das Herz jedes Württembergers und mit Recht hörte man ausrufen: „Wahrlich, es ist ein Land, darinnen Milch und Honig und Wein fleußt, unser theures Württemberg!" Das war ein herrliches und ächtes Königs- und Volksfest im edelsten Sinne des Worts. Alle ohne Unterschied der Geburt, des Ranges, des Standes, der Bildungsstufe waren als Genossen Eines Volkes, treu um den Fürsten geschaart, „so zu Schutz und Wehre, wie zu Dank und Ehre." Lehr-, Wehr- und Nährstand, in brüderlichem Vereine sich die Hände bietend, wurden — sonst nur ein Gedankenbild — hier zur lebendigen Anschauung. Noch nach Jahrhunderten wird die Geschichte den spätesten Enkeln diesen Jubeltag preisend schildern.

Doch nun zur Gegenwart, d. h. zur „definitiven" Jubiläumssäule zurück!

Der 27. September 1842 sah den Grundstein zu diesem

Denkmal der Liebe und Huldigung legen. In denselben kam neben mehreren Münzen, Schriften &c. auch eine Urkunde, welche kurz den Beweggrund zum Bau dieses Denkzeichens darlegt. Wieder am 27. September des Jahres 1846 wurde das Ganze enthüllt. Auf drei Stufen steigt das schöne aus Granit erbaute Monument in die Höhe, eine Zierde des ganzen Platzes. Es besteht aus drei Haupttheilen: dem Unterbau, dem Fußgestell und der Säule selber. Den viereckigen Unterbau schmücken Reliefs in Bronce, welche je die ganze Breite einer Seite und etwa ein Drittel der Höhe derselben einnehmen. Daß sie Scenen aus dem Leben des gefeierten Monarchen, Thaten der Weisheit im Frieden, Thaten persönlichen Muthes im Kriege, darstellen, läßt sich leicht entziffern. Wir stehen vor der südöstlichen, gegen das Schloß zugekehrten Seite. Da zeigt uns das Bild die Ständeversammlung, welche im Jahr 1819 zu Ludwigsburg im Schlosse dem Könige — er hält in der Rechten die Verfassungsurkunde, während er die Linke auf sein Schwert stützt — den Huldigungseid schwört, nachdem jene Urkunde, der Württemberger Grundgesetz, berathen und vom Staatsoberhaupt sanktionirt worden war. Wenden wir uns auf die Nordostseite, so zeigt uns das Relief die Schlacht bei Brienne, während die Südwestseite die Schlacht bei Sens und die Nordwestseite jene bei Fère-Champenoise darstellt. In all diesen Schlachten siegten die Württemberger unter Anführung des damaligen Kronprinzen Wilhelm. Vier allegorische Figuren blicken freundlich von dem Fußgestell (dem Piedestal) der Säule herab. Ueber dem Unterbau erhebt sich abermals auf drei Stufen dieser zweite Haupttheil des Ganzen. Und was sollen denn diese mehr als lebensgroßen Figuren uns deuten? Sie führen uns das Volk nach seinen verschiedenen Klassen sinnbildlich vor; der Wehrstand, Kunst und Wissenschaften, Handel und Gewerbe, der Landbau sind durch sie vertreten. Auf den vier oberen Ecken des Piedestals sind Hirschköpfe angebracht; aus welchem Grunde wohl? Von diesen gehen Eichenguirlanden aus, die den Torus (den stärksten Reif am Säulenfuß) der Säule, den ein Lorbeerkranz schmückt, umkränzen. Auf diesem Wulst steigt nun die Säule selbst bis zu dem Kapitäl empor. Dieses bedeckt den Säulenstamm mit dem Laub des Oelbaums, dem Sinnbild des Friedens. An seinen Ecken springen acht Füllhörner hervor, die durch Lorbeerguirlanden verbunden sind.

Damit es männiglich klar, welches der Zweck dieses Baues sei, trägt er auf der Seite gegen das Schloß eine Inschrift aus Metallbuchstaben, welche in den Granit eingelassen sind. Sie heißt: „dem treuesten Freunde seines Volkes, König Wilhelm, dem Vielgeliebten, widmen die Stände Württembergs dieses Denkmal zur Feier seines 25jährigen Regierungsjubiläums den 30. Oktober 1841."

Jeder Fremde, der erstmals diesen schönen, freien Platz betritt, wird von der granitenen Säule angezogen und mit steigendem Interesse verweilt er vor ihr; mit Rührung erfährt er den Zweck derselben und segnet das Volk, das solch einen Fürsten zum vatertreuen Regenten hat.

Könnten wir länger säumen, das dem Residenzschlosse gegenüber stehende kolossale Gebäude zu beschauen? Nein, wir müssen das Auge dem gewaltigen Königsbau zuwenden. Nicht umsonst trägt er seinen Namen, dieser stolze, kühne und imposante Bau; er ist in jeder Richtung ein königlicher! Und daß er der Stadt zur höchsten Zierde gereicht, wer wollte dieses verneinen? Der Schloßplatz mit seiner Umfassung nimmt jetzt unter den schönsten Plätzen Deutschlands eine erste Stelle ein; wie selten finden sich auf solch engbegrenztem Raume so großartige Kunstdenkmale!

Der Königsbau ist über 400 Fuß lang und 120 Fuß breit. Er theilt sich in das vordere Hauptgebäude und in das mit diesem verbundene Nebengebäude. Beide sind ganz von Quadern aufgeführt. Die Vorderfaçade des Hauptgebäudes bildet eine jonische Kolonnade von 34 Säulen, die auf Würfeln ruhen. Zwei Giebel, unterstützt von korinthischen Säulen, unterbrechen die Gleichförmigkeit der jonischen Säulenstellung; zugleich theilen sie dieselbe in eine längere Mittelpartie und zwei kürzere Endpartien. Gleichwie die korinthischen Portiken das Gesimse der jonischen Säulen überragen, so strebt die von ersteren begrenzte Mittelpartie über die übrigen Körper des Gebäudes empor, eine feingegliederte Attike bildend. Diese entspricht der Gallerie eines Saales und bringt, als zweite Fensterreihe über den untern, Licht in diesen.

Eine niedrigere Attike zieht sich über die äußeren Theile der Hauptfaçade hin und die zwei Giebel mit jonischen Säulen, die an den beiden Nebenseiten des Gebäudes hervorstehen und die Anfahrten überdachen, beleben und heben die Gebäudemasse, die sonst vielleicht etwas zu ernst sein würde. — Das Hintergebäude zeigt durch sein Aeußeres gleich den Zweck, für den es bestimmt ist; die Rückfaçade enthält zahlreiche Fenster, durch eine Pfeilerstellung in regelrechte architektonische Gliederung zusammengefaßt, an beiden Enden aber durch festere Pavillons abgegrenzt, deren Gesimse sich mit denen des Hauptgebäudes aufnehmen.

Das ganze Aeußere erfreut das Auge durch die Schärfe der Bearbeitung und die Feinheit der Profilirung. Die jonische

Ordnung mag sammt dem Gesims etwas über 40, die korinthische etwas über 50 Fuß hoch sein. Sammt der Attike hat das Gebäude aber in der Mitte 72 Fuß Höhe.

Die vordere Kolonnade ist mit der Passage am obern Ende durch ein geräumiges Vestibule, durch das man zur Saaltreppe gelangt, ebenso am untern Ende des Gebäudes, durch ein schmäleres verbunden, von dem aus die Räume des Hofes ihren Zugang erhalten, und vor welch beiden vertikale Einfahrten liegen. Auf der halben Länge ist aber noch ein dritter Durchgang, der sich unter dem Saalboden zu einem achteckigen Raum erweitert und den Spazierenden gestattet, ohne den Weg um das Gebäude zu machen, von vorn nach rückwärts und umgekehrt zu gelangen.

Sehen wir nach den Räumlichkeiten des Baus, so finden wir in seinem unteren Theile die zu dem Café und der Restauration gehörigen Lokale, nämlich die große Küche mit ihrem 30 Fuß langen Herde nebst Brat- und Backöfen, Back- und Speisekammern, Keller und Eisgrube, viele weitere Keller, Holzställe und Magazine für die Läden und Wohnungen, zwei gemeinschaftliche Waschküchen, Mang- und Bügelstuben, zwei laufende und einen Pumpbrunnen. Das Parterre selber enthält das große, glänzend eingerichtete Café (mit einem Springbrunnen) nebst dem anstoßenden Restaurationssaal und zwei, mit französischen Kaminen versehenen Kabinetten, sowie die Kaffeeküche und andere für dieses Geschäft nöthigen Lokalitäten. Vierzig größere und kleinere Kaufläden, mit Pracht und Luxusartikeln überladen, nebst den Komptoiren und kleinen Magazinen schließen sich den vorhin genannten Räumlichkeiten an. Die Thüren und Schaufenster sind sämmtlich von Eichenholz und mit geschliffenen Glasfenstern versehen; ebenso sind die Fußböden der Läden von Eichenholz gearbeitet. In den Entresols sind theils Magazine, theils Arbeitslokale und Wohnungen zu finden, die zu den darunter befindlichen Läden gehören und durch viele größere und kleinere Treppen verbunden sind. Ueber den Entresols befindet sich im Hauptgebäude zunächst der 220 Fuß lange, 60 Fuß breite und 40 Fuß hohe Konzertsaal mit zwei Gallerien und großer Loge; sodann sind noch vorhanden sechs Nebensäle, zwei große Vestibuls und über diesen noch einige Wohnungen und andere den Zwecken des Hauses entsprechende Räume. — Das Nebengebäude enthält über den Läden größtentheils Wohnungen, zwei große Probesäle und Garderobe, welche mit dem Konzertsaal durch bedeckte Glasgänge über der Passage verbunden sind. Im Ganzen zählen wir hier 16 Wohnungen, mit allen Bequemlichkeiten versehen.

Von der Größe des Königsbaus könnten wir wohl den richtigsten Begriff erhalten, wenn wir alle Räumlichkeiten durchwandern würden. Dazu hätten wir aber volle zwei Stunden nöthig, wenn wir uns in keinem Lokal auch nur eine Minute aufhalten würden. Statt dessen begehen wir die, der Länge nach zwischen dem Haupt- und Nebengebäude hinziehende Passage. Sie ist mit einem doppelten Glasdache versehen und kann durch 34 Gaslampen — eben so viele sind in der Kolonnade angebracht — beleuchtet werden. Sieben ganz schöne, in Wasseralfingen gefertigte Kandelaber zieren zudem noch die untere und obere Einfahrt und zehn andere einfachere die vordere Fronte.

Wie besucht diese Gänge sind, das beweist jeder Tag; Menschen strömen in denselben beständig auf und ab. Und die Schaulustigen finden des Schönen so vielerlei, daß sie nicht wissen, wo sie zuerst beginnen sollen. Gewiß ist, daß der riesige Bau stets seine Bewunderer finden, daß Stuttgart aber auch dem kunstsinnigen Könige immerdar dankbar sein wird für diese schönste Zierde, die er zur Verschönerung der Residenzstadt erbauen ließ.

Der Bau selber wurde begonnen im Jahr 1855 und vollendet im Jahr 1860. Er ist das Werk des Oberbauraths Leins.

Dort bietet uns das Königl. **Hoftheatergebäude** die Stirne dar. Sehen wir erst sein Aeußeres genauer an!

Erst im Jahre 1846 wurde der Bau in dieser Gestalt vollendet. Es ist ein Hauptgebäude mit bedeutenden Nebengebäuden als Anbauten. Ersteres erhebt sich um ein Stockwerk über die letzteren. Das Hauptgebäude hat gegen den Schloßplatz noch ein reichdekorirtes Avant-Corps, das auf Pfeilern mit Quaderfugen ruht, die durch Arkaden mit einander verbunden sind. Auf diesem Portikus, der nach oben mit einem reich ornamentirten Fries abgeschlossen ist, erhebt sich ein Stockwerk mit vier Fenstern und einer Thüre. Diese führt auf einen gußeisernen Balkon; dem Geländer ist das württembergische Wappen, in Bronce gegossen, eingefügt. Auf der Attike darüber stehen vier Musen: Melpomene, Thalia, Terpsichore und Polyhymnia. Die erstere repräsentirt die Tragödie, die zweite das Lustspiel, die dritte die Chöre und die vierte, als die Hymnenreiche, die Hymnen. Diese Musen verkündigen demnach die Bestimmung dieses Bauwerks schon von außen.

Wozu aber die vielen Soldaten, die sich gerade vor diesem Vorbau beständig hin- und herbewegen, nöthig sind? Diese biden die S c h l o ß w a c h e. In den Räumen des Erdgeschoßes befinden sich links (westlich) von uns das Lokal für die Mannschaft, rechts aber (östlich) Zimmer für die wachehabenden Offiziere. Daß zu Bewachung des Schlosses eine größere Anzahl Soldaten verwendet wird, haben wir bei unserer Wanderung durch die Königswohnung genugsam bemerkt; kamen wir doch an manchem „Posten" vorüber.

Ob dieß Gebäude den Gesetzen der Schönheit vollständig entspreche, oder ob es — wie Einzelne behaupten — eine Verunstaltung des alten Lusthauses sei, bleibe hier ununtersucht. So viel scheint übrigens auch dem nicht kunstgeübten Auge klar zu sein, daß die beträchtlichen Anhängsel an das Hauptgebäude diesem nicht zur Zierde gereichen. Auch sonstige Einrichtungen im Innern wollen nicht praktisch gefunden werden. Ob in dieser Beziehung lebendigen Hoffnungen bald Gewährung wird! —

Doch wir treten ein in den „Tempel der Musen," in die Hallen der Kunst! Drei große Portale stehen geöffnet; sie führen in den Vorplatz. Auf Treppen rechts und links könnten wir auf eine der Gallerien gelangen; allein wir wenden uns in das Parterre. Noch ist die Zahl der Zuschauer nicht gar groß; wir können uns bequem umsehen in diesem schöngebauten Raume. Die Grundform desselben ist die eines Hufeisenbogens. Vier Gallerien thürmen sich über einander. Die Brüstungen enthalten gemalte und vergoldete Verzierungen auf weißem Grunde. Sämmtliche Rückwände sind mit dunkelrothen Tapeten bekleidet. Und wie geschmackvoll die Decke bemalt ist! In passenden Verzierungen zeigt sie die Brustbilder der ersten Tonsetzer und Dichter. Mitten in dieser Decke ist eine Oeffnung; durch sie wird der große und prachtvolle Kronleuchter herabgelassen und hinaufgezogen. Schon beleuchten seine Flammen die kunstgeweihten Räume. Aber noch 1380 Gasflammen können zu diesem Zwecke benützt werden; taghell ist es dann in diesem Hause. Die Gallerien springen frei hervor; nur die erste wird von Säulen mit korinthischen Kapitälen getragen. Dadurch entsteht im Parterre ein Gang, der an den ringsumlaufenden Wänden Bänke enthält, außerdem aber zu Stehplätzen dient. Die erste Gallerie enthält die mit geräumigem Salon versehene Hofloge: einen leichten, zeltartigen, von Säulen gestützten Bau mit bemalter Decke, reichen Vorhängen, bequemsten Einrichtungen. Rechts und links an dieselbe schließen sich zwei Reihen anderer Logen für hohe Fremde an. Auf der zweiten Gallerie ist zunächst über der Hofloge die Fremdenloge angebracht. Sie wird rechts und links von zweireihigen Logen flankirt, welche in der Mitte und auf den Seiten durch offene Plätze unterbrochen werden. Die dritte Gallerie enthält außer wenigen reservirten Logen nur offene Sitze und Stehplätze; die vierte endlich hat ebenfalls nur offene Plätze zum Sitzen und Stehen; auch dem Militär ist hier ein Raum vorbehalten. Das Parterre steigt etwa um vier Fuß an und besteht aus dem Orchester, zwei Reihen Bänken für Offiziere und acht Reihen Sperrsitzen. Alles Uebrige gehört zum offenen Parterre.

Aber wie sich die Räume des Hauses füllen! Parterre und Gallerien sind jetzt schon dicht mit Schaulustigen besetzt. Und immer strömen noch neue herbei. Nun, es finden ja über 1900 Personen Raum, um dem Spiel auf den Brettern zu folgen. Und doch ist dieser Raum viel zu klein, um dem Bedürfniß zu genügen! Wie freudig vernimmt daher der Theaterfreund das Gerücht, es beabsichtige der kunstliebende König auch in dieser Richtung den Wünschen zuvorzukommen, indem bald ein neues Theater gebaut werden werde! — Schon stimmen sie auf dem Orchester die Geigen und Bässe. Wird der Vorhang nicht bald lebendig und die Oper beginnen? Gedulden wir uns! Ungeduld schadet, und aus dem Boden können wir die „Spielenden" nimmermehr stampfen. Doch der Vorhang scheint sich zu heben. Eine neue Welt wird sich vor unsern Blicken öffnen. Der Kapellmeister gibt das Zeichen.

„Zauberflöte" heißt die Oper, die heut uns ergötzen soll. Wir hätten keinen geschickteren Tag treffen können; das Schönste, was je ein Tonkünstler dichten kann, hat unser Mozart in dieser Oper gegeben. Die Ouvertüre beginnt! Kein Wort jetzt mehr! Horchen, lauschen und schauen müssen wir fortan! Stille wird es hier unten und stille dort oben. Der Vorhang bewegt sich abermals! Er hebt sich empor. Ein neuer Theil des Theaters liegt vor unsern Augen. Es ist die Bühne. Die Musik fährt fort. Das Spiel beginnt. Welch süße Melodien das sind! Wie diese Töne bezaubern! Und solch ein herrlicher Gesang! — Wahrlich, die Bühne ist eine gewaltige Macht! — Könnte wohl schärfer die Thorheit und Sinnenlust, die Weichlichkeit und Zerfahrenheit gekennzeichnet werden, als durch den wetterwendischen Papageno? Und wie herrlich sind die Empfindungen, sind die Entschlüsse, zu denen der willensstarke Tamino uns hinreißt! Und dabei die seelenvolle, großartige Musik! Lauter Melodie, lauter Gesang! Auf der höchsten Stufe stand der Künstler, der diese Musik geschaffen. Solche Schöpfungen tragen in sich den Stempel höchster Reinheit und Unvergänglichkeit! — — —

Die Oper ist zu Ende. Wir verlassen mit der Menge das Schauspielhaus. Wir sind im Freien. Welch eine milde Nacht! Wir ergehen uns noch eine Zeit lang. Und da möge Schiller uns über die Bühne Einiges sagen. In einem Aufsatz: „die Schaubühne als moralische Anstalt betrachtet," läßt er sich unter Anderem also aus: „Laster und Tugend, Glückseligkeit und Elend, Thorheit und Weisheit gehen in tausend Gemälden auf der Schaubühne am Menschen vorüber. Da ist Anschauung und lebendige Gegenwart; da löst die Vorsehung die Räthsel, entwickelt ihre Knoten vor seinen Augen; da beichtet das menschliche Herz auf den Foltern der

Leidenschaft seine leisesten Regungen, alle Larven fallen, alle Schminke verfliegt und die Wahrheit hält unbestechlich Gericht. — Diese Gerichtsbarkeit der Bühne fängt an, wo das Gebiet der weltlichen Gesetze sich endigt. Wenn die Gerechtigkeit für Gold verblindet und im Solde der Laster schwelgt, wenn die Frevel den Mächtigen ihrer Ohnmacht spotten und Menschenfurcht den Arm der Obrigkeit bindet, übernimmt die Schaubühne Schwert und Wage und reißt die Laster vor einen schrecklichen Richterstuhl. Das ganze Reich der Phantasie und Geschichte, Vergangenheit und Zukunft stehen ihrem Wink zu Gebot. Kühne Verbrecher, die längst schon im Staub vermodern, werden durch den allmächtigen Ruf der Dichtkunst jetzt vorgeladen und wiederholen zum schauervollen Unterricht der Nachwelt ein schändliches Leben. — So gewiß sichtbare Darstellung mächtiger wirkt, als todter Buchstab und kalte Erzählung, so gewiß wirkt die Schaubühne tiefer und dauernder als Moral und Gesetze. — Aber ihr ist noch ein weiteres Feld geöffnet. Tausend Laster, die die weltliche Gerechtigkeit ungestraft duldet, straft sie; tausend Tugenden, von denen sie schweigt, werden von der Bühne empfohlen. Hier begleitet sie die Weisheit und Religion. Aus dieser reinen Quelle schöpft sie ihre Lehren und Muster und kleidet die strenge Pflicht in ein reizendes, lockendes Gewand. Welche göttliche Ideale stellt sie uns zur Nacheiferung auf! — Die Bühne ist es, die der großen Classe von Thoren den Spiegel vorhält und die tausendfachen Formen derselben mit heilsamem Spott beschämt. Was sie sonst durch Rührung und Schrecken wirkte, leistet sie hier durch Scherz und Satyre. — Die Schaubühne allein kann unsere Schwächen belachen, weil sie unsrer Empfindlichkeit schont und den schuldigen Thoren nicht wissen will. Ohne roth zu werden, sehen wir unsere Larve aus ihrem Spiegel fallen und danken insgeheim für die sanfte Ermahnung. — — Die Schaubühne ist aber auch mehr als jede andere öffentliche Anstalt des Staats eine Schule der praktischen Weisheit, ein Wegweiser durch das bürgerliche Leben, ein unfehlbarer Schlüssel zu den geheimsten Zugängen der menschlichen Seele. — Sie bereitet uns vor auf die Anschäge der Lasterhaften; sie hat uns das Geheimniß verrathen, diese ausfindig und unschädlich zu machen. Sie zog dem Heuchler die künstliche Maske ab und entdeckte das Netz, womit uns List und Kabale umstricken. Betrug und Falschheit reißt sie aus krummen Labyrinthen hervor und zeigt ihr schreckliches Angesicht dem Tage. — Nicht bloß auf Menschen und Menschencharakter, auch auf die Schicksale macht uns die Schaubühne aufmerksam und lehrt uns die große Kunst, sie zu ertragen. Sie zieht uns künstlich in fremde Bedrängnisse und belohnt uns das augenblickliche Leiden mit Thränen und einem herrlichen Zuwachs an Muth und Erfahrung. Aber auch gerechter lehrt uns die Bühne gegen den Unglücklichen sein und nachsichtsvoller über ihn richten. — Hier nur hören die Großen der Welt, was sie nie oder selten hören: Wahrheit; was sie nie oder selten sehen, sehen sie hier: den Menschen. So groß und vielfach ist das Verdienst der besseren Bühne um die sittliche Bildung; kein geringeres gebührt ihr um die ganze Aufklärung des Verstandes. Eben hier, in dieser höheren Sphäre, weiß der große Kopf, der feurige Patriot sie erst ganz zu gebrauchen. Wenn die größere Menge des Volks an Ketten des Vorurtheils gefangen liegt, die seiner Glückseligkeit ewig entgegen arbeiten; wenn die reineren Strahlen der Wahrheit nur wenige einzelne Köpfe beleuchten, welche den kleinen Gewinn vielleicht mit dem Aufwand eines ganzen Lebens erkauften: dann wird die Bühne zum gemeinschaftlichen Kanal, in welchen von dem denkenden besseren Theile des Volks das Licht der Weisheit herunter strömt, und von da aus in milderen Strahlen durch den ganzen Staat sich verbreitet. Richtigere Begriffe, geläuterte Grundsätze, reinere Gefühle fließen von hier durch alle Adern des Volks; der Nebel der Barbarei, des finstern Aberglaubens verschwindet; die Nacht weicht dem siegenden Lichte. — Nur noch Eines. Die Schaubühne ist die Stiftung, wo sich Vergnügen mit Unterricht, Ruhe mit Anstrengung, Kurzweil mit Bildung gattet, wo keine Kraft der Seele zum Nachtheil der andern gespannt, kein Vergnügen auf Unkosten des Ganzen genossen wird. Wenn Gram am Herzen nagt; wenn trübe Laune unsere einsamen Stunden vergiftet; wenn uns Welt und Geschäfte anekeln; wenn tausend Lasten unsre Seele drücken und unsre Reizbarkeit unter Arbeiten des Berufs zu ersticken droht: dann empfängt uns die Bühne, und in dieser künstlichen Welt träumen wir die wirkliche hinweg; wir werden uns selbst wieder gegeben, unsere Empfindung erwacht, heilsame Leidenschaften erschüttern unsere schlummernde Natur und treiben das Blut in frischere Wallungen. Der Unglückliche weint hier mit fremdem Kummer den eigenen aus; der Glückliche wird nüchtern und der Sichere besorgt. Der empfindsame Weichling härtet sich zum Manne, der rohe Unmensch fängt hier zum erstenmal zu empfinden an. Und endlich, wenn Menschen aus allen Kreisen und Zonen und Ständen, abgeworfen jede Fessel der Künstelei und der Mode, herausgerissen aus jedem Drange des Schicksals durch e i n e allwebende Sympathie verbrüdert, in ein Geschlecht wieder aufgelöst, ihrer selbst und der Welt vergessen und ihrem himmlischen Ursprung sich nähern: welch ein Triumph ist das für die so oft zu Boden getretene Natur! Jeder Einzelne genießt die Entzückungen Aller, die verstärkt und verschönert aus hundert Augen auf ihn zurückfallen, und seine Brust gibt jetzt nur Einer Empfindung Raum — es ist diese: ein Mensch zu sein!"

5.

Frisch und heiter lacht uns der Morgen entgegen. Ein lichtblauer Himmel hat sich über die Königsstadt gebreitet. Wir eilen, in dieser herrlichen Morgenluft hinunter zu gehen in die schönen Anlagen, die jedwedem Stuttgarter ein Kleinod sind. Dort wollen wir heute zuerst uns umsehen, dort genießen die Wonnen eines reizenden Sommermorgens! Noch ist es stille in dem sonst so lebendigen Stuttgart.

Hier prangt das Schloß; da steht das Theatergebäude. Schon nimmt der Schloßgarten die Fremdlinge auf. Weit hinunter, so weit das Auge reicht, ziehen sich diese Schöpfungen der Kunst. Zunächst ist es der innere Schloßgarten, den wir betrachten. Mythologische Statuen, aus kararischem Marmor nach Antiken ausgeführt, stehen in der Nähe des nördlichen Flügels des Schlosses. Wir kommen an's obere Bassin des Gartens. Ueber seinem Wassereinfluß ruht ein Nymphenpaar, das aus Keupersandstein, der auf der Markung der Stadt gegraben wurde, kolossal ausgeführt ist. Ausländisches Geflügel der mannigfaltigsten Art belebt diesen runden See. Wie fröhlich und lustig es sich hin- und herbewegt! Der Nesenbach speist dieses Bassin. Rings herum ist die Orangerie aufgestellt. Die stärksten Exemplare derselben rühren noch aus dem Pomeranzenhause des Herzogs Christoph her;

die schlanken und großen aber wurden vor etwa 100 Jahren in Italien angekauft und bis zum Jahre 1817 in dem nahen Ludwigsburg untergebracht; damals aber wurde die arme Rivalin der schmucken Residenz auch dieser Zierde beraubt. — Mitten hindurch zieht sich eine gerade, breite, schattenreiche Allee; hier ist sie mit Platanen, weiter unten mit Kastanien besetzt. Rechts und links sind Wege für Reitende und Fahrende, damit dem „gemüthlichen" Spaziergänger ja keine Störung verursacht wird. Außer diesem breiten, angenehmen Wege sind näher oder entfernter die lieblichsten Fußpfade bereitet, die durch grünenden Rasen und blüthenreiche, malerisch gruppirte Gebüsche führen. Die bunten Blumeneinfassungen, die zierlichen Gesträuche, die Menge der Singvögel: Alles ergötzt so Aug' als Ohr. Im Frühling sind sie voll Finkenschlag und Amselsang, im Sommer voll Rosenduft und lauer Kühlung, im Herbst das Aug' erfreuend mit dem Asternflor und den gelben und rothen Farben, in die das welkende Laub getaucht ist.

Bleiben wir in dem breiteren Mittelweg! Wieder gelangen wir an ein Bassin; auch dieses ist durch Geflügel belebt. Dort zeigt sich abermals ein Bildhauerkunstwerk; es ist die seit dem Jahr 1850 aufgestellte Hylasgruppe. Nochmals erscheint ein Bassin und endlich schließt sich der innere Schloßgarten durch eine kleine Umzäunung. Wachhäuschen stehen rechts und links von dem Wege; sie sind mit Militärposten besetzt. Nicht weiter ziehe für dießmal sich unser Gang; wir kehren zurück, wenn wir uns umgesehen haben. Eine Querstraße trennt diesen Theil der Anlagen von dem äußeren Schloßgarten. Gleich am Eingange ziehen uns zwei kolossale Pferdebändiger mit Pferden an, die — wie die übrigen neueren Statuen in den Anlagen — von dem Bildhauer v. Hofer in kara-rischem Marmor höchst naturgetreu ausgeführt sind. Obschon dieser äußere Schloßgarten in einfacherem Style gehalten ist, so bietet die Hauptallee mit den Fußpfaden zu beiden Seiten doch dem spazierengehenden Publikum manche Annehmlichkeit; kann es doch mehr als eine halbe Stunde sich im Schatten bewegen. Und die Liberalität, welche diese Gärten den Stadt- und Landbewohnern geöffnet hat, wird auch im vollsten Maße genossen; denn das ganze Jahr hindurch sind sie von Spaziergängern ungemein zahlreich besucht. Hier — in den Anlagen — bringt während der schönen Jahreszeit der Stuttgarter sein Mittagsstündchen zu; im Schatten der Platanen und Kastanienbäume wandelt er am Abend nach Cannstatt oder Berg, um erst dann wieder zurück zu kehren, wenn sich der verschwiegene Mond in den Bassins des Parks spiegelt, während die Nachtigall sehnsuchtsvoll seufzet und der stolze Schwan im Gewässer seine sanften Kreise zieht. Und an den Sonntagen wogt ein Menschenstrom auf und ab; da gibt es zu sehen! da kann man sich sehen lassen!

Dieser herrliche Garten wurde eigentlich aus einer Wüste, die den Schutt und Unrath aus der Stadt aufgenommen hatte, geschaffen; auch der Akademiegarten, der ehemalige herrschaftliche Holzgarten, der in Abgang gerathene Lustgarten, ein großer Theil der Herrschaftwiesen und einige von Privaten erkaufte Grundstücke wurden zu dieser Schöpfung verwendet, welche 1805 begonnen und 1808 dem Publikum zur Begehung geöffnet wurde. Ebenso bestand der äußere Schloßgarten ursprünglich aus zum Theil sumpfigen Wiesen, Aeckern und Weingärten, die theilweise Privateigenthum waren; er wurde erst 1818 in seiner jetzigen

Gestalt hergestellt. So vermag die Kunst theilweise der Natur ein anderes Gepräge abzugewinnen. — Die innern Anlagen sind 120 Morgen, die äußeren aber 113 Morgen groß.

Wir wenden uns — die Häuser der Stadt haben bereits wieder begonnen — hier links, um den Blumengarten, der früher als botanischer Garten figurirte, noch zu durchwandern; seine Gewächshäuser sind uns ein sicherer Wegweiser. Schon duften die tausenderlei Blumen uns entgegen und jetzt stehen sie vor uns, diese lieblichsten Kinder Florens. Welch ein Blüthenschmuck! welch ein Reichthum und welche Mannigfaltigkeit!

Jener Weg dort führt uns in eine der schönsten und neuesten Straßen der Stadt: in die Neckarstraße. Welch prächtige Häuser sich da zu beiden Seiten hinziehen! Sie ist zwar etwas abgelegen und still und hat einen — man möchte sagen — abgeschlossenen, aristokratischen Charakter. Man findet hier nicht die schönen Läden der Königsstraße, nicht ein schau- und hörlustiges, auf- und abwogendes Publikum; hier wohnt nicht der erwerbende Kaufmann, sondern der genießende Rentier. Vom Lärm des Tages unangefochten sinnen und dichten, malen und meißeln hier Künstler und Dichter.

Vor uns steht das Museum der bildenden Künste, die sogenannte Kunstschule mit der Sammlung der Kunstschätze des Staats. Der Mittelbau steht von der Straße zurück; zwei vor- und rückwärtsspringende Flügel verbinden sich auf den Seiten mit ihm; sie stoßen bis an die Straße und endigen vorne und hinten je mit einem Pavillon. Hinter dem Mittelbau schließt sich noch ein Rückbau an.

Das Gebäude hat zwei Stockwerke und ist ganz von Steinen im italienischen Style erbaut. Es macht einen höchst gefälligen Eindruck. Im Fries der vordern Pavillons ist in allegorischen Bildern die geschichtliche Entwicklung der Bildnerei und Malerei durch zwei Hochreliefs dargestellt.

Den Haupteingang im Mittelbau bildet der durch zwei jonische Säulen getragene Portikus; aus diesem gelangt man über Vorhalle, Vorplatz und Säulenvestibule zu zwei in den obern Stock führenden steinernen Haupttreppen. Der Unterstock mit sieben Sälen, einer Gallerie und sieben Zimmern ist für die Kunstschule und die plastischen Werke bestimmt. Der zweite Stock mit einem sehr geräumigen hellen Corridor mit Säulen und Pfeilern enthält in vier großen in den Pavillons mit Oberlicht eingerichteten Sälen und elf kleineren Zimmern die Gemäldegallerie und die Kupferstichsammlung. Auch befindet sich in diesem Stocke über dem Portikus der Festsaal. Im Rückbau sind zu ebener Erde das Lapidarium mit den im Lande gefundenen römischen Steininschriften rc. und über demselben zwölf Zimmer für Künstler, Geräthe u. s. w.

Von Gemälden und Modellen, von Büsten und Reliefs der bedeutendsten Künstler der ältesten und neueren Zeit nehmen wir an der Hand eines Führers An- und Einsicht; es wird uns dadurch abermals ein Kunstgenuß zu Theil. Mag auch die Schönheit der durch „bildende Künste" hervorgezauberten Gestalten länger uns fesseln: wir opfern mit Freuden solch edlem und reinem Genuß diese Stunden. — Künstler wie Dannecker, Distelbarth, E. v. Wächter, Dietrich, Leypold, J. G. v. Müller, Th. v. Wagner, v. Steinkopf, v. Gegenbaur, v. Neher und eine große Zahl anderer sind in den Sammlungen dieses Museums würdig vertreten.

Wer sich der Kunst weihen will, findet in diesen Hallen Anweisung, Aufschluß und Bildung genug.

Wie lang wir uns aber auch aufhalten mögen, wir werden doch nicht fertig mit Anschauen, Bewundern und Staunen! Nicht bloß einmal muß in diesen Räumen erscheinen, wer einen bleibenden, unvergänglichen Hochgenuß sich durch die Kunst will erringen. Darum scheiden wir jetzt mit dem festen Vorsatz, bald wieder im Tempel der „bildenden Künste“ zu sehen, ja recht oft zu sehen, was sie gebildet, was sie geschaffen, die sinnenden Künstler.

Wenn wir die Neckarstraße hinauf gehen, also südlich uns wenden, so könnten wir wohl auch in einem Gebäude einkehren, das an Wichtigkeit keinem anderen nachsteht und das weniger seines Baues und seiner Einrichtung wegen, als insbesondere wegen der klingenden „Vögel“, die drinnen geprägt werden, hoch in Ansehen steht. Es ist die Königl. Münzstätte. Da sind wir schon vor der Münze angelangt, die Produkte liefert, deren Klang auch unmusikalischen Ohren lieblich erscheint. Die Maschinen znm Prägen des Geldes lieferte die Fabrik von Kuhn in Berg. Allein es ist unseres Bleibens hier nicht. Weiter oben kommen wir zu einem Hause, das äußerlich zwar nur unansehnlich erscheint, das aber in seinem Inneren Schätze birgt, die wahrhaft unbezahlbar sind, die jeden Freund des Wissens mit Allgewalt fesseln. In diesem Gebäude ist die K. öffentliche Bibliothek aufgestellt. — Die Wache läßt uns ohne Widerspruch eintreten. Indem wir die Treppe hinaufeilen, sprechen wir, um in den Sälen herumgeführt zu werden, bei einem lieben Freunde ein. Der erzählt uns, daß diese Bibliothek eigentlich dem Herzog Karl ihr Dasein verdanke, der sie im Jahr 1765 zu Ludwigsburg stiftete und 1775 nach Stuttgart verpflanzte, auch durch Einverleibung der Bibliotheken des geheimen Raths, der Regierung, des Consistoriums und der übrigen Kanzleibehörden sie bedeutend erweiterte; zudem sei sie durch Erwerbung verschiedener Privatbibliotheken und insbesondere durch die Freigebigkeit unseres jetzigen Königs so großartig vermehrt worden, daß die Zahl der Bände gedruckter Werke 200,000, die der kleineren Schriften 120,000, die der Handschriften fast 3600 betrage. Wir folgen jetzt dem Freunde, der uns wenigstens in etliche Büchersäle zu führen die Gefälligkeit hat. Da kommen wir zu der Bibelsammlung. Diese ist wahrhaft großartig und merkwürdig. In Wien, in Paris, in London oder Rom wird man vergeblich eine solche Sammlung suchen. Achttausend siebenhundert Bibeln in mehr als 80 Sprachen und Mundarten — das ist doch gewiß etwas Merkwürdiges. Uebersetzungen in chaldäischer, samaritanischer, syrischer, arabischer, persischer, türkischer, armenischer, malayscher, indostanischer, malabarischer, tamulischer, singalesischer Sprache sind hier zu finden; daß die Bibel in hebräischer Sprache nicht fehlt, ist selbstverständlich; eben so wenig fehlen griechische und lateinische. Aber auch Exemplare in italienischer, spanischer, französischer, portugiesischer, romanischer, wallachischer, baskischer, irländischer, bergschottischer, kimbrischer, dänischer, isländischer, englischer, schwedischer Sprache zeigt der Freund gern, wenn man drin lesen will. Sodann ist vom germanischen Sprach- und Völkerstamm, und zwar vom deutschen Hauptstamm Alles da, was von Wulfila's mäsogothischen, von angelsächsischen und altfränkischen Uebersetzungsversuchen erschienen ist, ja sämmtliche Dolmetschungen, die vor Luther gedruckt worden sind. Vom slavischen Sprachstamme sind die größten Seltenheiten vorhanden, die selbst in Rußland kaum mehr zu finden sind; vom lettischen die polnisch-litthauische, die preußisch-litthauische und die lettische, vom tschukischen Sprachstamm die finnische, lappländische, esthnische, ferner albanische und ungarische Uebersetzungen. Endlich liegen Bibeln vor in koptischer, äthiopischer, madagaskarischer, in grönländischer, kreolischer und virginischer Sprache. — So vielerlei Sprachen — so vielerlei Bibeln!

Aber auch in anderen Beziehungen darf die Stuttgarter öffentliche Bibliothek eine Vergleichung mit den ansehnlichsten, meist älteren Bibliotheken Deutschlands nicht scheuen. Bei der Auswahl der Bücher hat man jeden Stand, jede Kunst, jedes Gewerbe, ja man möchte sagen jedes Volk und jede Sprache vor Augen gehabt. Der Lappländer und der Karaibe finden hier das beste Wörterbuch ihrer Mundart. Ein Westindier kann die Schriften des neuen Testaments in kreolischer Sprache hier lesen. Und wenn sich ein heimathloser Tschuwasche in Württembergs Hauptstadt verirren sollte, so fände er da Gelegenheit, seine Muttersprache nach allen Regeln zu studiren. — Auch die Spring- und Kochkunst haben ihre Fächer. Aus dem 16. Jahrhundert allein können 12 Kochbücher vorgewiesen werden, und aus einem derselben könnte man sogar lernen, wie man Bärentatzen und Bärenköpfe zubereitet! An alten Drucken hat die Bibliothek von Erfindung der Buchdruckerkunst an bis zum Jahr 1500 allein 2300 Bände. Unter diesen Inkunabeln (ersten Schriften, die gleich nach Erfindung der Buchdruckerkunst gedruckt wurden) sind mehrere, die wegen ihrer Seltenheit oder gar Einzigkeit einer Handschrift gleich zu stellen sind. Von mehreren Druckstücken kennt man bis jetzt gar keine Exemplare weiter, als die

Stuttgarter, z. B. eine Beschreibung der römischen Königswahl Maximilian I. zu Frankfurt a. M., ja sogar mehrere, die noch keinem Bibliographen zu Gesicht kamen. — Als ganz interessant zeigt uns der Freund das „Buch der Byspel der alten Wysen auf Veranstaltung Herzog Eberhards im Bart aus dem Lateinischen übersetzt, in Urach gedruckt um 1480;" „Luthers erste vollständige Bibel. Nürnberg. 1524; Pergamentdruck;" „das Fust- und Schöffersche Psaltarium von 1457," in Mainz gedruckt. Außerdem sind noch als Seltenheiten zu nennen: das Gebetbuch des Herzogs Eberhard im Bart, mit schönen Miniaturen; das ins 6. Jahrhundert gesetzte Psalterium latinum; die gereimte Weltchronik von Rud. v. Hohenembs mit ausgemalten Bildern und noch andere Handschriften, von denen die meisten — 917 — in das Fach der Theologie und Philosophie; 887 in das der Geschichte, 317 in das der Jurisprudenz ꝛc. einschlagen. 800 dieser Handschriften fallen in die Zeit vor 1500. Auf Pergament sind 300 geschrieben.

In den einzelnen Sälen sind die einzelnen wissenschaftlichen Fächer so aufgestellt, daß sich die Schriften alphabetisch folgen; die drei Hauptformate sind getrennt, so daß jedes Fach in drei Alphabeten vertreten ist.

Und wozu sind denn so viele, viele Bücher hier angesammelt? Nun, sehen wir hinein in das Lesezimmer, aus dem der Gründer der Bibliothek, in Lebensgröße gemalt, uns anblickt. Ihm gegenüber ist ebenfalls in Lebensgröße das Bild König Wilhelms angebracht. Da sitzen nicht wenige Männer und sind in die Schriften, die sie sich geben ließen, vertieft.

Täglich ist dieses Zimmer von 10 bis 12 Uhr und von 2 bis 5 Uhr zum Lesen geöffnet und täglich kommen der Gäste gar mancherlei, die hier ihren Wissensdurst stillen wollen. Während dieser Zeit werden aber auch an solche Personen, denen die Erlaubniß geworden, hier Bücher entlehnen zu dürfen, einzelne Bände und ganze Werke ausgeliehen. Wie bequem diese Einrichtung für die Stuttgarter Gelehrten ist, läßt sich leicht denken. Aber auch Auswärtige können auf leichte Weise diese gemeinnützige Anstalt sich erklecklich machen; denn die Gesetze über die Benützung der Bibliothek übertreffen alle übrigen derartigen Institute an Liberalität.

Damit endlich diese ungemein schätzbare und äußerst reichhaltige Büchersammlung in ihrer Gediegenheit erhalten bleibt, werden alljährlich von Seiten des Staats durchschnittlich 6000 fl. zur Anschaffung neuer Werke verwendet; ein kostenfreies Vermehrungsmittel ist die Ablieferung eines Pflichtexemplars an die Bibliothek von allen inländischen Drucken. —

Indem wir dem Freunde, der uns nicht blos einen flüchtigen Einblick in die Büchersäle dieses Gebäudes thun ließ, sondern uns auch einzelne seltene Schätze vorzeigte, dankbar die Hand drücken, verlassen wir das Haus des Reichthums an Geistesprodukten aller Art und treten zur offenen Pforte des nächsten Gebäudes ein.

Schon seine Inschrift kann uns sagen, wohin wir gelangen; nicht weniger machen uns Skelette und sonstige Gegenstände, die wir während unseres Hinaufgehens in den zweiten Stock betrachten, aufmerksam darauf, daß wir uns nunmehr im **Naturalienkabinet** befinden. Es empfängt uns ein nicht unmerkliches Geräusch.

Die Zahl der Anwesenden scheint ziemlich groß zu sein. Wir treten zur offenen Thüre ein. Lange Säle mit ihren naturhistorischen Sammlungen fesseln das Auge. Eine solche Fülle von Thiergestalten haben wir noch niemals in solch verhältnißmäßig kleinem Raume beisammen gefunden. Wo nun zuerst anfangen mit unserer Betrachtung? Ordnung herrscht hier, wie sie so selten hervortritt.

Beginnen wir bei dem Geschlecht der drolligen Affen! Von den zahnlosen Säugethieren besehen wir das Prachtexemplar des Riesengürtelthiers, das Schnabelthier und die größeren Faulthierarten von Surinam. Es folgen die Nager und Beutelthiere und diesen die Raubthiere, unter letzteren die Bären, Hundearten, Katzen, ein prachtvolles Löwenpaar, eine Fuchsfamilie und Hyänen und Leoparden. Die minder gefährlichen Dickhäuter und die friedlichen Wiederkäuer haben sich mit jenen zusammen gethan, ohne sich den Platz streitig zu machen.

Es folgt das freundliche Vogelgeschlecht. Eine schöne Auswahl von Tag- und Nacht-Raubvögeln — der Kondor, der Geier, der Goldadler; die Eulen — beginnt die Reihe. Die sperlingsartigen Vögel vom Würger bis zur Drossel; die Klettervögel, die Hühner und Tauben, die Laufvögel, die Stelzenläufer, die Schwimmer: alle Ordnungen sind zahlreich vertreten. Ihre Farbenpracht, ihr schönes Gefieder zieht unwiderstehlich an. Auch Nester einzelner Vögelein machen Vergnügen.

Die Sammlung der Reptilien oder Kriecher spricht nicht gewaltig an; sie haben meist etwas Abschreckendes, diese Thiere. Wenn auch die Schildkröten durch ihre Größe auffallen, so mag man doch bei dem gefräßigen

Krokodil und bei den zahlreichen Schlangen nicht lang verweilen; man schaudert vor ihnen.

Was die Fische betrifft, so sind viele Bewohner des Nils und rothen Meeres hier vertreten, ebenso manche aus den Meeren bei Amerika und vom mittelländischen Meere.

Am reichhaltigsten ist aber die Sammlung der wirbellosen Thiere ausgestattet. Die Krustenthiere sind auf Pappendeckel oder Holztäfelchen aufgeheftet und in Tischkästen aufgestellt; ein Theil — besonders die kleinen Arten — liegt im Weingeist. Die Insekten sind in fußlangen und halb- bis fußbreiten Kapseln mit Glasdeckeln und mit Glasboden versehen in Schubladen aufbewahrt. Die inländischen Insekten sind in großer Zahl vorhanden, darunter die Käfer und Schmetterlinge am reichsten. Wenn auch die Spinnen arm an Arten sind, so sind die Weichthiere um so zahlreicher in den langen Pultkästen, auf Baumwollwatt liegend, vorhanden; denn diese Sammlung zählt beinah 3500 Arten mit mehr als doppelt so vielen Exemplaren. Auch die Polypen, die terrassenförmig und auf Postamenten stehen, können einen Blick abzwingen und uns nöthigen, ihre Form und ihr Wesen genauer zu betrachten.

Wenden wir uns nun in die beiden Säle, in denen uns Skelette und Schädel überraschen, so finden wir, daß die Sammlung derselben größtentheils den in der zoologischen Sammlung aufgestellten Thieren entspricht; sie sind, — zumal bei den Säugethieren — diesen entnommen, nachdem sie vorher in Gyps abgeformt wurden und demnach ohne Beeinträchtigung des ausgestopften Exemplars in diesem entbehrt werden konnten. Dort steht sogar das Skelett eines Nubiers. Von einigen Raubthieren sind ganze Reihen von Schädeln und auch Skelette vorhanden, wie z. B. von Hunden, Bären rc. Die Skelette der Vögel repräsentiren alle Familien und die meisten Gattungen dieser Klasse. Zu merken sind die Skelette eines zehn Fuß langen Alligators, einer großen Pythonschlange, der Aguakröte, einiger giftigen und ungiftigen Schlangen, sodann mehrerer amerikanischer Fische und der Schädel eines 90 Pfd. schwer gewesenen Wels aus dem Bodensee.

So hätten wir — wenn auch eilend — die Sehenswürdigkeiten in den Sälen des mittleren und zum Theil des obern Stockwerks dieses Gebäudes theils mehr; theils minder genau kennen gelernt. Aber zweierlei dürfen wir nicht übersehen. Zuerst ist es jene Büste dort, welche auf einem Postament ruht. Sie stellt den im Jahre 1847 verstorbenen Freiherrn v. Ludwig dar, der in der Kapstadt sehr lange sich aufhielt und von dorther eine bedeutende Anzahl Thiere und sonstiger interessanter Naturgegenstände dem Naturalienkabinet als Geschenk zusandte. Dankbarkeit hat ihm dieß Denkmal gestiftet. — Sodann müssen wir die riesigen Stoßzähne und die dicken Knochen noch sehen, die einen Begriff geben von den vorweltlichen Thierungeheuern, die in der nächsten Nähe einstmals gehauset haben; denn diese Ueberreste sind sämmtlich bei Cannstatt ausgegraben worden. Was ist jener Stoßzahn von einem Elephanten gegen diese Riesen!

Wenn wir nicht nach den Pflanzen fragen, so geschieht es, weil wir sie lieber im herrlichen Schmucke draußen in Feld und Wald, in Gärten und Wiesen beschauen. Auch die vorhandenen Holzarten übergehen wir und begeben uns in den dritten Stock, wo uns die mineralogisch-geognostische Abtheilung nicht wenig anspricht.

Da zeigt sich uns erst die oryktognostische Sammlung, und wir finden in Pultkästen nur reine, charakteristische und schön krystallisirte Stücke; in Wandkästen — den ersteren gegenüber — Schaustücke von größerem Format. Schöne Bergkrystalle, prachtvolle Drusen von Quarzkrystallen aus Bulach (Schwarzwald), reine Natrolithen vom Hohentwiel, herrliche Berylle und Topase, darunter ein schöner Topaskrystall, sehr deutliche Krystalle von gediegenem Kupfer aus Michigan, prächtige russische Malachite und Rothkupfererze, reiche Silberstufen aus dem württ. und badischen Schwarzwald, Silberstufen krystallisirt, ein werthvolles Stück gediegenes Gold aus Californien und ein 49 Loth schweres Stück gediegenes Platin: dieß Alles und noch vieles Andere erfreut hier den Sachverständigen.

Aber auch die geognostische Sammlung müssen wir durchsuchen. Sie enthält zunächst die württembergischen Gebirgsarten äußerst bequem geordnet beisammen. Einzelne Gegenden unseres Vaterlandes sind bezüglich ihrer Gebirgsformation besonders reichlich vertreten, z. B. Sulz, Hall, Schwenningen, Eßlingen, Wasseralfingen rc. Aber die ausländischen Gebirgsarten sind nicht vergessen. Aus Südafrika, China, Neuholland, Mähren, Schlesien, Ungarn, aus dem Odenwalde, der Wetterau und Eifel, aus Italien rc. sind die Gebirge nach ihrer Bildung hier geordnet in schönen Exemplaren.

Endlich ist es noch die paläontologische Sammlung, die in neuester Zeit durch mehr als 10,000 Stücke württ. Petrefacten — Dr. Fraas'sche Sammlung — wesentlich bereichert und ergänzt worden ist, welche hier oben so aufgestellt wurde, daß sowohl die Jura- und Kreideformation, als die älteren Formationen, sowie die Tertiär- und Diluvialperiode auseinander gehalten sind. —

Wenn wir uns von diesen tausenderlei Merkwürdigkeiten trennen, so müssen wir — Aehnliches zusammenstellend — eines Besuches im „zoologischen Museum von H. Ploucquet" gedenken und einen Rückblick auf jene höchst sinnreich geordnete und ungemein interessante Privatsammlung aus dem Gebiet der Naturgeschichte wagen. Bekanntlich findet sich dieselbe in einem neuerbauten 100 Fuß langen und 36 Fuß breiten Gartensalon in der Kronenstraße und enthält mehr als tausend Thiere, die mit größter Sachkenntniß und Sorgfalt ausgestopft und in überraschende Gruppirung gebracht sind. Alte und Junge stehen oder liegen im Sommer- und Winterkleide beisammen, in mannigfacher, ihrer Natur und Lebensweise angemessener Thätigkeit aufgefaßt, und durch künstliche Scenerie, Bergspitzen, Baumstämme, Schneelandschaften, Baue, Höhlen treten die einzelnen Gruppen um so schärfer hervor. Sprechen wir von den gelungensten derselben eingänglicher!

Ein Kameel, von einem Königstiger überfallen, fesselt — die Wanderung von der Rechten zur Linken unternommen — zunächst den Beschauer. Die wildeste Mordlust ist im gierigen Blicke der Katze zu lesen. Eine Tigerin faßt das niedergestürzte Thier an der Kehle. Dieser Gruppe folgt eine Wildschweinfamilie. Ein starker, grimmig aussehender Eber steht im Hintergrunde; eine ruhende Bache säugt eines ihrer drei kaum etliche Tage alten Jungen, während die beiden andern schlummernd neben ihr liegen. Rechts von ihr freut sich eine zweite Bache ihrer sieben etwa fünf Wochen alten Jungen, und links bewacht eine dritte Bache wohlgefällig ihre fünf stattlichen Jungen, die gegen zehn Wochen alt sein mögen. — Vor dieser zahlreichen Familie sehen wir zwei Iltisse einen jungen Feldhasen verzehren, während nebenan zwei Hühnerhunde einem Paar Feldhühner nachstellen. Die ängstlich sich niederduckenden Vögel und der gierige Blick der Hunde geben ein unübertrefflich treues Naturbild. — Zwei Jaguare überfallen einen Büffel; die eine dieser blutgierigen Katzen klammert sich zwischen die Vorderfüße des herrlichen Thiers und sucht sein Blut zu trinken, während der wüthende Wiederkäuer die andere dieser Bestien an einem Baumstamme zerquetscht. Welches Leben sich in dieser Kampfscene kund gibt! Edelmarder mit Jungen, Siebenschläfer und Fischreiher sind vor derselben aufgestellt. — Ueber ein von vier jungen Waldkäuzchen besetztes Eulennest hinweg, das von zwei Iltissen überfallen, von den beiden alten Vögeln aber muthig vertheidigt wird, sehen wir einen Fuchsluchs, der so eben von dem ihn bergenden Baume herabschleicht, um dem Zwergwolfe, der unten am Stamme behaglich einen Vogel verzehrt, die sicher geglaubte Beute zu entreißen. — Einen großartigen Eindruck macht die Gruppe von drei südamerikanischen Condoren, die sich um den Besitz eines verendeten Schafes streiten. Eben so lebensvoll ist die Scene, welche einen Hirsch darstellt, der von zwei Kuguaren überfallen wird; das eine Raubthier hat das in grimmigem Schmerz zusammensinkende Wild in den Weichen gefaßt, das andere ist auf seinen Nacken gesprungen und hält, schlangenartig sich krümmend, den Hirsch an den Nüstern fest, um jede weitere Flucht des Opfers abzuschneiden. — Fesselnd und wahrhaft kolossal ist der Kampf eines Negers, der eine Löwin erlegte und nun von zwei Löwen, die mit gesträubter Mähne ihre gewaltigen Zähne fletschen, angegriffen und zu Boden geworfen wird; verzweifelnd wehrt sich der Kühne in dieser Lage noch, obwohl dem Tode unrettbar verfallen, während die rachedurstigen Thiere ihre Krallen in sein Fleisch einzuhauen bereit sind. — Ein Fuchsbau bietet ein äußerst lebendiges, anziehendes Bild dar. Die Füchsin sieht mit Lust einem Paar Jungen zu, die mit einander schäckern, während das Männchen eben mit seiner Beute nach Hause kommt; schon zerrt ein Junges gewaltig an dieser, ein zweites aber sucht gierigen Blickes zum Vater hinüberzusteigen; ein drittes, das einen kleinen Vogel erhaschte, scheint seinen Imbiß bergen zu wollen, um ihn unbelästigt verzehren zu können; ein viertes pflegt behaglich der Ruhe, und ein fünftes scheint einen kleinen Ausflug in die Umgegend im Sinne zu haben. — Eine andere Gruppe zeigt einen Horst mit drei wenige Tage alten Mäusebussarden; außen fällt strömender Regen; das Männchen kehrt mit Beute heim, die hungernden Jungen zu äzen; die Mutter aber deckt diese schützend mit ausgebreiteten Flügeln, damit sie von dem nassen Element nicht berührt werden; zugleich ladet sie das Männchen mit sprechendem Blicke ein, das Heimgebrachte in möglichster Eile zu vertheilen. — Zwei herrliche Edelhirsche, vor dem nachsetzenden Parforcehunde über schneebedeckte Eichstumpen setzend, gewähren einen überraschenden Anblick; nicht minder anziehend und die Natur auf das Treueste darstellend sind vier Tigerkatzen; die eine, gerade aus der Höhle hervorkommend, schließt sich an die zweite, die einen getödteten Flamingo vor sich hat, auf den sie beide Vordertatzen legt, um ihren Raub gegen die beiden andern zu vertheidigen, welche, gierig nach langentbehrter Speise, sich nähern. — Eine ausgezeichnet gehaltene Gruppe von Auerhühnern besteht aus drei falzenden Hahnen, zwei Hahnen in ruhig sitzender Stellung, einer falzenden Henne und einer weiteren, ihre vier kaum einen Tag alten Junge bewachenden Henne. Im Hintergrunde folgt nun ein von einem gewaltigen Eisbären überfallener Seehund, kläglich aufschreiend, neben ihm sein Junges, aufgeschreckt durch die Angst- und Schmerzenstöne der Mutter. Im Vordergrund erblicken wir eine äußerst zahlreiche Wieselfamilie im Sommer-, im Uebergangs- und im Wintergewand, zwei an einem kleinen Vogel zerrend, ein anderes eine Maus im Maule haltend, ein drittes ein possierliches Männchen machend, die übrigen in sonstigen charakteristischen Stellungen. — Doch wer vermöchte wohl alle die Thiergestalten in ihrer lebendigen Zusammenstellung aufzuzählen? Und oben an der Decke des Saales sind nach allen Seiten eine Menge Vögel: Adler, Falken, Reiher u. a., wie frei schwebend und auf andre kleine Vögel niederstoßend, angebracht. So scheint in diesem Museum Alles zu leben und zugleich mehr oder weniger in fortgesetztem Vernichtungskampfe begriffen zu sein.

Aber fast hätten wir das Pikanteste der Sammlung vergessen. Neben den Zwecken sinnreicher Belehrung ist nämlich auch dem heitern Scherz und der Karikatur Raum gegönnt. Hat uns doch alsobald beim Eintritt (links) eine sogenannte „Mordthat“ im Style des Cannstatter Volksfestes nicht wenig ergötzt! Eine Bulldoge spielt mit großem Ernste die Drehorgel, während eine angekleidete Aeffin mit ernster Miene singt; zugleich deutet diese nach der an der Wand angebrachten Mordscene; ein aufrecht stehender Ese mit Zwilchkittel, Dreispitz und tüchtigem Stock bildet das Auditorium. — Eine ganz besondere Rolle spielt in diesem Theil der Ausstellung Reinecke Fuchs; hier nimmt der Dachs dem Fuchs die Beichte ab, dort predigt ein Hahn dem Verbrecher; hier sehen wir ihn als Pilger mit dem Kreuz, dort hängt er als Missethäter am Galgen; bei den verschiedenartigsten Anlässen wußte die Künstlerhand den Listigen der jeweiligen Situation entsprechend darzustellen. — Wer aber die übrigen Gestalten betrachtet, der kann sich eines Lächelns gewiß nicht erwehren! Die prächtig geschmückten, ungemein freundlichen Kätzchen bei der Theevisite; die kleinen Gänschen, schnatternd vor einem Waschzuber stehend, während die alte Wäscherin sich mit Seife und andern „Ueberbleibseln“ besackt; der Jammer einiger Kätzchen über den Tod ihres Schwesterleins; die herrliche Eisfläche, auf der junge Igel sich mit Schlittschuhlaufen vergnügen; die beiden als Baumgärtner thätigen Hasen; das brillante Zweckessen von sieben Schweinigeln; die stolze Katze mit der Krinoline, begleitet von ihrem stutzerhaft gekleideten Gemahl und gefolgt von einem stattlichen Bedienten; die schrille Katzenmusik; das Froschduell wie das Füchseduell: Alles macht auf den Beschauer einen unwillkürlich heiteren Eindruck. Das Drollige wie das Naive, das Schauerliche wie das Burleske wurde vom Künstler trefflich aufgefaßt und eben so ausdrucksvoll ausgeführt. Gewiß, der Humor und die Satyre spielen hier ihre Rolle, und Jung und Alt können sich kaum von all diesen Scenen trennen, so fesselt das Leben, die Wirklichkeit! Nicht leicht dürfte anderswo eine ähnliche und so gelungene Darstellung zu finden sein.

Begeben wir uns nach dieser kleinen Abschweifung wieder in die Straßen der Stadt! Dem Naturalienkabinet gegenüber zeigt sich eine größere Häuserreihe. Diese zusammenhängenden Bauten werden heute noch „Akademie" genannt. Sie stoßen südöstlich auf die Schloßflügel und sind demnach Schloßnebengebäude. Hieher wurde im Jahr 1775 die Karls-Akademie, eine eigenthümlich eingerichtete Bildungsanstalt für die geistig hervorragendsten Jünglinge jener Zeit, verlegt. Das Ganze besteht aus vier Flügeln, die drei geräumige Höfe einschließen, deren mittlerer mit einem schönen Brunnen geziert wurde. In dem äußersten Flügel gegen Norden befanden sich unten der Rangirsaal und oben der kleine, für den Herzog bestimmte, und der große Speisesaal der Zöglinge. In diesen Räumen und in denen der anstoßenden Bauten hatten zur Zeit des Bestands der Karls-Akademie die Zöglinge ihren Aufenthalt, waren die Unterrichtssäle, wohnte theilweise das Lehrpersonal. Zu ihrer Zeit in ganz Deutschland berühmt, gingen aus dieser hohen Schule die gebildetsten und bewährtesten Männer in allen Zweigen der Wissenschaft und Kunst hervor; ich darf zum Belege hiefür nur einen Namen, Schiller, anführen, obgleich noch viele andere, sei's in dieser, sei's in jener Richtung sich auszeichnende Karlsschüler zu nennen wären, die heute noch mit Hochachtung und Dankbarkeit gefeiert werden. Nur klein ist aber jetzt das Häuflein noch lebender Studiengenossen auf der Karls-Akademie; alljährlich verkleinert es sich, denn der Tod hält ungefragt Ernte unter ihnen. Aber diese Wenigen sind mit inniger Liebe verkettet und sind glücklich auch in der Erinnerung an eine längstentschwundene schönere Zeit.

Nur Weniges noch von dieser „Hohen Karlsschule!"

Sie entstand aus einem im Jahr 1770 errichteten Waisenhause für Soldatenkinder und hatte ihren Sitz zuerst auf der Solitude. Schon nach zwei Jahren ihres Bestehens erweiterte sie sich zu einer militärischen Akademie, weßhalb sie ihr Gründer, Herzog Karl, im schon genannten Jahre hierher verlegte. Auch hier gedieh die Anstalt so rasch, daß sie 1781 von Kaiser Joseph zur Universität erhoben wurde. Alle Wissenschaften — mit Ausnahme der Theologie — wurden gelehrt; achtzig Lehrer waren die Priester derselben. Die Zöglinge selbst lebten in strenger Abgeschlossenheit. Militärische Aufsicht und Ordnung wurden gehandhabt. Der Herzog selbst hatte eine große Freude an seiner Schöpfung. Er besuchte sie oft, wohnte den Vorlesungen und Prüfungen bei, theilte die Preise eigenhändig an die Zöglinge aus, hielt Reden an sie und bezeugte sich auf väterliche Weise gegen dieselben. In kurzer Zeit hatte die Anstalt auch im Auslande einen großen Ruf erlangt. Jünglinge, nicht blos aus Deutschland, sondern aus fast allen Ländern Europas, ja selbst aus Ost- und Westindien suchten in ihr ihre Bildung. Karl selbst wurde allerwärts als Beförderer der Wissenschaft und Geisteskultur gepriesen; überall spendete man ihm großes Lob. Schade, daß der Nachfolger Karls im Jahre 1794 diese herrliche Bildungsstätte aufhob, ohne sie nur auch gesehen zu haben!

Heute dienen diese Gebäulichkeiten theils zur Aufbewahrung der Privatsammlungen für den König, theils zur Unterbringung von Kanzleien, theils zu Wohnungen für einzelne Hofbeamte. Sodann bildet das Hauptgebäude gegen die Neckarstraße die Hofkirche, in welcher sich hinter dem Altar ein sehr schönes, großes Wandgemälde, die Himmelfahrt Christi darstellend, erhebt.

Indem wir diese Gegend verlassen, ziehen wir uns in die Stadt hinein. Wir gehen gemächlich vorwärts; denn bald zeigt sich rechts, bald links eine Merkwürdigkeit. So winkt dort ein großartiger Palast herunter: es ist der Wilhelms-Palast, ein Eigenthum der königl. Prinzessinnen Marie und Sophie. — Hier zieht sich zwischen dem neuen und alten Schlosse die sogenannte Planie hin, der schönste Spaziergang innerhalb der Stadt; wilde Kastanienbäume, Gesträuche, saftiges Grün, ein Bassin mit einem Springbrunnen: dieß Alles lockt nicht wenige Lustwandelnde herbei. Auch wir begehen diesen schattigen, grünen Raum ein wenig, um zum mindesten von außen das alte Schloß mit seinen Bauten zu sehen. Seine Figur bildet ein Quadrat, das an drei Ecken, gegen Morgen, Mittag und Abend, drei starke hohe, runde Thürme hat, die im 16. Jahrhundert erbaut wurden. Es ist ein massiges Gebäude und in seiner jetzigen Gestalt ein Werk des Herzogs Christoph. Zur Befestigung war es früher halb mit einem ausgemauerten trockenen, halb mit einem Wassergraben umgeben. Jetzt sind beide ausgefüllt und es ist keine Spur mehr von ihnen zu sehen. Einen wirklich imposanten Anblick gewährt dieses alterthümliche Gebäude.

Wir treten aber nicht in's alte Schloß ein, das uns ganz in die „alte" Zeit hineinführen würde, sondern verweilen auf dem schönen, ebenen Platze, der von der alten Residenz, von der ehemaligen Kanzlei, vom Prinzenbau, von der ehemaligen Stiftskelter (jetzt Nebengebäude des Prinzenbaus) und vom Chor der Stiftskirche fast rings umgeben wird. Mitten auf diesem verhältnißmäßig großen Platze steht das **Schillerdenkmal**, das aus mehr als Einem Grunde unsere ganze Aufmerksamkeit beansprucht. Treten wir dem Monumente näher!

Mit gesenktem Antlitz, in der herabhängenden Linken ein Buch, in der Rechten, die zugleich den unter dem linken Arm aufgezogenen und über die rechte Schulter geworfenen Mantel hält, den Griffel, ruhend auf dem rechten Fuß, den linken vorgestellt: so sehen wir den lorbeerumkränzten Dichter über allem Volk, auf hohem Postament, zu uns hernieder blicken oder in die Tiefe der eigenen Gedanken sich verlieren. Viele Beschauer haben einen aufwärts gekehrten Blick, eine gehobene Haltung gewünscht; allein diese haben an die Höhe des Postaments, der zufolge ein nach oben gewendetes Gesicht nur in lästiger Verkürzung erschienen wäre, nicht gedacht, ungerechnet den tieferen Sinn der Auffassung, bei welcher das feine Gefühl des Künstlers jeden falschen Schein, jede Beziehung nach Außen glücklich vermieden. So zeigt es die Stellung eines Mannes, der in die Fluth der Gedanken versenkt, diese an sich vorüberziehen läßt, um die ihm genehmen zu fassen, zu halten; er hat eben geschrieben und — um ein grobsinnliches Bild zu gebrauchen — holt aus, um weiter zu schreiben. Alle dem Auge entrückteren Partien bleiben im Verhältniß zur ganzen Figur; Niemand empfindet die außerdem nothwendige Unannehmlichkeit perspectivischer Verjüngung. Die langen geraden Linien geben der Gestalt Halt, so daß der Sinn des Beschauers auf keine Weise beunruhigt wird, und die gebückte Stellung macht es uns möglich, ihm ins volle Angesicht zu sehen. — So beurtheilte seiner Zeit das Kunstblatt das Denkmal. Die Statue des Dichters ist 13 Fuß 5 Zoll hoch.

Das Piedestal besteht aus Würfeln von schönstem röthlichgrauem Granit mit Reliefs und Gesims von Erz. Diese Würfel sind durch Platten verbunden. Sie ruhen auf einer Unterlage von rothem, festem Sandstein. Nach den vier breiten Seiten hin hat sie je fünf Stufen und nach den vier Ecken je einen Vorsprung für die angebrachten Candelaber. Die Statue selbst steht auf einer mit tragischen Masken und Kränzen aus Erz verzierten Granitplatte. Die Höhe des eigentlichen Fußgestells beträgt 16 Fuß, die der Unterlage 4 Fuß, und diese selbst hat eine Breite von 34 Fuß, ist also um 7 Zoll breiter, als das ganze Denkmal hoch ist.

Die Zeichnung ist nach der Angabe eines der größten Künstler, Thorwaldsen, gefertigt, Formen und Verhältnisse von glücklichster Uebereinstimmung, und man kann sagen, daß, wie in neuerer Zeit kaum ein Denkmal in so richtigem Ebenmaß zu seinem Platze steht, als dieses, ebenso kein Fußgestell einer der neu errichteten Statuen in so wohlthuender Beziehung zu der Gestalt über ihm steht, als wiederum dieses. Ohne überflüssigen Raum zu geben, ist es doch so breit und massenhaft, daß das Auge keinerlei Besorgniß des Herabfallens — oder wie man sich diese allerdings trügliche Vorstellung bezeichnen will — der Statue aufkommen läßt. — Das Relief der Vorderseite hat Schillers Namen auf einer von einem Adler getragenen Kugel — das Sinnbild der Ewigkeit — über den Sternen. Diese Sterne haben ihre Beziehung; sie bilden das Zeichen der Thierkreise, in denen Schiller geboren wurde und starb. Die tragische und lyrische Muse begleiten ihn in seinem Fluge. Darunter steht der Geburtstag — den 10. November 1759 — und der Sterbetag des Dichters — den 9. Mai 1805.

Auf der Rückseite sind es zwei Greifen, die in die Saiten der Lyra greifen; darunter steht: „Errichtet 1839.“ Das Relief der rechten Seite ist der Genius der Dichtkunst mit der Lyra und dem Plektrum: eine anmuthige, geflügelte Knabengestalt, schwebend vorgestellt, gewiß eine der glücklichsten Eingebungen der an der Antike gereiften Phantasie Thorwaldsen's. Dieser gegenüber findet sich an der linken Seite eine schwebende Victoria mit Palmenzweig und Lorbeerkrone, gleichfalls von ansprechender Schönheit. Und welchen zusammenhängenden Gedanken enthalten nun diese Reliefs? „Der Genius des Dichters erhebt sich in jugendlicher Kraft, wie der Morgenstern aufgehend und nach den Sternen seinen Blick gerichtet; des Musengottes geweihte Greifen halten ihm die Lyra; ihm werden Anerkennung von Außen und innerer Friede zu Theil, und seine Werke tragen seinen Namen in die Ewigkeit.“ Oder will der Künstler durch die Reliefs sagen: „Festgehalten von der ernsten und beharrlichen Treue seines Volkes, werden die reinen und großen Ideen, die der Dichter in unsterblichen Gesängen verkündigt, vom Siege gekrönt werden.“

Was noch den Platz insbesondere betrifft, auf dem das herrliche Monument errichtet ist, so schließt er die Altstadt gegen die neuentstandenen Straßen und Plätze ab, ist in architektonischer Hinsicht wohl der bedeutendste, und zugleich sehr belebt mehr von Vorübergehenden, als von lärmenden Gewerben, und liegt wenige Schritte von der Königsstraße, von den drei andern Plätzen der Altstadt und den

Baumwegen und Plätzen um das königliche Residenzschloß, mithin sehr günstig für's Ganze. Sein Umfang steht im schönsten Verhältniß zur Größe des Denkmals. Nicht so klein, daß die Statue nicht von jeder beliebigen und ihr zuträglichen Entfernung könnte betrachtet werden, ist er zugleich auch nicht zu groß, so daß er durch jene vollkommen beherrscht wird, und das Denkmal ganz unwillkürlich einen architektonischen Charakter annimmt. Mit Recht bewundert man es schon aus diesem Grunde; zugleich gehört es bis jetzt zu den schönsten, und in Württemberg ist es das einzige seiner Art; auch in Bezug auf die technischen Zuthaten möchte es das am würdigsten ausgestattete sein unter allen, die je einem Großen im Reiche des Geistes irgendwo errichtet worden sind.

Eingeweiht und der Oeffentlichkeit übergeben wurde das Denkmal am 8. Mai 1839. Das war für Stuttgart ein Festtag ganz eigener Art. Von allen Gauen Deutschlands strömten Mitfeiernde herbei; ja ganz Deutschland nahm Theil an dieser eben so seltenen als großartigen Feier. Sie galt ja dem,

„Der aus der Musen Blicken
Selige Wahrheit las,
In ewigen Weltgeschicken
Das eigene Weh vergaß;
Der in die deutsche Leyer
Mit Engelsstimmen sang,
Ein überirdisch Feuer
In alle Seelen schwang!"

Und wohin anders sollten wir jetzt gehen, als in das Haus, dem Herrn gebaut? Haben wir doch der irdischen

Herrlichkeiten seither so viele kennen gelernt, daß es wohl an der Zeit sein dürfte, Einkehr zu halten im Hause des Herrn, dort um so lebhafter an unvergängliche Schönheit erinnert und aus dem Gewühle des äußeren Lebens in die Stille der inneren Welt versetzt zu werden. Nur einige Schritte, und wir stehen in dem ersten Gotteshause der Stadt, in der sogenannten Stiftskirche.

Im Jahre 1436 wurde der Grundstein zu diesem Bau gelegt, den das Jahr 1495, jedoch mit Ausnahme der Thürme, vollendet sah. Uebrigens stund schon im 13. Jahrhundert an dieser Stelle ein Gebäude von geringem Umfange. Graf Eberhard, der Erlauchte, verlegte das Stift zum h. Kreuz von Beutelsbach hieher, nachdem das dortige fürstliche Erbbegräbniß 1312 von den Eßlingern zerstört worden war. Schon 1321 konnten die Stiftsherren in der neuen erweiterten Stiftskirche ihren Einzug halten.

Der südliche kleine Thurm wurde 1488 um drei Stockwerke erhöht und 1378 mit einem durchbrochenen steinernen Umgang versehen; der kleinere nördlichere Thurm dagegen wurde nebst der Schneckentreppe kaum bis über die Schiffsgewölbe erhöht und dann mit einem Giebeldach bedeckt. Auch der große Thurm auf der Westseite blieb unvollendet; 1490 begonnen, wurde er 1531 bis zu seinem obersten Umgang, auf den man sogleich das Dach setzte, geführt. Seine Höhe bis zum Knopfe beträgt 214 württ. oder 188,7 par. Fuß. Die große Glocke der Kirche soll schon aus dem Jahre 1285 stammen. Sie wurde von ihrem Gießer „Osanna“ getauft, und ihr sonorer Klang dringt weit in das Thal hinab.

Die Stiftskirche ist in nordöstlicher Richtung in verschiedenem Style gebaut. Den reichsten und schönsten architektonischen und plastischen Schmuck am Aeußern der Kirche entfaltet das Portal an der Südostseite, daß sog. Apostelthor. Zwei Strebepfeiler umrahmen nebst dem einfachen Gesimse, das einen Kranz von Baldachinen überragt, den durch einen schmalen Pfeiler in zwei Hälften getheilten, horizontal bedeckten Eingang. In zwei horizontalen Reihen stehen in flachen, in die Mauer eingelassenen Nischen runde Figuren: Christus und die zwölf Apostel, herrliche Gestalten, voll Ernst und Würde. Die Felder der Bögen enthalten schön gearbeitete Reliefdarstellungen, und zwar in dem elliptischen Bogenfeld die Kreuzschleppung Christi, in dem Feld zwischen dem geschweiften Spitz- und Thürbogen :die Auferstehung. Dieses Bildwerk, von hoher Vortrefflichkeit, ist 1494 vollendet worden. Auf die unbekannten Künstler oder Stifter derselben beziehen sich wohl die Wappen an den Consolen der Apostel Simon und Paulus.

Auf der Südwestseite befindet sich ebenfalls ein Hauptportal, einfach spitzbogig gehalten; über demselben ist ein großes Spitzbogenfenster in die Thurmwand eingelassen. Auf dem Schlußstein des Bogens liest man wieder die Jahreszahl 1495.

Das mittlere Schiff wird von den beiden Seitenschiffen von der Arkadenhöhe an überragt. Im Innern tragen zwei Reihen Pfeiler, deren Gliederungen in die spitzbogigen Arkaden verlaufen, die kunstvoll konstruirten Netzgewölbe. Die Strebepfeiler, welche weit in das Innere der Kirche gerückt sind, bilden kleine Kapellen, über welche zierliche Netzgewölbe gespannt sind. Fünf nicht sehr hohe, aber breite Fenster auf jeder Seite erhellen die Kirche. Die Schlußsteine, mit figürlichen Reliefdarstellungen verziert, stehen in einem hübschen Verhältniß zu den interessanten Gewölben, deren Reihungen verschiedene geometrische Figuren bilden. Das letzte östliche Gewölbe des südlichen Seilenschiffs schließt sich an die westliche Wand des alten romanischen Thurms an, das letzte östliche des nördlichen dagegen öffnet sich gegen eine gewölbte Emporbühne mit spitzbogigen Arkaden, zu der man durch eine steinerne Wendeltreppe gelangt. Das Erdgeschoß des romanischen Thurms, das durch eine einfach gegliederte spitzbogige Arkade sich gegen das Mittelschiff öffnet, enthält ein spitzbogiges Kreuzgewölbe, dessen Rippen auf hübschen Kapitälen ruhen und in einer einfachen Rosette schließen.

Die an den vierten nördlichen Pfeiler des Mittelschiffs angelehnte steinerne Kanzel zeichnet sich durch ihren reichen und geschmackvollen architektonischen und bildnerischen Schmuck aus. Auf ihrem sechsseitigen, mehrfach sternförmig übers Eck gesetzten Fuß windet sich spiralförmig der Schaft in die Höhe. Auf seinem durchbrochenen Knauf erhebt sich oben ein erweiternder Aufsatz. Die Brüstungen bestehen aus vier, durch zierliches Stabwerk von einander getrennten Nischen, in denen die Figuren der vier Evangelisten in halberhabener Arbeit und trefflicher technischer Behandlung angebracht sind. Das Geländer der Treppen ist durchbrochen. Der eben so reiche als geschmackvoll im Styl der Kanzel gehaltene Schalldeckel ist neu.

Aber wir wenden uns endlich zum Chor! Er ist um vier Stufen vom Boden der Schiffe erhöht. Wir gelangen in denselben durch den sehr hohen einfach gegliederten Triumphbogen, der auf fünfseitigen Halbpfeilern ansetzt. Der Chor ist südlich aus der Axe gerückt und im Achteck abgeschlossen. In dem Chore ziehen uns allerlei

Gegenstände an. Zunächst sind es die prachtvollen Glasmalereien, welche drei Fenster des Chors und das Fenster über dem westlichen Haupteingange mit den Gemälden der Geburt, der Kreuzigung, der Auferstehung und einer Darstellung des Königs David zieren. Diese Fenster sind ein edler Schmuck des ganzen Chors; ihre Darstellungen verfehlen des günstigen Eindrucks nicht. Und diesen Schmuck verdankt die Kirche der Municifenz des Königs, der im Jahr 1841 durch die Gebrüder Scheerer ihn herstellen ließ. Ueberhaupt wurde in den Jahren 1840 bis 1842 eine gründliche Restauration mit diesem Tempel vorgenommen, welche ihm das jetzige Gewand verlieh und zwar nach dem meisterhaften Plane des genialen Carl Heideloff.

Sodann fesseln auch die verschiedenen Monumente des Chors. Von diesen dürfte das steinerne Grabdenkmal des Grafen Ulrich mit dem Daumen und seiner Gemahlin Agnes, Herzogin von Liegnitz, das interessanteste sein. Es gehört zu den ältesten schwäbischen Grabmonumenten und möchte nicht sehr lange nach dem (1265 erfolgten) Tode des gräflichen Ehepaars gefertigt worden sein. Von Graf Eberhard, dem Erlauchten, 1321 in den Chor dieser Kirche gestellt, hat es im Verlaufe der Zeit bedeutende Verstümmelungen erlitten. Die beinah ganz freien Figuren sind in Lebensgröße ausgeführt und waren früher, nach deutlichen Kennzeichen, bemalt. Ulrich, dessen Füße auf zwei Löwen, dem Sinnbild des Heldenmuths, ruhen, ist in den langen Waffenrock gekleidet und mit dem Kriegsgürtel umgürtet; auf den Schultern über dem Mantel sind die württembergischen Wappenschilde angebracht. Das Haupt, welches wie das seiner Gemahlin auf einem gestreiften Kissen ruht, ist mit einer Krone aus Weinlaub geschmückt. Zu den Füßen seiner Gemahlin liegen zwei Hunde, ein Symbol ehelicher Treue. Sie ist in ein langes faltenreiches Gewand gekleidet, über dem auf der Brust eine Spange mit dem württ. und polnischen Wappen den unter den Armen aufgezogenen Mantel zusammen hält. Ihr Haupt ist mit einer Laubkrone aus Ulmenblättern geschmückt, zudem ist noch ein Schleier über eine Spitzenhaube geworfen. Zu Häupten beider sind Schilde mit dem württ. und polnischen Wappen angebracht und die auf der abgeschrägten Kante um das Monument laufende Inschrift zeigt die Todestage an.

Eine nicht minder beachtenswerthe Zierde bilden jene elf trefflich in Stein ausgeführten Standbilder württembergischer Fürsten. Unter Herzog Ludwig wurden diese Statuen begonnen (1594) und unter seinem Nachfolger, Herzog Friedrich, vollendet. Sie stehen unter einem an allen Stellen reich verzierten architektonischen Gerüste in glatten Nischen, geharnischt, barhauptig, die Helme zu ihren Füßen auf Löwen. Es sind die vier Ulriche (1265 bis 1366), Eberhard der Erlauchte, Eberhard der Greiner und sein in der Schlacht bei Döffingen gefallener Sohn, Eberhard der Milde, Eberhard IV., Ulrich der Vielgeliebte und Heinrich (gest. 1519). Diese Denkmäler gehören zu den schönsten Werken des Renaissancestyls.

Unter dem Chor befindet sich das fürstliche Gruftgewölbe, 1608 auf Befehl des Herzogs Friedrich erbaut und 1683 erweitert.

Die noch vorhandenen Grabdenkmäler lassen wir bei Seite und betrachten zum Schlusse die Orgel. Sie wurde in den Jahren 1807 bis 1811 aus der Klosterkirche Zwiefalten hieher gebracht und damals im Chor aufgestellt. Das Jahr 1841 sah sie endlich an ihrem jetzigen Platze. Der berühmte Orgelbauer Walcker aus Ludwigsburg hob damals auch die Mängel und Gebrechen dieses mächtigen Werks und verlieh ihm wieder die erforderliche Vollständigkeit und Vollkommenheit. Zudem wurde es mit dem schönen Orgelgehäuse von drei Etagen versehen, das im reinsten gothischen Style ausgeführt ist und durch Broncirung, beziehungsweise Vergoldung ein glänzendes Ansehen erhalten hat, das die schönsten Eindrücke hervorruft. Er ist eines der schönsten Orgelwerke Deutschlands und hat in vier Manualen und zwei Pedalen 4236 Pfeifen, von denen 900 bis 1000 auf einmal in Thäthigkeit gesetzt werden können.

Wenn wir im Begriffe stehen, diesen Tempel zu verlassen so muß ich hier eines Bildwerks erwähnen, welches vor einer andern hiesigen Kirche — vor der St. Leonhardskirche — steht. Es ist der sogenannte Oelberg. Dieses Kunstwerk besteht aus vier lebensgroßen Figuren; die altersgrauen Steine sind hin und wieder malerisch mit einer Schichte Moos bedeckt. Obgleich das Monument seit vierthalb Jahrhunderten den Verheerungen der Elemente preisgegeben ist, blieb es doch ziemlich gut erhalten. Im Jahr 1839 wurden einzelne beschädigte Theile desselben ergänzt; auch wurde es des besseren Schutzes wegen mit einem eisernen Gitter umgeben. Auf einem Berge sehen wir ein steinernes Kreuz errichtet. Christus, eine edle würdevolle Gestalt, von herrlichem Ebenmaße des Gliederbaus, hängt an demseben; alle Theile seines Körpers durchzuckt namenloser Schmerz, der aber durch die erhabenste Seelengröße gemildert und geadelt ist. Zur rechten Seite des Kreuzes steht die Mutter Gottes, die schmerzenreiche, gebeugten Hauptes, mit der Rechten das Gewand unter der Brust zusammen haltend, mit der Linken ein anderes Ende desselben über dem Herzen erfassend, eine Gestalt von eben so hoher Anmuth als tragischer Größe. Links vom Kreuze erblickt man den Jünger der Liebe, Johannes, das lockenumwallte Haupt voll süßen Ausdrucks in innigster Bewegung zur Mutter seines Herrn emporrichtend, die Linke aber, wie betheuernd, fest an die Brust drückend. Zu den Füßen des Gekreuzigten kniet endlich, mit Inbrunst den harten Stamm des Kreuzes umklammernd und an ihren Busen drückend, das Antlitz sehnsuchtsvoll zu dem Gekreuzigten erhoben, Maria Magdalena, die kreuzumarmende Patronin der Büßenden. Am Berge selbst aber liegen Schädel und Menschenknochen, und die Schädelstätte hinan kriechen Schlangen und Eidechsen und anderes Gewürme. Wenn irgendwo, so reden hier die Steine, und es ist wirklich zum Staunen, wie schon im Jahr 1501 die Kunst so vervollkommnet war, daß sie dem Todten solches Leben einhauchen konnte. Der Stifter dieses Bildwerks ist Jakob Walther mit seiner Gattin Clara Mager.

Auch die Hospitalkirche hat in ihrem Chore einen Schmuck durch das im Jahr 1834 aufgestellte Modell der Danneckerschen Christusstatue, welches der Künstler dieser Kirche schenkte.

So hätten wir wenigstens von den Kirchen der Residenz die erste kennen gelernt, und wenn wir uns noch auf den Thurm der Stiftskirche wagen, so können wir die Stadt zu unsern Füßen liegend beschauen und ein Gesammtbild von derselben uns einprägen.

Schon ist die Höhe erreicht; wir sind auf dem Umgang angekommen. Da liegt der Stiftskirche ganz nahe das prächtige Kronprinzliche Palais, der große Bazar, das solide Kanzleigebäude, weiter oben in der Stadt die Gymnasiumsgebäude und in dem obersten Theil die schloßartige Infanteriekaserne, die einen Flächenraum von beinah 14½ Morgen einnimmt, ganz von Steinen erbaut ist und vier Stockwerke hat. — Auch in die Umgebung, auf die Hügel und Berge schweift der Blick!

Aber es ist an der Zeit, daß wir mit unsrer Betrachtung der zahlreichen Paläste und prächtigen Bauwerke endigen und uns unter den Menschen der schwäbischen Residenz umsehen, welche in feenartigen Wohnungen wie in bescheidenen Häuschen leben und sich mehr oder minder geschäftig bewegen.

6.

Daß in dem blühenden Stuttgart viele Menschen leben, wer wollte dieß bezweifeln? Ist doch in jeglicher Straße ein Leben und Treiben, als ob ein beständiger Jahrmarkt sich abzuwickeln hätte! Wie kann es auch anders sein? Um für die mehr als als 50,000 ortsanwesenden vornehmen und geringen, reichen und armen Personen nur die nöthigen Lebensmittel beizuschaffen, bedarf es einer Thätigkeit sondergleichen.

Jeden Morgen ziehen zu allen Thoren der Stadt eine Menge Mädchen und Frauen von den nächstgelegenen Ortschaften herein, die größten Körbe tragend, in denen wohlverwahrt ihr Reichthum an Milch sich findet. Sei's noch so kalt, sei's noch so stürmisch, sie kommen zu gewohnter Stunde bei ihren Kunden an; denn ohne Milch könnte ja das edle Getränke, der Kaffee, gar nicht genossen werden. Mit Sehnsucht werden deßhalb die „milchtragenden“ Gestalten erwartet, und diese selber geben die einmal liebgewonnene Tagesordnung erst in den späteren Jahren auf. — Ebenso fährt eine große Zahl kleiner und großer Bauernwägen herein, beladen mit allerlei Nahrungsmitteln. Mag auch in und um Stuttgart zunächst ein jegliches Fleckchen Land, sei es auch noch so klein, mit größester Sorgfalt bebaut und ausgebeutet werden: diese Erzeugnisse reichen bei Weitem nicht aus, das zahlreiche Volk der Stadt zu ernähren. Darum muß bis auf sechs und acht Stunden im Umkreise das Land die große Verzehrerin mit seinen Lebensmitteln versorgen. Ja die Schlachtthiere kommen noch viel weiter her, theils aus dem Gauland, theils aus der Gegend von Hall und aus Hohenlohe. Folgende Angaben möchten nicht uninteressant sein. Alle Tage kommen über 800 Milchfrauen mit durchschnittlich 6760 Maß Milch; sodann werden verbraucht alljärlich durchschnittlich 244,930 Pfd. Butter, 566,600 Eier; 39,300 Stück Geflügel, 118 Ctr. Fische, 62,500 Sri. Kartoffeln, über 20,000 Meß Holz, 31,800 Eimer Bier (so daß auf den Kopf 100 Maß kämen), 3,942,000 Laibe, à 6 Pfund, Brod und noch für 380,000 fl. Wecken und mürbes Backwerk.

Die Nahrung der hiesigen Insaßen bietet übrigens keine Besonderheiten dar. Man speist — was mit den klimatischen Verhältnissen zusammen hängen mag — viel und oft. Zwischen Frühstück und Mittagessen schiebt sich das „Zehnebrod.“ Zwischen Mittagsmahl und Nachtessen ist noch das „Vesperbrod“ einzunehmen. Wenn für den Taglöhner das gutnährende weiße Brod die Grundlage seiner Nahrung bildet und die ärmere Klasse sich gerne an die Kartoffel — wenn sie nicht allzu theuer ist — hält, so hat der Wohlhabendere seine zwar reichliche, nahrhafte, gut zubereitete, aber dennoch bescheidene

Hausmannskost. Als Frühstück spielt der Kaffee die Hauptrolle, mag er durch Surrogate auch oft bis zur Unkenntlichkeit gemengt sein; doch hat der Thee auch da und dort Eingang gefunden. — Eine solide Grundlage für das — noch nicht auf den Abend verlegte — Mittagessen bilden die verschiedenen Arten von Suppen. Gemüse und Fleisch folgen. Im Winter ist es das von den nahen Fildern in ausgezeichneter Qualität gelieferte Sauerkraut, das wenigstens als das Sonntagsgericht auch auf dem Tische des gewöhnlichen Mannes duftet und dem sich ein Stück grünen oder geräucherten Schweinefleisches zugesellt. Der Tischtrunk, in der Regel dem Hausvater allein vorbehalten, ist Obstmost; Wein, besonders wenn er nicht gar zu theuer kommt, wird übrigens auch nicht verschmäht. Gegen frühere Zeiten hat jedoch der Weingenuß bedeutend abgenommen und es ist das erschlaffende Bier dafür ganz allgemein geworden. Was übrigens die „Freuden der Tafel" betrifft, so weiß sich ihnen der Stuttgarter bei günstigen Anlässen auch hinzugeben; gern huldigt er dem alten herkömmlichen Brauche, jedes freudige Ereigniß im häuslichen oder öffentlichen Leben durch einen wohlbesetzten Tisch zu feiern.

Was die Kleider anbelangt, so sind abermals zahlreiche Hände geschäftig, den nöthigen Putz und die schönsten der Stoffe zu formen, während Fabriken aller Art in der Nähe und Ferne mit Nachdruck und Umsicht jene gestalten, um jedem Bedürfniß rechtzeitig genügen zu können. Neue Kleider — das ist der ergiebigste Gegengenstand des Gesprächs der Frauenwelt! — Was die neueste Mode gebracht, das ist ein Thema, das immer und immer sich unerschöpflich beweist. Schade, daß nicht alle die putzsüchtigen Mädchen und Frauen dem Götzen der Mode so recht nach Herzenslust huldigen können! Glücklicherweise ist heut zu Tage sehr selten ein Zeug so dauerhaft und gutfarbig, daß er zu lange hielte; und so wird es wiederum leichter, der „Unwiderstehlichen“ fast knechtisch Tribut zu bezahlen. Wenn je eine Herrin despotisch regiert, so ist es die Mode. Ein Theil der Damenwelt kann das „Neueste“ kaum erwarten, um ihren Machtsprüchen alsobald sich zu fügen. Ein anderer weiß das Auffallende und Ungeheure daran durch Geschmack zu mildern. Wieder Andere fügen sich schon aus ökonomischen Gründen der Tyrannin erst dann, wenn der Blick des Beobachters sich an die grellere Form gewöhnt hat und es für Sonderbarkeit gälte, der neuen Sonderbarkeit, die jedoch ihren Thron bald einer noch neueren wird räumen müssen, sich nicht fügen zu wollen. Somit kann man streng genommen vielerlei Abweichungen von der Pariser Mode in der Residenz wahrnehmen. Demungeachtet scheint eine Vermischung des voreinstigen Unterschieds in der Kleidung der bürgerlichen und der höheren Stände angestrebt zu werden. Aber es dürfte trotz alles Ringens und Jagens nach Gleichstellung der Stände, trotz des Hinausstrebens der niederen zu den höheren Regionen der Gesellschaft sich dennoch niemalen ein Niveau in derselben herstellen lassen, so zwar, daß jeder Unterschied in derselben verschwände. Das zu verwirklichen, ist nur großartige Täuschung, blindes Verkennen der Menschennatur.

Uebrigens hat auch dieser Zug ein nicht gering anzuschlagendes Resultat hervorgebracht: spießbürgerliche Engherzigkeit ist gewichen und ein freieres Bewegen der Inwohner ist an ihre Stelle getreten. Zudem bleibt es ja dem Maßstabe des Einzelnen überlassen und seinem Gefühl für Schicklichkeit und seiner Willensstärke anheimgestellt, wie tief er sich in die Fesseln der Mode zwingen lassen will.

Von selber ist klar, daß ein solch ununterbrochener Wechsel der Mode beim männlichen Geschlechte gar nicht möglich ist. Mögen auch einzelne Gestalten als „leibhaftige Mode-Journals" die Aufmerksamkeit manchmal auf einen Augenblick sich zuwenden: nur allzubald ist der vermeintliche Zauber geschwunden und durchgängig will der Mann das Nützliche, Passende, Dauerhafte zu seiner Bekleidung.

Doch lassen wir solche Abschweifungen von unserem Ziele, und sehen wir uns in den Wohnungen der Residenzbewohner. um! Von den prachtvoll ausgestatteten, goldglänzenden, überreichen Gemächern der Reichen bis zu dem bescheidenen, ja dürftigen Stübchen des Aermeren findet sich eine unendliche Abstufung in den Wohngelassen. Die dunkeln Holzgetäfel der Zimmer sind längst von weißen oder gemalten oder tapezierten Wänden und Gypsdecken verdrängt; an die Stelle der niederen Schiebfenster mit runden Scheiben sind hohe Flügelfenster mit hellem Tafelglas, ja mit schönsten Spiegelscheiben getreten. Armoir, Theetische, Divan haben die Räume der Wohnstube zum großen Theil eingenommen. Alles Plumpe, Schwerfällige ist außer Cours gekommen; mit dem merkwürdigen Fortschritt der Gewerbe sind sämmtliche Geräthe viel netter und feiner und häufig auch zweckmäßiger geworden. Es glänzt und gleißt oft wunderbarlich in diesen Häusern. — Die Bauten der Privaten sind meist solid und bequem; einzelne Straßen weisen — wie wir gesehen — palastähnliche Häuser auf, die einen Luxus und einen Reichthum verrathen, der nicht leicht anderwärts in solchem Grade sich bloßstellt.

In Hinsicht der Bildungsstufe kann sich Stuttgart mit jeder andern Hauptstadt messen. Gründliche, wissenschaftliche Bildung ziert den Staatsbeamten; die zur allgemeinen Bildung fürs bürgerliche Leben gehörenden Kenntnisse und Fertigkeiten hat sich auch der niedere Gewerbsmann zu eigen gemacht; selbst unter der arbeitenden einheimischen Klasse ist Lesen und Schreiben und Rechnen ein glückliches Zugehör.

Bildungsanstalten aller Art finden sich in Stuttgart; jeder Familienvater kann nach Belieben sein Kind „schulen" lassen. Aber die Volksschulen, Mittelschulen, Realschulen, Gymnasien, Privatschulen machen ihm oft die Wahl schwer. Wenn man nun bedenkt, daß wohl gegen 8200 Schüler — ohne 2500 Kinder, die in wohlthätigen Anstalten oder von Vereinen gepflegt werden — zu unterrichten sind, so wird es nicht auffallen, wenn Stuttgart 40 Klassen in seiner Volksschule, 6 in seiner Mittelschule, 21 in seiner Realschule, 16 in seinem Gymnasium zählt und außer diesen noch, insbesondere für Töchter, eine große Zahl von Privatanstalten beherbergt. Aber auch für die schon konfirmirten Kinder, für Lehrlinge jedes Gewerbes sind erst in neuerer Zeit Anstalten ins Leben gerufen worden, welche Bildung und sittliche Hebung dieser Leute verfolgen; es sind dieß die Fortbildungs-, die Winterbaugewerke- und die Sonntagsschule. Um ein kleines Schulgeld ist es dem strebsamen Jüngling ermöglicht, sich in verschiedenen Wissenszweigen befestigen und weiter führen zu lassen; Unbemittelten stehen sogar diese Anstalten ohne irgend eine Auslage offen. Besonders umsichtig und trefflich ist für die Bauhandwerker gesorgt. Endlich ist es die polytechnische Schule, diese Universität für den höheren Gewerbsmann, auf welche ich noch hinweisen muß. Sie will höhere gewerbliche Bildung vermitteln. In fünf Jahreskursen, deren zwei letzte nur praktischer Bethätigung angehören, werden Hochbau, Straßen-, Brücken-, Eisenbahnbau, Maschinenbau und Mechanik, Chemie, Mineralogie und Naturwissenschaften, Zeichnen, Berg- und Hüttenbau und die Handelswissenschaften gelehrt und die Schüler in die für sie vorzugsweise werthvollen Fachwissenschaften eingeweiht. Umfassende Sammlungen von mathematischen Instrumenten und Modellen, von Naturalien, Waaren und Produkten, Ornamenten und Gypsabgüssen, welche diese schöne Anstalt besitzt, sind wohlthätige Hülfsmittel beim und für den Unterricht. — Ebenso wenig darf eines Instituts vergessen werden, das sich die Bildung der Töchter zum Vorwurf macht und das den Namen der verstorbenen Königin Katharina trägt: es ist das Katharinenstift. Es steht unter dem besonderen Schutze Ihrer Majestät der Königin und zählt acht Klassen. Eine reiche Bibliothek, ein physikalisches Kabinet, mineralogische Sammlungen sind eine schöne Zugabe für diese Anstalt.

Wenn auf solch umfängliche Weise für die Bildung und Erziehung der Kinder gesorgt ist, so hält Stuttgart damit seine Aufgabe in dieser Richtung noch nicht für gelöst. Auch den Jünglingen und Jungfrauen kommt es in seinen zahlreichen Vereinen, die Bildung und Gesittung bezwecken, freundlich entgegen, und wem es Herzenssache ist, fortzuschreiten im Erlernten, dem wird auf mannigfachste Weise die Hand geboten. Und die Erwachsenen finden ebenfalls, wenn es ihnen nur Ernst ist, Nahrung für Geist und für Herz; denn Anstalten aller Art, theils von Privaten gegründet, theils durch Vereine hervorgerusen, vermögen dem Streben nach geistiger Nahrung zu genügen. Daß hiezu die Kirchen, die Lesevereine, die öffentlichen Sammlungen, das Theater mit größter Freigebigkeit beitragen, wird nicht in Abrede gezogen werden wollen.

Wenn sich aber bei den Stuttgartern, wie bei den Schwaben überhaupt, nicht überall jene Gewandtheit im Umgang, in Manieren und in der Sprache des gewöhnlichen Lebens, nicht jenes abgeschliffene Wesen findet, das bei andern Volksstämmen so leicht für wahre Bildung angesehen wird; so dürfte dieß gerade kein Vorwurf für dieselben sein. Wenn der Schwabe kargt mit Artigkeiten und Zuvorkommenheiten der Rede, so ist er dagegen freigebig in Erweisungen von Gefälligkeiten. Wenn eine gewisse Derbheit ihm angeboren ist, so ist mit ihr auch Geradheit und Offenheit verwachsen. Wenn er in Aeußerung seiner Gefühle gern zurückhält, so verschließt er sein Inneres doch da nicht, wo er Zutrauen, Freundschaft gefunden. Ja, seine bewährten Freunde finden sein Herz und seine Hand immer offen. Aber bewährt müssen sie sein; dann ist er warm, ja herzlich warm. Der Schwabe haßt Alles, was nicht von Herzen kommt. Seine ungeheuchelte Innigkeit des Gefühls hat für jeden einfachen Menschen etwas ungemein Wohlthuendes; sie ist die schönste Blüthe der ächten Gemüthlichkeit und Treuherzigkeit, durch die sich der Schwabe besonders auszeichnet.

Das gemüthliche Bedürfniß findet seine edelste Befriedigung im Familienleben. Die häuslichen Tugenden, welche die Stuttgarter Hausfrauen vor allen Dingen bethätigen, sind ein mächtiger Anziehungspunkt für die Männer, die ihre edelsten Freuden zu Hause zu genießen pflegen.

Damit ist nicht gesagt, daß dem geselligen Leben nicht Rechnung getragen werde. Im Gegentheil suchen sich Freunde und Bekannte mit Freuden auf und pflegen der traulichen Unterhaltung zwanglos und heiter.

Betrachten wir nun den Stuttgarter nach seiner Arbeitsamkeit und Thätigkeit, so muß ihm das beste Lob gezollt werden. Besonders thätig ist der Weingärtner. Ein Geschlecht von hartem Körper und eisernem Fleiße, dürfen sich die „Wingerter“ kecklich als die ältesten Bewohner der Stadt ansehen; denn Stuttgart war ursprünglich eine Weinstadt und es ist bezeichnend, daß die Weingärtner die einzige Zunft sind, die ihren Schutzpatron aus katholischer Zeit bis jetzt gerettet hat, den h. Urban, dessen Tag seine Zunft auch heute noch festlich begeht. Immerhin sind aber auch heute noch zweitausend Morgen Weinberge von Bedeutung. Und in besseren Lagen kostet der Morgen 2000 bis 4000 fl. — Solch eine Auslage erfordert eine gewaltige Anstrengung, um sie ergiebig zu machen. Gute Jahre lohnen den Fleiß zwar reichlich; allein die Geduld dieser Leute wird durch Fehljahre oft auf die härteste Probe gesetzt. Um so mehr haben sich aber diese Unverdrossenen auch deßhalb anzustrengen, als die Bierbereitung es sogar gewagt hat, in die Weinberge Brauereien und zahlreiche Biergärten neben die Weingärten zu bauen. Aber nicht bloß Weinbau treiben diese Leute; auch die Gemüsegärtnerei bildet für sie eine nicht unbedeutende Quelle der Einnahme. Ein größeres oder kleineres Gütchen, eigen oder gepachtet, ist der Ort, wo besonders Frau und Kinder ihre Kräfte Tag für Tag üben und dadurch dem Boden den größtmöglichen Ertrag abringen. Da muß man graben, setzen, häckeln, düngen, begießen, jäten, um ernten zu können. Und das will der Besitzer nicht einmal bloß, nein vier-, ja fünfmal muß ihm das „Güetle“ während eines Jahrs sein Erträgniß abgeben. Kann doch ein Viertel wohlbebauter, fleißig gepflegter Küchegarten mit einem Frühbeet einen Reinertrag von 300 fl. abwerfen! Werden hier doch die frühen Gemüse gar theuer bezahlt! — Gartenbau steht überhaupt auf einer hohen Stufe der Vervollkommnung. Nicht bloß die Kunstgärtnerei blüht schöner und schöner und macht ihre Leistungen neuerdings durch Blumenausstellungen kund, sondern auch Gärten von Privatpersonen weisen einen großartigen Blumenflor auf. Ueberhaupt zeigt der Stuttgarter sinnige Freude an der Natur, und ein größeres oder kleineres „Güetle“ gehört zu seinen Vergnügungen. Dieses schlägt er auch weit höher an, als den Nutzen des Grundstücks. Deßhalb wird auf dem kleinsten Raum möglichst vielerlei gepflanzt. Da wird mit Hülfe des „Gumpbrunnens“ allerlei Gemüse gezogen; Sommers werden dann „Träuble“ (Johannisbeeren), „Appriko“ und „Geißhirtles Biren“ geholt, im Herbst aber Aepfel zur Haustrunkbereitung geschüttelt und „Grumbiren“ (Kartoffeln) eingeheimst. Die Obstzucht wird in möglichst großartigem Umfange getrieben. Obstwälder bedecken Thäler und Abhänge. Es sind 75,000 Kern- und 30,000 Steinobstbäume gezählt worden. Geräth das Obst nur wenig, so wird der Gewinn von diesen Bäumen auf 400,000 Simri im Werthe von wohl 200,000 fl. geschätzt. Gewiß eine schöne Summe! Darum schenkt man aber auch den herrlichen Obstgärten so große Aufmerksamkeit und läßt ihnen die verlangte Pflege so gerne angedeihen. Wie reichlich die Bäume diese Mühe belohnen, mag daraus ersehen werden, daß — beispielsweise — ein einziger Birnbaum im Jahr 1847 das Obst zu sechs Eimern Most getragen hat. Nebenbei fällt auch noch die Mannigfaltigkeit des Anbaus solcher Gütlein auf. Wiesenplätze, Nutzgarten, Blumenbeete, Rebgelände, Lauben, geschlungene Wege, Terrassen, Ruhesitze, Obstbäume, Buschwerk, Schaukeln, Gartenhäuschen: dieß Alles kann in einem und demselben derartigen Grundstück mit einander abwechseln. Wenn dann die Zeit der Reife dieser oder jener Fruchtgattung herannaht, kommen alltäglich die Kleinen und Großen und blicken mit einer gewissen Sehnsucht nach Beeren oder Steinobst oder Kernobst. Schon wässerte längst der Mund dem lüsternen Knaben und das kleine Schwesterchen wünschte nicht minder zu naschen an Früchten verschiedener Art. Und der Vater, die Mutter versagen dem lustigen Pärchen solch unschuldigen, kleinen Genuß durchaus nicht; ist's ihnen doch selbst ein Genuß, wenn ihre Sprößlinge an den Spenden des Gartens sich weidlich ergötzen. — —

Was den Gewerbebetrieb anbelangt, so stehen Gewerbe aller Art in Flor. Es bestehen hier Farbwaarenhandlungen, die zu den größten Deutschlands gehören, die ihre Geschäfte selbst über die Grenzen Deutschlands ausdehnen. Ebenso großartig sind Materialhandlungen, die europäische Bedeutung haben. Nicht minder berühmt sind die Klaviere und Harmoniums, die weithin von hiesigen Meistern versandt werden. Fabriken für Baumwollgarn, Zeuge, Seidewaaren, Wolltuch, Teppiche, Leder Eisenblechwaaren; Werkstätten für physikalische, optische astronomische Instrumente, für Maschinenbau, Chemikalien u. s. w. haben sich längst ihren Absatzweg verschafft und bewährten Ruf im In- und Ausland gewonnen. Doch wie könnten wir alle die Fabrikate benennen, welche hier in möglichster Vollendung gefertigt werden! Befassen sich zudem allein über 400 Handelsetablissements mit den mannigfaltigsten Artikeln des Verkehrs!

Zur Förderung der Gewerbe trägt das Musterlager oder die Sammlung ausländischer Gewerbsmuster in Fabrikaten und Bildern ungemein viel bei, und wenn auch diese noch ganz jugendliche Anstalt den industriellen Bestrebungen des ganzen Landes Vorschub leistet, so zieht doch der hier lebende Gewerbsmann selbstverständlich den größten Nutzen aus derselben. Neue Rohmaterialien, Werkzeuge, Maschinen, Manufakturprodukte und deren Preise, Modebilder und Kunstformen, kurz Alles, was die Industrie Neues und Merkwürdiges zu Tage fördert, wird durch das Musterlager zur Anschauung gebracht und der Gewerbfleiß dadurch zur Nacheiferung geweckt. Alljährlich wird diese Sammlung durch Bestellungen und persönliche Einkäufe auf den vornehmsten Manufakturplätzen in progressivem Maßstabe reichlich vergrößert. Das gegenwärtig Vorhandene mag immerhin einen Werth von 50,000 fl. ausweisen. Sämmtliche Gewerbtreibende des Landes haben jederzeit Gelegenheit, diese Fundgrube zu benützen, und Sachverständige sind stets bereit über Preise, Bezugs- und Absatzquellen und sonstige Verhältnisse entsprechende Auskunft zu ertheilen. Zudem können die Muster nicht bloß unentgeldlich abgezeichnet, sondern auch zur Nachahmung ins Haus genommen werden Wenn man nun vernimmt, daß durchschnittlich im Jahre 22 bis 25,000 Personen diese in ihrer Art wohl in ganz Europa einzige Anstalt besuchen und daß sich die Zahl der ausgeliehenen Artikel auf etwa 4000 Nummern beläuft, so wird sich schon hieraus die Zweckdienlichkeit derselben erweisen lassen. Wenn wir aber zudem noch hören, daß sich an diese Waarensammlung drei weitere Anstalten anreihen, welche dem Gewerbsmanne ganz besonders in die Hände arbeiten, somit die durch das Musterlager angestrebten Zwecke wesentlich unterstützen und fördern, so wird sich abermals klar herausstellen, welchen Vorsprung die hiesigen Industriellen vor anderen haben. Diese drei Institute sind: die chemische Anstalt, in welcher gegen billige Vergütung chemische Untersuchungen vorgenommen und junge Gewerbsleute in einzelne chemische Vorgänge ihres Gewerbs praktisch eingeführt werden; die Webeschule, wo neben Heranbildung von Weblehrern mittelst Arbeit und theoretischem Unterricht in den verschiedenen Zweigen der Weberei einzelnen Fachgenossen bei neuen Einrichtungen auf diesem Gebiete an die Hand gegangen wird; endlich die Zeichnungsschule, welche sowohl zur Musteranstalt für die gewerblichen Zeichnungsschulen des Landes, als auch zur Hauptniederlage für Zeichnungslehrmittel dient, und wo nicht nur junge Leute vom Gewerbsstande unentgeldlich praktisch unterwiesen werden, sondern auch für einzelne spezielle Zwecke Rath und Anleitung und sogar Zeichnungen erhalten.

Wir wollen die zahlreichen Merkwürdigkeiten aus allen Gebieten der Industrie nicht einzeln namhaft machen; dagegen blicken wir flüchtig in das an das Musterlager grenzende Zimmer. Es enthält eine Sammlung von Webmustern, alle Sorten von Geweben in sich schließend: seidene, wollene, baumwollene, halbleinene, gedruckte und andere Stoffe. Das Neueste, was die Industrie irgend erzeugt, wird fast von Woche zu Woche eingesandt, so daß die Zahl der einzelnen, auf solche Weise erworbenen Muster im Jahr 1859 nicht weniger als 5760 Nummern umfaßte. Sodann begehen wir einen Saal, in welchem allerlei Maschinen, Geräthe, Werkzeuge aufgestellt sind, so daß hier bald das Meiste und Beste, was der menschliche Scharfsinn an Hilfsmitteln zur Erleichterung oder Förderung gewerblicher Arbeit erdacht hat, sich vereinigt finden wird.

Endlich, um in jeder Beziehung werkthätig einzugreifen, ist eine reichhaltige, in rascher Zunahme begriffene Bibliothek, vorzugsweise für sämmtliche Fächer gewerblicher Thätigkeit und der darauf bezüglichen Hilfsmittel berechnet, vorhanden, die dem strebsamen Gewerbsmanne jederzeit zur Benützung offen steht, wie dieß auch bei den zahlreichen Abbildungen, Prachtwerken &c. der Fall ist.

Es ist leicht ersichtlich, wie anregend, förderlich und unterrichtend das Musterlager, das sich im Erdgeschoße der ehemaligen Legionskaserne befindet, einwirken muß; hat es schon während des ersten Jahrzehnts seines Bestehens solch ungetheilten Zuspruch gefunden, so wird das Feld, das es anbaut, um so mehr in der Zukunft die reichlichsten Früchte tragen.

Eine Beschäftigungsweise muß noch besonders hervorgehoben werden: es ist der Buchhandel und was mit ihm nothwendig zusammen hängt. Das hiesige literarische Leben ist eine der bedeutsamsten Kundgebungen des deutschen Geistes nach Wesen wie nach Form. In allen Fächern der Literatur nimmt Stuttgart einen der ersten Plätze ein. Schon die verschiedenen Zeitschriften, die hier erscheinen, beschäftigen viele Geister und Hände. Obgleich man aus dem Geburtsjahrhundert der Buchdruckerkunst nur Einen Stuttgarter Druck (vom Jahr 1486) kennt; obgleich bis zum Jahr 1670 nicht einmal eine Buchhandlung hier war; obgleich in's jetzige Jahrhundert herein nur der Nachdruck schwunghaft betrieben wurde: so nimmt Stuttgart heute in der angegebenen Richtung seine Stelle nach Leipzig und Berlin ein und ist der Hauptpunkt für den Buchhandel in ganz Süddeutschland. Zählt man doch hier gegen 30 Buchdruckereien mit über 120 Pressen, worunter 51 Schnellpressen. Unter diesen Druckereien erfreut sich besonders die Cotta'sche eines mehr als europäischen Rufes. Der jährliche Verbrauch sämmtlicher Buchdruckereien nur an Papier wird zu 300,000 fl. angegeben. Die Zahl der hiesigen Buchhandlungen wird 50 übersteigen; von diesen befassen sich 34 einzig mit Verlagsartikeln. Unter Zuziehung der Buchbinder, Kupfer-, Stein-, Stahl- und Holzstecher und Drucker darf die Zahl der Personen, welche mit dem literarischen Gewerbe un mittelbar beschäftigt sind, wohl zu 1200 angenommen werden.

Wollen wir die Stuttgarter nicht auch nach ihrer religiösen Seite, nach ihrem Gemüthsleben kennen lernen? Kirchliches Leben steht hier in schöner Blülhe. Doch ist es nicht die liebe Gewohnheit, das Sichsehenlassen und Gesehenwerden, was den Menschen in das Haus des Herrn lockt und treibt; es ist das religiöse Bedürfniß, der innere Drang, dem Genüge geleistet werden muß. Auch die Gebildeten halten sich nicht von der Kirche fern; sie wissen es wohl, daß Jeder die Verpflichtung hat, ihre Heiligthümer thätig zu ehren, ihre Güter sich anzueignen, ihres Segens theilhaftig zu werden; sie wissen es wohl, daß die wahre Erhebung und Geistesheiterkeit für Beruf, Wissenschaft, Kunst und Häuslichkeit allein aus dem religiösen Leben hervorgeht. Religiosität ist dem Württemberger, somit auch dem Bewohner der Hauptstadt, angeboren. Und sollte es, könnte es anders sein? Wir erwachen ja zugleich im Reiche des Irdischen und des Ueberirdischen, wir gehören zweien Welten an, wir werden geboren zum sinnlichen Wahrnehmen und zum Glauben. Gleich fern von Indifferentismus und Frivolität ist der Stuttgarter auch tolerant. Er achtet in seinem Mitbürger den Bruder, mag er auch einer andern Confession angehören. Der tiefe Ernst, der in Bezug auf Religion durchschnittlich in den meisten Familien herrscht, die ganze Hingabe des Gemüths an das Höhere und Edlere wird aber doch nicht zum starren Lippendienst oder zur bloßen Gefühlsschwärmerei, sondern bewegt sich in den Geleisen der glücklichen Mitte. Daß Ausnahmen vorkommen mögen, will nicht geläugnet werden; allein im Ganzen darf mit Wohlgefallen das Streben und Leben Stuttgarts auf religiösem Gebiete betrachtet werden.

Als Ausfluß dieses frommen Sinns gelten die zahlreichen gemeinnützigen Anstalten und Vereine, welche sich zur Beglückung der Armen und Unglücklichen jeder Art bildeten und erhalten. Sodann spricht sich dieser Sinn durch eine Wohlthätigkeit aus, die wohl in keiner Hauptstadt irgend eines Landes in großartigerem Maßstabe geübt wird. In dieser Richtung sind es besonders die Frauen und Jungfrauen, aus den höchsten Ständen wie aus den mittleren Klassen, welche unverdrossen helfen und Opfer aller Art darbringen. Mit Bewunderung und Freude wird der Menschenfreund ob solch freiwilliger und werkthätiger Liebe, die namentlich im Stillen und sonder Geräusche Gutes thut, erfüllt, und es gereicht ihm zum Troste, daß christliches Wesen und ächte Humanität noch immer in ungebrochener Kraft im Volke leben. Nicht unberührt darf der hochherzige Vorgang bleiben, den das Königliche Haus in dieser Beziehung macht. Das Beispiel, besonders von einer solchen Seite gegeben, muntert zur Nacheiferung auf. Während für jede Noth die huldvollste Linderung von allen Gliedern der erhabenen Regentenfamilie gewährt werden möchte, während ein jedes derselben in seiner besonderen Weise bemüht ist, dem Unglück — sofern es nur möglich ist — tröstend, helfend, aufopfernd zur Seite zu stehen, bleiben so viele weichherzige Menschen der Königsstadt in ähnlichem Streben nicht zurück, sondern bringen in die Hütten der Armuth — sei's in der Nähe, sei's in der Ferne — Balsam und Erquickung. Ja, es bieten die Höchsten den Freunden der Armen die Rechte, um Einem Ziele — der Menschenbeglückung — unabläßig zuzusteuern. Seien sie Alle tausendfach gesegnet für solche Thaten der Liebe!

7.

Wir haben uns schon so lange in Stuttgart umgesehen, daß es wohl an der Zeit sein möchte, seinem Getrieb und Gewühl zu entfliehen und das Auge zu weiden an den Herrlichkeiten und dem Schmucke des Thalbeckens und seiner Hänge. Also fort auf die nahen Berge!

Der vielbesuchten Wilhelmssteige (neue Weinsteige) soll unser Ausflug gelten. Wir bewegen uns durch etliche Straßen, bis wir auf den großen Wilhelmsplatz gelangen, gehen durch das Wilhelmsthor und — siehe da, schon beginnt die wahrhaft schöne Kunststraße. Wir kommen mühelos vorwärts und merken noch nichts davon, daß wir bergan steigen; so sanft zieht sich diese Steige aufwärts. Rechts und links prangende Gärten! Aber schon ist die Steigung bedeutender. Weingärten ergötzen den Wanderer. Die Abhänge alle sind rebenbepflanzt. Und wie angenehm dieser Pfad ist! Sie ist einer der Lieblingswege für die Stuttgarter, diese Wilhelmssteige. Schon stehen wir vor der ersten Wendung derselben. Immer lustig aufwärts! In solcher Luft zu wandeln, den Lärm der Stadt im Rücken, das ist ein Hochgenuß. Wir sind schon bedeutend voran gekommen. Dort kommt die zweite Wendung der Steige. Wir stehen nun stille, um hinunter zu schauen auf die Stadt, drunten im weiten Becken. Welch eine Häusermasse! Einzelne Bauten treten ganz besonders hervor; wir haben sie theilweise näher kennen gelernt. Ganz bequem verfolgen wir die Absenkungen der Hügel. Auch die einzelnen „Berge," wie man sie nennt, stehen uns gegenüber: der Hasenberg, die Silberburg winken traulich uns zu. Gewiß, sie repräsentirt sich herrlich, die schöne Metropole Schwabens, von Gärten und sanften Rebhügeln rings umschlossen. Wahrlich, ein schöner Standort! Aber wir müssen auch hier wieder scheiden. Je höher wir steigen, je länger wir auf dieser Bahn fortwandeln, desto mehr öffnet sich die Aussicht. Die Stadt liegt offener, freier vor uns. Der Blick schweift weiter, er dringt hinab ins weite Neckarthal. Die königlichen Schlösser und Landhäuser treten mit ihrem Glanze hervor. Um die große Zehrerin sehen wir die kleineren Orte im traulichen Kranze sich lagern. Die Höhen werden uns gegenüber imposanter. Eine Schönheit um die andere schließt sich auf und man hat nur zu thun, um jeder habhaft zu werden, jede recht zu genießen. Wie erhebt sich so steil und jäh das Gebirge, der Bopser (1495 par. F. hoch), das oben laub- oder nadelholzbekränzt sich schämig verdeckt hält! Einzelne wilde Schluchten stürzen ins Thal hinab. Wir hätten solche Abwechslungen nimmer in nächster Nähe der Hauptstadt gesucht. Es ist uns auch ganz wohl zu Muth in dieser kühlen, balsamischen Luft des schönsten Sommerabends. Ach, wem sollte da das Herz nicht aufgehen! Mehr und mehr erweitert sich die Aussicht. Bis hinunter ins Neckarthal reicht das Auge; ja noch weit in die Ebene hin wandelt der trunkene Blick. O es ist schön auf der Welt, schön in dem schönen Schwaben! Siehst Du die Reihen der Hügel dort drüben? Im fernen Horizont tauchen die Berge bei Korb, tauchen die Züge bei Murrhardt und Löwenstein auf. Auch der trauernde Wunnenstein gucket im Norden hervor. Doch wir sind nicht fern mehr dem Ziele; die höchste Höhe ist nächstdem erstiegen. Bei diesem Denkmal — es ist dem Erbauer der Steige, Oberbaurath v. Etzel, gewidmet — wollen wir noch einmal rasten. Wenn auch die emsigen Höhenbewohner mit ihren Harken und Körben und Bündeln vorbeiziehen, nimmermehr stören sie uns in unsrer Betrachtung. Eben so kümmert uns Fremdlinge nicht die Schaar der schlendernden Gruppen, die spät noch der Schwüle der Hauptstadt entflohen. Wir gehen ganz unserer Stimmung nach, und ruhen soll das Auge, wo es den schönsten der Punkte sich findet. Ist's wohl der Asperg, der einsame, dort im Norden, wo Du gern weiltest? Dein Blick verräth mir kein Ja! Oder ist's nahe dabei eine Stätte, die Gutes und Liebes in Fülle Dir bot? Doch Du findest sie nicht; sie hat sich ganz schüchtern verborgen. Aber den Stromberg kannst Du noch sehen, den Michelsberg auch mit seiner Kapelle.

Und auf den Flächen wogt das üppige Kornfeld; an den Abhängen labt der sanfte, grüne Schimmer der Reben, oben der dunkle Kranz der Wälder den Wanderer; allwärts liegen zerstreut Dörfer und Höfe, Brücken und Straßen, Ackerland und Wiesen, Reben und Gärten. Fürwahr, eine Landschaft, die in ungestörtem Glücke alle Bedingungen eines zufriedenen lieblichen Lebens vereinigt! Doch wir ziehen von dannen. Noch Einen Blick in das reizende Thal, noch einen langen Blick in die ausgebreiteten Gaue, und wir eilen hinauf in das freundliche Dorf. Degerloch ladet uns ein, nicht weiter zu ziehen, sondern hier Einkehr zu halten. Könnten wir widerstehen? — Wir betraten die „Filder."

Die Weinsteige ist zurückgelegt. Stärkung beut man uns an im friedlichen Dorfe. Während wir gütlich uns thun, ruhen wir einige Augenblicke aus. Aber nicht allzu lange! Denn wir müssen wieder zurück in die Königsstadt. Wir könnten die alte Weinsteige hinunter wandeln; allein die „neue" ist gar zu verlockend und so günstig zu nochmaliger Rundschau; zudem geht sich's so mühelos auf der neuen, daß wir vergnügt auf ihr die Heimkehr vollziehen. Ehe wir's uns versehen, geht es schon abwärts, ins „Unterland." — Drunten liegt das Dörfchen Heslach ganz malerisch; ein Weg, den man von hier aus bemerkt, führt nach Kaltenthal. Dorther kommt das Bächlein, das Stuttgart bewässert. Von Kaltenthal gräbt es immer tiefer in die Hügelmasse ein, die den Filderabfall bildet. Das Thälchen wird durch eine tiefe Seitenschlucht, durch romantische Wasserfälle berühmt, vergrößert. Kaum drei Viertelstunden rückwärts von Stuttgart wandelt es sich in ein warmes und herrliches Weinthal. Enge zieht dieses Bergthal zwischen zwei Reihen schwellender Hügel hin;

rechts wird es eingefaßt von üppig bewaldeten Berghängen, die sich in mehreren Wendungen hinter einander bis zu 700 F. erheben; links sind es eben so lieblich gestaltete Rebhügel, die bis zum Scheitel der Waldhöhe auch bei 650 F. aufsteigen; in seinem Grunde, ebenfalls einem kleinen Thalschooße, ist es zwischen Obsthalden und saftigen Wiesen von dem schon genannten Heslach geziert. Ein ungemein liebliches Bild!

Aber unterhalb des Dörfchens verengt sich das Thälchen noch einmal durch nahe schöne Hügel, die von beiden Seiten herabkommen. Hinter diesen Vorsprüngen erweitert es sich dann mit Einem Male schon durch eine kleine Thalbucht auf der rechten Seite, weiter abwärts des Thals aber hauptsächlich von der linken Seite her durch eine große Seitenbucht, die sich im Hintergrunde der Stadt in das Thal öffnet und den größten Theil des Stuttgarter Beckens ausmacht. Gar hübsch streckt sich nämlich als linkseitige Berghalde des Hauptthälchens ein Hügelast herab, von der schon genannten Waldhöhe ausgehend. Er erniedrigt seinen schmalen und gewölbten Rücken allmälig. Vor seinem Ende steigt der Hügelast jedoch von neuem zu einem kleinen, gegen 300 Fuß hohen Schlußhügel an, der mit seinem Fuße bis weit in die Stadt herein ausläuft und ihren höher liegenden Theil bildet. Man sieht diesen Schlußhügel von der Weinsteige aus ganz gut. An seinem Abhange ist er mit einem aus reichen Baumgruppen aufsteigenden Landhause geschmückt: es ist dieß die Silberburg, eine der schönsten Zierden der Stadt. Dieses Landhaus bildet ein Festlokal Stuttgarts und ist der Sammelplatz der Mitglieder der Museumsgesellschaft während der schöneren Tage des Jahrs. Ein kleiner Park und Weinberg zieht am Hügel hinab. Die lieblichste Aussicht wird dort nicht nur über die Stadt hin erschlossen, sondern auch zwischen den Rahmen der beiderseitigen Hügelterrassen des Thals hindurch auf eine fernere offene Landschaft im Hintergrunde.

Noch einen interessanten Punkt können wir von der Weinsteige aus bemerken. Wenn nämlich der Wanderer vom Schwarzwald her auf der Nebenstraße (über Magstadt) sich Stuttgart nähert und nach dreistündiger Wanderung durch ununterbrochene, dichte Waldungen endlich an den Rand jener Berghöhe heraustritt, so wird er in staunender Verwunderung, von dem Anblick gefesselt, stille stehen; eine lichthelle, große, reichgeschmückte und bevölkerte Landschaft thut sich vor seinen Augen auf: vor sich weit hinab das liebliche Unterland beinah bis zum Odenwalde, rechts die Filderhöhe bis zur Alp hinauf, tief unten neben sich ein frisches, ländliches Bergthal und fast zu seinen Füßen die große Häusermasse Stuttgarts. Ob solch ein Ausblick und solch eine Ansicht nicht überraschen muß! Da vergißt man, daß dem Thale ein Fluß mangelt; man ist nur hingenommen von dem rebenbepflanzten Rundbecken um eine so große Stadt, wie das wohl selten in der Welt mehr vorkommen mag.

Aber wie schnell es bergab geht auf unserer Wilhelmssteige, wie leicht man sich da fortbewegt! Noch einige Schritte, und wir sind in der Ebene angelangt; die Stadt nimmt uns wieder auf.

* * *

So wäre vom Schönen der Hauptstadt das Schönste besehen, bewundert! Könnten wir auch noch dahin oder dorthin einen Ausflug machen: wir unterlassen es füglich; dafür wagen wir lieber zum Schlusse einen kurzen Rückblick.

„Es gibt eben nur Ein Stuttgart auf der Welt!“ Das ist ein altes und bekanntes Wort. Ob es auch ein wahres sei? Unsere Rundschau mag hierauf die Antwort geben. Wer nur irgendwie bleibend in diesem Eldorado sich niederlassen kann, der ergreift mit beiden Händen die Gunst des Geschicks. Und warum das? Liegt es doch mitten im segenbeglückten Schwabenlande! Ist doch der Charakter des Hofes so edel, so zutrauenweckend! Machen ja Bildung und Gesittung der Einwohner, der lebensfrohe Ton des Volkes, die ernstheitere Physiognomie der ganzen Stadt und ihrer Umgebung, die Kunstanstalten und Alles, was wir sonst beachtet, das freundliche Stuttgart zu einem lieblichen Aufenthaltsorte, der eine herrliche Perle bildet in der Reihe der schönsten Städte Deutschlands, zu einer Stätte, die nicht mit Unrecht ehedem mit einem edeln Stein in kostbarem Ringe verglichen ward; und die Hoffnung des Einheimischwerdens unter den gemüthlichen Insaßen hat noch wenige zu Schanden werden lassen. Ja man verweilt gern in den Mauern der guten Stadt. Jeder Stand, jeder Beruf findet sich angesprochen auf die mannigfaltigste Weise. Und hat der Landfremde nur einmal die rechte Saite berührt, so wird er den reinsten Klang dem anscheinend festverschlossenen Herzen entlocken, so schließt ihm der Schwabe ein Herz und sein Haus bereitwillig auf und wird ihm ein Freund im wahren Sinne des Worts. — —

Und wem verdankt Stuttgart so manchen Schmuck, so viele Zierden, die ihm den Vorrang vor all den Städten unseres Vaterlands sichern? Wer hat ihm eigentlich die heutige Gestaltung gegeben? Es ist König Wilhelm, der Vielgeliebte, welchem Stuttgart stets zu tiefstem Danke verbunden bleiben wird. Denn was er der Residenz verliehen, läßt sich nicht mit etlichen Linien zeichnen. Im Verlauf unsrer Umschau wurde so oft auf des kunstliebenden Königs Walten hingewiesen. Während seiner mehr als vierzigjährigen Regierung erhielt die ganze Residenz ein völlig neues Gepräge.

Kunst und Natur — sie reichten sich freundlich die Hände, um in dem vielgepriesenen Thalbecken den schönsten der Wohnplätze Schwabens zu bilden, zu bauen. Kunst und Natur — sie haben sich traulich vereinigt, dem blühenden Stuttgart das Siegel der Metropole aufzudrücken. Kunst und Natur — sie wetteifern heute noch ununterbrochen, der Auserwählten die reizendsten Gaben reichlich zu schenken.

Cannstatt.

Das schönste und fruchtbarste Thal Schwabens hat uns aufgenommen. Vor uns liegt anmuthig Cannstatt. Freundliche Gärten begrenzen den Badeort. Grünende Wiesen mit köstlichen Obstbäumen umgeben ihn rings. Lohnendes Ackerfeld liegt in der nächsten Nähe desselben. Sanfte Anhöhen mit lieblichen Anlagen fesseln das Auge. Steilere Bergwände wechseln mit sonnigen Hügeln und lachenden Rebengeländen. Mancherlei Werke der Kunst wetteifern fort und fort mit den zahllosen Wundern einer unendlich üppigen Natur. Allwärts blicken freundliche Dörfer und Weiler, oft ganz auf Hügeln gelagert, mit ihren Kirchen hervor. Durch die Mitte des paradiesischen Thales schlängelt sich gleichsam als glänzendes Silberband der Hauptfluß des Schwabenlandes, „der Fluß des Volkes und seiner Lieder," der weinbergbespülende Neckar. Wohin sich der Blick auch wenden mag, überall entdeckt er neue Wunder, die der Natur oder Kunst ihr Dasein verdanken. Und hätte sich einmal das Auge auch satt gesehen an all dieser Herrlichkeit, so strahlet es doch voll Entzücken, sobald ihm wieder Beschauung des oftmals Gesehenen und langher Bekannten zu Theil wird. Ja, nimmer kann es ermüden, zu sehen und neu stets zu sehen, was göttliches Walten, was menschliche Hand auf solch kleinem

Raume zusammengedrängt. Halten auch wir eine kleine Umschau im „Paradiese von Schwaben!"

1.

Nicht erst seit heute ist Cannstatts Umgebung so prachtvoll geschmückt. In seinem mehr als hundert Jahre alten Zeitungslexikon sagt schon der alte Hübner: „Canstadt ist nach Stuttgart und Tübingen eine der feinesten Städte im Württembergischen." Gewiß konnte er mit diesem rühmlichen Prädikate keineswegs unmittelbar das Städtchen selbst bezeichnen wollen, denn es ist ein unansehnliches, in seinem Innern nichts weniger als „feines" Landstädtchen, von dessen Einrichtung zu Hübners und unserer Zeit galt und gilt, was schon zu Ende des 16. Jahrhunderts Martin Crusius in seiner Chronik vorgemerkt hat: „Die Häuser von Canstadt sind nicht zur Pracht, sondern zum Gebrauch gebaut." Würden aber jene Alten die Landhäuser, Theater, Badehallen und Pavillons heute beschauen können, die von der neuesten Zeit dem lachenden Gemälde hinzugefügt wurden; dürften sie die Umkleidung der Stadt mit schmucken Gasthöfen, Badehäusern, Fabriken und die gewerbreiche, von Jahr zu Jahr an Bauten wachsende Vorstadt dort sehen, die mit der Stadt selbst durch die massivste und schönste Brücke des Landes verbunden ist: sie würden gewiß über die glückliche Verwandlung nicht wenig erstaunen und diese großartige Veränderung nicht genug rühmen können.

Ehe wir weiter gehen und dem Einzelnen uns nähern, möge noch ein Dichter, A. Knapp, uns ein Gemälde dieser Landschaft entrollen. Er ruft dem Beschauer zu:

Blick umher! — Mit tausend Lieblichkeiten
Prangen der Natur verklärte Weiten;
Golden fluthet's durch die blauen Lüfte,
Balsamträufelnd steigen auf die Düfte, —

Alle Bäume heben an zu säuseln,
Schütteln helle Perlen leise nieder;
Sanfter Hauch beginnt den Strom zu kräuseln,
Wehet durch die Blumen hin und wieder;
Und des Nebels matte Silberstreifen
Sinken friedsam in die Niederungen, —
Durch die klare Himmelshöhe schweifen
Leichte Sänger mit entzückten Zungen; —
Nichts von Tod wird hier gefühlt, geahnet,
Nur an Leben, Licht und Lust gemahnet,
Wenn als Gottes Heroldin die Sonne
Feierlich in Majestät und Wonne
Ueber der Gebirge Nacken schreitet,
Herrlichkeit durch Erd und Himmel breitet! —

Vergleichen wir noch die ungemein günstige Lage Cannstatts mit der eingepreßten Stellung, wie sie Stuttgart zwar in einer höchst fruchtbaren, aber wasserarmen Gegend zwischen lauter Hügeln und Bergen einnimmt, so müssen wir's fast unbegreiflich finden, warum die Herren von Württemberg nicht lieber das benachbarte Cannstatt zu ihrer Residenz gewählt haben. Allein die Gründung von Residenzen hängt selten von freier und bewußter Wahl ab; sie entstehen vielmehr erst allmälig mit Land und Staat und sind gewissermaßen schon da, ehe man sich dessen versieht. So auch in Württemberg! Selbst die ausgedachtesten Plane vermochten es nicht, den Rang Stuttgarts auf eine andere Stadt überzutragen. —

2.

Fragen wir nun, was die Geschichte von Cannstatt berichtet! Gerade geschichtlich ist es sehr merkwürdig.

Ganz nahe bei Cannstatt, auf Altenburg, befand sich eine bedeutende römische Niederlassung. Wie noch heute die Stadt der Mittelpunkt aller Hauptstraßen des Landes ist, so weisen auch in größerer oder kleinerer Entfernung von derselben die dem Kenner des Alterthums wohlbekannten Namen „Steinstraße,“ „steinerner Weg,“ „Römerstraße,“ „Kaiserstraße,“ und ein zu Cannstatt aufgefundener, „den Straßengöttern“ geweihter Altar auf eine nicht kleine Zahl von Straßenzügen, welche von Cannstatt ausgingen und ohne Zweifel römisch waren. Aber auch Baureste, die seit Anfang des vorigen Jahrhunderts in der Nähe dieser Straßen durch Nachgrabungen in und um Cannstatt sich vorfanden, lassen die Anwesenheit der Römer unschwer erkennen. So wurden im Jahr 1700 über den zuerst ausgegrabenen Fossilien bei der „Uffkirche,“ dem letzten Ueberbleibsel eines verschwundenen Dorfes, auf einem Hügel achtzig Schuh lange und acht Schuh dicke Mauern entdeckt, welche die Gelehrten für die Grundmauern bald eines Tempels, bald eines Kastells, bald eines Amphitheaters halten wollten. In einem der öffentlichen Badegärten Cannstatts fand man im Jahr 1818 römisches Badgeschirr, Münzen, Spuren von Wärmeböden; in Stadt und Vorstadt schon früher römische thönerne Wasserleitungsröhren und noch vor wenigen Jahren ein Basrelief in Werkstein, die Minerva und den Merkur mit dem Beutel darstellend. Ganz neuerdings, beim Fundamentiren des Ortpfeilers der neuen Neckarbrücke stieß man auf dem rechten Ufer auf eine sehr merkwürdige Alluvialbildung, auf ein durch eisenschüssigen Kalksinter, wie dieser sich aus verschiedenen Mineralquellen bildet, zusammengekittetes Gemenge von Natur- und Kunstproducten. Letztere scheinen Geräthschaften aus zerstörten Wohnungen des Mittelalters zu sein und einer späteren Zeit desselben anzugehören. Nach Sprengung des Gesteins kam eine römische Wasserleitung zum Vorschein. Auf dem Kahlenstein (jetzt Rosenstein) fanden sich Grundmauern und Estrich eines römischen Gebäudes, bei Mühlhausen Spuren zweier römischen Wachthürme, und bei Zazenhausen im Jahr 1704

Grundstöcke ausgedehnter Bäder, 1816 an einer andern Stelle elf Gemächer mit Gypsanwurf, von unten erwärmte Stuben, Kanäle, endlich im Jahre 1835 in der Gegend jener entdeckten Bäder abermals Einrichtungen derselben Art. Hiezu kamen noch allerlei Geschirre und Münzen, die in der ganzen Umgegend von Cannstatt, besonders auf dem linken Neckarufer, entdeckt wurden. Die Münzen gehören meist dem zweiten und dritten Jahrhundert an. In den 1817 geöffneten Gräbern auf dem Altenburger Felde bei Cannstatt stunden Thon- und Glaslampen, Trink- und Eßgeschirre, und Salbengefäße; dort bezeichnen auch da und dort die dünner stehenden und schneller reifenden Saaten Züge von ganzen Gebäuden oder deren Mauern. Vier zu verschiedenen Zeiten aufgefundene Altäre, die sämmtlich in Stuttgart aufbewahrt sind, stammen wohl alle aus dem dritten Jahrhundert und waren verschiedenen Göttern (dem Jupiter, der Juno ꝛc.) geweiht.

Nach Vertreibung der Römer wurden ihre Werke meist zerstört. Auf den Trümmern ihrer Thürme und Kastelle ließen sich vornehmlich Deutsche nieder. Die älteste Spur derselben dürfte ebenfalls in den noch nicht lange bekannten Grabesstätten zu suchen sein, deren riesenhafte Gebeine in ganz schmuckloser Bestattung jedenfalls römischem Ursprung widersprechen.

Ueber die Entstehung und erste Erbauung der Stadt ist übrigens ebenso viel gefabelt worden, als über die Ableitung ihres Namens. Wenn ein gründlicher Geschichtsforscher meint, der Name komme her von „Can“ (altdeutsch) = Weg, Stadt, und es sei somit Cannstatt eine „Wegstadt, eine Stadt der Wege,“ so dürfte hieraus ein weiterer Beweis für unsere obige Behauptung gefunden werden können. Der Name Cannstatt tritt übrigens — ganz so geschrieben — zuerst im Jahre 708 auf. Wir behalten diese Schreibart bei. Die Stadt selbst entstand aus verschiedenen nunmehr abgegangenen Dörfern, deren Gedächtniß sich noch in den Namen Brye oder Brag, Uffkirchen und Altenburg erhalten hat. Ihre spätere Gestaltung gab ihr wahrscheinlich eine Bertha von Beutelsbach im Anfang des 11. Jahrhunderts.

Von den Kaisern bekam Cannstatt nach und nach große Vorrechte; es war im Mittelalter Sitz eines Landkapitels und hatte drei Kirchen, in welche beinahe die ganze Umgegend eingepfarrt war. Eine davon ist die heute noch stehende schon genannte Uffkirche, welcher jedoch die Stürme der Zeit die sicheren Merkmale ihres Alters genommen haben. Auf der Altenburger Höhe wurde das Landgericht gehalten, vor dem selbst die Großen des Reichs erscheinen mußten. Eben dieses Landgericht, sowie die Menge der ringsum ansäßigen Edelleute sammt der kirchlichen Verfassung der Stadt im Mittelalter scheinen sogar auf eine Residenz der alemannischen Herzoge zu deuten. Nach Unterdrückung dieser scheint es Eigenthum der fränkischen Krone geworden zu sein. Karl der Große verweilte zu Cannstatt. Später ist es durch die Grafen von Calw wenigstens theilweise in welfischen Besitz gekommen, bis es — zur Stadt erhoben — mit der Gaugrafschaft und dem Landgericht Württemberg einverleibt wurde.

Der Zusammenfluß von Straßen schuf in der Vorstadt an der Brücke frühzeitig ein gutes Wirthshaus, dessen von Reisenden der alten Zeit als einer Merkwürdigkeit Erwähnung geschieht. So sagt ein Schriftsteller des 15. Jahrhunderts, Ladislav Suntheim: „Canstatt, ein stat am Neckar, da ist guete Zerung. Da zeren die Kaufleut, wann sie gen Frankfurt hinab oder herauf reiten. Auch ist ain Prun in der Stuben hinterm Ofen, darin allerlei Visch.“ Noch steht dieß Haus, an der alten Stelle neu erbaut; es ist der ehemalige Gasthof zum Ochsen und die Fische kamen noch bis auf die neueste Zeit, aus dem neugefaßten Brunnen der Wirthsstube gefangen, wohl zubereitet auf die Tafel.

Seine jetzige Gestalt verdankt Cannstatt dem Herzog Ulrich von Württemberg, der es nach der Rückkehr aus seiner Verbannung befestigen ließ. Als im schmalkaldischen Krieg der Herzog von Alba zu Cannstatt einrückte, sagte Ulrich, ärgerlich über seinen Sohn Christoph: „Hätte man die Spanier aufgehalten, sie würden über die Mauern von Canstatt nit geritten sein." Unbeschreiblich großes Elend brach über die Stadt und Umgegend während des furchtbaren dreißigjährigen Krieges herein. Hunger, Seuchen, Blutvergießen — kurz, alle Schrecken einer schaurigen Zeit, von der wir uns entfernt keine Vorstellung machen können, wetteiferten da mit einander, die Menschen zur Verzweiflung zu treiben. Auch die verheerenden Einfälle der Franzosen in den Jahren 1688, 1693 und 1707 und die letzten französischen Kriege lasteten schwer auf den Bewohnern des sonst so friedlichen Thales. Es gibt fast keine Nation und keine Waffe, die hier nicht Einkehr gehalten hätte. Im Jahr 1796 wurde Cannstatt mit seiner Umgebung sogar zum Kriegsschauplatz. Als damals Moreau über den Rhein gegangen war, auch das österreichische Heer zurückgedrängt hatte, suchten beide Theile Cannstatt zu gewinnen. Am 16. Juli kam der Vortrab der Oesterreicher an und besetzte den Kahlenstein. Am 18. Juli drangen die Franzosen fechtend in Stuttgart ein. Zu derselben Zeit nahm das österreichische Heer, 80,000 Mann stark, auf dem Fellbacher Felde seine Stellung. Am 20. kam Moreau selbst nach Stuttgart und am 21. machte er den Hauptangriff von Mühlhausen bis Eßlingen hinauf. Erzherzog Karl eilt mit seinem Adjutanten von den westlichen Höhen herab durch die Stadt. Die letzten Oesterreicher gehen über den Neckar. Ein

Theil der Brücke wird abgebrochen. Nun rücken die Franzosen vom Dorf Berg her, besetzen den Kahlenstein, ziehen in die Vorstadt ein und eine fürchterliche Kanonade von beiden Seiten nimmt die Stadt, die geängstigte, in die Mitte. Bis zum Abend rollt der Donner. Die Kugeln fliegen pfeifend hinüber, herüber. Die Angst und Noth der Einwohner steigert sich zusehends. Mitten im Feuer plündern die Franzosen die Vorstadt. Im Gasthof zum Ochsen werfen ihrer zwei den Wirth, G. Wagner, zu Boden, um ihn zur Entdeckung seiner Habseligkeiten zu zwingen. Eine Kanonenkugel schlägt in demselben Augenblick durch die Wand und zerschmettert beide Franzosen. Durch ein Wunder der Allmacht ist der Bedrängte gerettet. Eine bange Stille folgt dem grausigen Tag. Endlich ziehen die Oesterreicher in aller Heimlichkeit, die Räder der Kanonen mit Lumpen umwickelnd, in der Nacht vom 22. auf den 23. ab und setzen ihren Rückzug weiter fort. Am Morgen darauf übergeben die Behörden die Stadt den Franzosen.

Um kurz zu sein, sei nur noch bemerkt, daß Cannstatt den Kaiser Napoleon zweimal (1805 und 1809), später (1813) viele russische Generale und noch später (1815) zwei Erzherzoge von Oesterreich in seinen Mauern sah. Das Jahr 1857 aber führte zwei Kaiser, Napoleon und Alexander, in deren Mitte König Wilhelm, in die festlich geschmückte Stadt. Ueberhaupt brach mit dem Regierungsantritt unseres vielgepriesenen Königs nicht nur der Stadt, sondern der ganzen Umgebung derselben eine neue Epoche des Glücks und der Blüthe an. Durfte doch Cannstatt in ganz besonderem Grade sich der unbegrenzten königlichen Huld ununterbrochen erfreuen!

In den langen Friedensjahren hat Cannstatt, obgleich auch in seinem Innern ziemlich verändert, am meisten von seiner äußeren Gestalt verloren, und ist besonders seiner Ringmauern und seiner alterthümlichen Thürme beraubt worden. Darob jammert ein Dichter, K. Mayer, und singt, wehmüthig klagend:

„Ihr Thürme habt, ihr ernsten Mauern,
Jahrhunderte den Fluß erblickt;
Ich seh' mit schmerzlichem Bedauern,
Zu welchem Werke man sich schickt.

Zerstörung droht: es wird entrissen
Sein Herzensbild dem hellen Fluß,
Ihr sollt, entformte Steine, missen
Hinfort den schönen Wellenkuß.

Ehrwürd'ge Laute, schweigt, ihr Glocken,
Verhalle, Ruf der grauen Stadt!
Sie schlägt ihr alt Gepräg in Brocken,
Macht sich zum Flecken eitel, platt!"

Allein nicht blos das unpoetische Jahrhundert mit seinem lauten Getriebe, auch die Sorge für die Gesundheit und das Leben forderte dieses und ähnliche Opfer, und zum eiteln, platten Flecken ist Cannstatt deßhalb noch nicht geworden, wird es nicht werden. Wer heute auf der Stelle ihrer alten Wälle die Stadt umwandelt, begegnet vielen schönen Gebäuden, blühenden Fabrikhäusern, umbauten Badequellen und Gärten an beiden Enden der Stadt. Und über einen Wall rennt sogar keuchend das Dampfroß dahin und bringt der Besucher gar viele zur freundlichen Stadt. Die Einen suchen nur Stunden der Lust und der Freude; die Andern wollen gesunden Leib in den Heilquellen Cannstatts oder des nahen Bergs sich erringen. Und allen Wünschen und Hoffnungen soll diese Stätte gerecht werden!

3.

Schicken wir uns nun an, Cannstatt zu durchwandern!

In der schönen Vorstadt, die eine große Zahl neuer Gebäude enthält, fällt sogleich ein Bau in die Augen, der sich von den übrigen Häusern auffallend unterscheidet: es ist das Theatergebäude. Es liegt unmittelbar an der Landstraße und an der Hallstraße, am Ende des Parks vom Rosenstein. König Wilhelm ließ es im Jahre 1839 aufführen. Da dieß Haus der Thalia — der Muse des Lustspiels — vorzugweise dem Bedürfnisse der Saison (der Badezeit) genügen sollte, so bedurfte es keiner größeren Ausdehnung. Sachverständige haben längst erklärt, daß der Baumeister dieses „Tempels der Kunst“ seine Aufgabe trefflich gelöst und im Kleinen Großes zu Tage gefördert habe. Schon das Aeußere desselben zeugt von Künstlersinn und Geschmack, und obgleich das Ganze massiv ist, so zeigt sich doch eine gewisse architektonische Leichtigkeit und Gefälligkeit, daß es den Vorübergehenden wohlthuend anspricht und ihm zum mindesten einen — wenn auch flüchtigen — Blick abnöthigt.

Das Parterre und zwei über einander laufende Gallerien, die durch zehn Säulen im Kreise getragen werden, fassen gegen 600 Personen.

Kaum etliche Schritte weit dürfen wir gehen, und wir betreten die wirklich großartige Brücke. Wie das Theater, ist auch dieß Kunstwerk im Jahre 1839 von König Wilhelm erbaut worden. Eine Inschrift über dem mittleren ihrer fünf Pfeiler besagt dieses deutlich. Allgemeine Bewunderung erregt dieser steinerne Weg durch seine Construction; mit Recht verdient dieser Bau nicht nur wegen seiner Festigkeit und Dauerhaftigkeit, sondern auch durch seine höchst geschmackvolle und gefällige Form den Namen eines deutschen Meisterwerks. Fünf Bogen, auf den solidesten Fundamenten ruhend, die aus schön gearbeiteten Quadern aufgeführt sind, vermögen Jahrhunderten zu trotzen. Zudem zeichnen sie sich auch durch eine sehr weite Sprengung aus. Auf den Bögen ist eine chaussirte Fahrbahn, zu beiden Seiten aber breite, mit steinernen Platten belegte Trottoirs für Fußgänger. Das Baumaterial ist der Keuperbildung entnommen. Das gußeiserne Geländer der Brücke ist ein Geschenk Sr. Majestät des Königs. Zur Nachtzeit wird sie durch acht zierliche Laternen erleuchtet. Stellen wir uns auf die Mitte der Brücke, so haben wir thalauf- und thalabwärts eine herrliche Aussicht auf die malerische Umgebung; im Flusse selber spiegeln sich die anliegenden Wohnungen, der Rosenstein und bei Nacht die flammenden Gaslichter. — Unter den architektonischen Monumenten Württembergs nimmt jedenfalls diese Brücke eine der ersten Stellen ein. Nicht weniger interessant ist aber die etwa 800 Fuß lange eiserne Eisenbahnbrücke, die erst im Jahr 1857 hergestellt wurde, deren Gewicht sich auf 12,600 Zollcentner berechnet, und deren Festigkeit bewunderenswerth ist. Sie ist mit ein gewichtiges Glied in der mächtigen Kette, welche die moderne Welt umschlingt. Ihre 9 Oeffnungen mit 2 Land- und acht Mittelpfeilern lassen sich deutlich von hier aus erkennen. — Ueberschreiten wir jetzt die steinerne Brücke. Die Stadt öffnet sich uns. Wir gehen geradezu in die enge Straße hinein. Schon sie kann uns beweisen, daß Cannstatt nicht zu den jugendlichen und später entstandenen unter ihren Schwestern zu zählen ist. Dort zeigt sich uns die Stadtkirche, die zu Ende des 15. Jahrhunderts erbaut wurde. Der Thurm wurde von dem berühmten Baumeister Schickhardt 1612 aufgeführt. Im Jahr 1831 ist er bedeutend ausgebessert und schön hergestellt worden. Auch die jüngsten Tage sahen Ausbesserungen, die zur Zierde dieses Gotteshauses dienen. Während in dieser Kirche die Evangelischen ihre religiösen Bedürfnisse befriedigen, wurde für die Katholiken die Altenburger Kirche schön hergestellt; Engländer aber hören in der englischen Kirche allsonntäglich während des Sommers den Gottesdienst in ihrer Sprache.

Den freien Platz um die Kirche, theilweise Marktplatz, betrachten wir nicht lange. Wir beeilen uns, einen der wichtigsten und interessantesten Punkte der Stadt zu sehen. Eine liebliche Allee nimmt uns auf; ihr Schatten ist sehr angenehm. Schon läßt sich nicht allzu fern ein quergebautes Haus sehen. Welch eine Menge Hin- und Herwandelnder! Allerlei Trachten, allerlei Mundarten! Aber noch einige Schritte und wir stehen vor dem **Kursaal.** Er ist eine Zierde der Stadt. Es ist noch nicht lange her, seit durch diesen Bau für die Badgäste so wohl gesorgt ist. Obgleich die Heilquellen der Stadt schon frühe bekannt waren, so blieb namentlich die wichtigste derselben, der Trinkbrunnen am **Sulzerrain,** wenn auch von Einzelnen immerhin wegen der wohlthätigen Folgen regelmäßig besucht und gewürdigt, doch bis zum Jahre 1814 in seiner Umgebung ziemlich ärmlich und zu dürftig und unbequem hergerichtet, als daß er hätte unter den Mineralquellen Deutschlands zu einem gewissen Ansehen gelangen können. Um diese Zeit erst wurden die Anlagen an dem Berge hin vorgenommen. Den Gästen wurden angenehme Spaziergänge geboten. Die natürlichen Vortheile des Hügels benützte man trefflich. Von Jahr zu Jahr trat diese Quelle, mehr gesucht und ihrem Gehalte nach erkannt, in die ihr gebührende Rangstufe ein. Die Fremden schaarten sich immer zahlreicher um den erquickenden Born. Der Ruf desselben verbreitete sich in alle Gegenden, Gäste herbei lockend, die mit Beschwerden und Gebrechen aller Art, schweren Schrittes, oft klagend und sichtbar bedrängt, sich herbeischleppten, aber nach einem vorschriftmäßigen Gebrauch des Wassers oft in wenigen Wochen leichten Leibes und erheiterten Herzens der Heimath zueilten. Wasser und gesunde Luft verbanden sich zu schneller Förderung der Kur. Das Ansehen steigerte sich rasch, besonders als auch die Stuttgarter, der Mode huldigend, sie alljährlich eifriger besuchten. Das Jahr 1820 brachte sodann einen Brunnenverein zu Stande, der sich die Aufgabe stellte, die Bad- und Brunnenanstalten Cannstatts möglichst zu vervollkommnen und empor zu bringen. Wenn bis zu dieser Zeit die Angelegenheiten des Brunnens und die Anlagen um denselben mehr von zufälligen Einflüssen abhingen, so wurde jetzt ein umfassender Plan zur allseitigen Verschönerung und bequemen Einrichtung des Ganzen entworfen, der von Sr. Majestät dem Könige, dem erhabenen und freigebigen Beschützer des Brunnens, genehmigt und auch zur Ausführung gebracht wurde. Reiche Beiträge hiezu leisteten zu wiederholten Malen Se. Majestät, der Staat, die Stadt selbst und einzelne Privatpersonen. Eine kleine Brunnentaxe, der Ertrag des Füllhauses, gaben dem Vereine die Mittel zur Förderung seiner Zwecke. Eine erkaufte Mühle wurde niedergerissen, Privatgüter in der Umgebung des Brunnens wurden angekauft; die Anlagen gewannen bedeutend an Ausdehnung und Schönheit; vom Brunnen zur Stadt wurde die Allee, die wir eben durchwandelten, angelegt. Reizende Spaziergänge, die feinen Geschmack verrathen, führen durch eine mit Gesträuchen aller Art ausgestattete und in all ihren Verzweigungen planmäßig durchgeführte Gartenanlage. Endlich erfolgte der Bau dieser äußerst geschmackvollen Brunnenhalle. Die vordere Fronte derselben schmückt ein Portikus mit Säulen, unter dessen Kuppel das Wasser der Quelle in geschmackvoller Fassung empor sprudelt. Die Länge des Saales selbst beträgt 230, seine Breite 42 Fuß. An ihn stoßen unmittelbar zwei kleinere höchst elegant eingerichtete Nebensäle. Der Hauptsaal aber ist ebenso einfach als einnehmend. Verschiedenartige Decken- und Wändeverzierungen schmücken ihn. Besonders anziehend sind die netten, mit Arabesken und Laubgewinden durchflochtenen Ansichten berühmter Bäder. Da

Da treten uns Hall, Kissingen, Jaxtfeld, Karlsbad, Boll, Wiesbaden, Teinach, Marienbad, Niedernau, Rippoldsau, Liebenzell, Baden-Baden und Wildbad entgegen. Immer wechselt ein einheimisches mit einem fremden Bade. Vom Hauptsaal aus leitet uns ein bedeckter Gang, eine offene eiserne Gallerie von höchst zierlicher und leichter Arbeit, zur ursprünglichen Quellenfassung am Fuße des Sulzerrains, zum Wilhelmsbrunnen. Wir gehen noch einen der Wege hinauf, um auf den felsigen Abhang zu kommen, dessen Gestein da und dort zum Theil in großen Massen zu Tage geht. Es ist der Tuffstein; sogenannter Sauerwasserkalk und Nagelflue oder Breccie aus Flußgeschieben. Oben genießen wir eine liebliche Aussicht ins Neckar- und Stuttgarter Thal und auf einige Höhen der fernen Alp; unzählige gesunde und kranke Sinne wurden schon durch diesen Ausblick erquickt.

Nun kosten wir aber auch das Wasser der Quelle. Es ist äußerst hell und enthält besonders viel kohlensaures Gas. Sein Geschmack ist säuerlich. Die Temperatur der Quelle ist 15,5° R. Eisenhaltige, salzige und erdige Bestandtheile haben sich neben andern zu einem Ganzen geheimnißvoll verbunden. Labsal den Gesunden und Kranken, durchfliegt es in rascher Eile alle Systeme des Körpers, um in jedem derselben wohlthätige Spuren seiner bethätigenden Kraft zurück zu lassen. Daß es dem Champagner gleich moussirt, ja noch im Glase braust und in unzähligen kleinen Bläschen in die Höhe springt, ist die Wirkung seines Gasgehaltes. Rasch getrunken, wirkt es fast berauschend.

Die Quelle selbst steigt aus einer Tiefe von 250 Fuß mit außerordentlicher Fülle und Gewalt herauf. Binnen 24 Stunden entströmen ihr mehr als 20,000 Kubikfuß Wasser. Die Entstehung der Quelle verdankt Cannstatt einem im J. 1772 auf Kosten der Herrschaft unternommenen Salzergrabungs- und Bohrversuch.

Während wir nun die einladenden Spaziergänge in der Nähe des Kursaals begehen, möge noch Einiges über die Mineralquellen Cannstatts gesagt werden. Derselben sind es in kleiner Entfernung wohl über fünfzig, die einen stärker, die anderen schwächer fließend, die einen mehr, die anderen minder gehaltvoll. Ihre Temperatur wechselt zwischen 15 und 17 ° R. Der Reichthum des Wassers all dieser Quellen ist wirklich außerordentlich; es sollen innerhalb 24 Stunden wenigstens 800.000 Kubikfuß (64.000 württemb. Eimer, den Eimer zu 12½ Kub.F.) kohlensaures mineralisches Wasser zu Tage gefördert werden. Deßhalb wird es aber auch häufig zur Betreibung von Wasserrädern und mechanischer Werke benützt. Die Hauptquelle ist die schon genannte Sulzerrainquelle; andere sind: die Quellen im Badgarten auf der Au, im ehmaligen Ochsen, die Sulz in der Stadt, die obere Sulz (die Quellen alle werden hier überhaupt „Sulzen" genannt) und die beiden Quellen auf der Neckarinsel. Die ganze Gegend, deren Grundlage der Muschelkalk ist, während ihre höher liegenden Theile aus Keupersandstein mit mächtigen Lagern von Keupergyps bestehen, scheint von solchen schwefel-, salz- und eisenhaltigen Säuerlingen förmlich unterminirt zu sein. Sie brechen aus einem eisenhaltigen Kalktuff hervor, der die Thalsohle bildet und mehr oder minder mit Lehm überlagert ist. Die Eigenthümlichkeit dieses Mineralwassers, im Allgemeinen als salinischer Eisensäuerling bekannt, liegt nun vorzugsweise darin, daß es je nach seinen Ausflußorten bald mehr die Wirkung der Kohlensäure, bald mehr die des Eisens, bald wieder mehr die der Salzbestandtheile und damit Wirkungen entfaltet, welche es rücksichtlich des innern Gebrauchs in den verschiedenartigsten krankhaften Zuständen anwendbar und nutzbringend machen. Neben den Mineralbädern ist aber auch für Neckarbäder trefflich und umfänglichst gesorgt. Was Wunder, wenn die Zahl der Badenden sich mit jedem Jahr vergrößert! Findet sich doch selten irgendwo anders solch günstige Einrichtung zur Pflege des Leibes durch Baden und Trinken des Wassers!

Wir nehmen den Rückweg durch die Kastanienallee der Stadt zu. Bald haben wir, ganz im Schatten gehend, das Wilhelmsbad erreicht. Sein lieblicher Garten nimmt uns erquickend auf. Er ist einer der schönsten und angenehmsten öffentlichen Gärten der ganzen Gegend. Das Wilhelmsbad, eines der berühmtesten Badehotels Cannstatts, ist zugleich das einzige, welches seine 32 mit Douche versehenen Badkabinete unmittelbar durch eine eigene Leitung aus der nahen Hauptquelle des Sulzerrains speist. Das Wilhelmsbad, das 52 Fremdenzimmer enthält, gehört zu den wenigen Badhotels, wo sich die Badgäste mehr in gemüthlicher Traulichkeit zusammenfinden und nicht kalt abschließen, was vorzugsweise der liebenswürdigen Familie des nobeln Wirths zu danken ist, bei dem sich gern auch zuweilen ein Theil der höheren Gesellschaft Stuttgarts Rendezvous gibt. Doch gehen wir weiter. Rechts und links folgen jetzt fast lauter neue Häuser. Wir gelangen an eine Stelle, wo sich die Straßen nach Waiblingen, dann durch die Stadt und zum Bahnhof, und endlich zu dem ehemaligen Frösnerschen Bade kreuzen. Letzterem gehen wir zu. Wir stehen schon vor dem großartigen Bau. Wenn auch die Inschrift „Hermann und Formis“ auf der Tafel dort oben uns irre machen will, so bleiben wir dabei, daß wir das ehemalige Frösnersche Bad (nach seinem Gründer, Dr. Frösner, also benannt) jetzt vor uns haben. Die Leute nennen es kurzweg das „Hotel Hermann.“ Es ist das größte aller Cannstatter Badetablissements. In neuerer Zeit wurde es durch seine jetzigen Besitzer auf eine solche Höhe gehoben, daß es nicht nur mit den bedeutendsten derartigen Anstalten Deutschlands, sondern auch des Auslandes um den Vorrang streitet.

Schon die Lage dieses Hotels ist eine höchst glückliche, reizende. Das Thal und die Häuser der Stadt überragend, erhebt es sich auf einem der schönsten Punkte Cannstatts, auf der Südostseite, ganz nahe dem Neckar. Rings genießen wir den freundlichsten Ausblick auf das idyllische Neckarthal mit seinen Gärten, Wiesen, Weinbergen, Waldpartien, Dörfern, Kirchen, zahllosen Bäumen und Gesträuchen. Fast von jedem Fenster der 140 Fremdenzimmer erblickt man „das Auge der Landschaft,“ den sanftgewundenen Neckar, welcher dem umher ausgebreiteten Tableau einen eigenthümlichen Reiz verleiht.

Das eigentliche 170 Fuß lange Badgebäude zählt zu ebener Erde 40 Badkabinete mit Hahnenvorrichtung. Das Wasser zu den Bädern kommt aus drei Quellen, welche im Garten, also ganz in der Nähe entspringen. Zwei derselben, die älteren, natürlichen, bestehen schon seit undenklichen Zeiten. Jedenfalls datirt sich ihr Brunnenadel schon von den Römern her; Ueberreste römischer Bäder lassen hierauf schließen. Diese beiden Quellen, welche seit alten Zeiten die Namen „Männlein“ und „Weiblein“ führen, sind längsther besucht worden und heute noch haben sie eine große Zahl von Freunden und Verehrern, und das mit Recht; denn ihre Tugenden haben noch nicht gealtert und mit gleicher Kraft entquellen beide stets dem Schooße der Erde. Die dritte ist eine vor etwa 20 Jahren erbohrte Quelle. Das Wasser dieser drei Quellen kommt fast dem der Sulzerrainquelle gleich. Es fließt in ununterbrochenem Strome durch Röhren und Hahnen in die Badewannen. Man trifft hier auch Bassin- und sowohl warme, als kalte Douchebäder. Ein bedeckter Gang verbindet dieses Gebäude mit dem palastartigen Hauptbau. Oberhalb der Badräume befinden sich noch Wohnzimmer für Kurgäste.

Der große, wohl über zehn Morgen haltende „Badgarten," der schon Jahrhunderte diesen Namen führt, bildet ein ungleiches Viereck, welches vom Eisenbahndamm fast mitten durchschnitten ist; dort steht noch ein großes Gartenhaus mit einem äußerst geräumigen Saale, der zu den verschiedenartigsten Unterhaltungen und Vergnügungen benützt wird. Ein Carusel, eine Balancirmaschine, Schaukeln 2c. sind ebenfalls Gegenstände, die von der heiteren Jugend nur allzubald entdeckt und in ausgedehntestem Maße benützt werden. Die ungemein zahlreichen Tische harren der Gäste, die sich hier oft in solcher Menge einfinden, daß dieser große Raum zu klein ist, sie alle zu fassen. In dem Garten selbst wird für alles gesorgt, was den Müden und Hungrigen, den Jungen und Alten, den Gesunden und Leidenden, den Fremden und Einheimischen anziehen kann. Und wenn vollends noch dort vom Musikorchester ein Concert, eine Harmonie-Unterhaltung gegeben wird, so kommt den Zuhörern das Weitergehen oft ganz aus dem Sinn. Ha, welch ein Gewühl und Getöse, Wogen und Schwirren, Rennen und Rufen, Plaudern und Schwatzen, welch ein lüsternes Sinnen und Spähen nach Genuß um Genuß entfaltet sich dann in den weiten Räumen des Gartens! Wie dann die Stunden verfliegen! Wie sich die Leute alsdann ihrer Launen und Grillen und Sorgen entschlagen! Aber, aber — ob diese nächtigen Geister für immer verscheucht bleiben? Ob's in den Herzen ebenso hell und heiter ist, wie sich die Außenwelt dann präsentirt? — —

Wir sagen dem vielbesuchten „Badgarten“ Valet und betreten wieder dieselbe Straße, die uns hieher führte; wir kommen an Hofrath Dr. v. Heine's orthopädischer Heilanstalt vorüber. Es ist dieß eine und zwar die älteste jener Heilanstalten, welche Cannstatts Ruf im In- und Ausland ebenso hoch gehoben und ihm ebenso viele Fremde aus allen Ländern und Welttheilen zuführen, als seine reizende Lage und seine herrlichen Bäder. Sie ist unter allen Anstalten dieser Art die einzige, die sich nicht blos erhalten, sondern fortwährend gehoben hat, und die selbst die Pariser an Bedeutung weit hinter sich läßt und überdauert hat, denn sie besteht schon seit dem Jahre 1829, fortwährend unter ihrem Gründer, dem Neffen des berühmten Meisters in der Orthopädie, dem Dr. J. G. Heine in Würzburg, und feierte am 27. September 1854, am Geburtsfeste unseres Königs, welcher den Gründer durch einen bedeutenden Staatsbeitrag unterstützte, ihr 25jähriges Jubiläum. In diesen 25 Jahren wurden 1368 Curanden in die Anstalt aufgenommen und behandelt, davon 625 völlig geheilt und 743 mehr oder weniger gebessert. Etwa 50 Zimmer sind zur Aufnahme der Patienten vorhanden, welche fast jedem Alter und beiderlei Geschlechtern, sowie fast allen Staaten der civilisirten Welt angehören. Auch gänzlich Unbemittelte finden hier Hülfe und Heilung. Vorzugsweise ist die Anstalt der Zufluchtsort für jüngere Personen, weil bei diesen noch die meiste Aussicht und Wahrscheinlichkeit auf Heilung ihrer Verkrümmungen und anderer körperlicher Gebrechen, die in das Gebiet der Orthopädie gehören, vorhanden ist. Neben den eisen- und salzreichen Quellen zum Trinken und zum Baden in dem geräumigen Garten, in welchem sich der Mineralteich der sogenannten „obern Sulz“ befindet, werden zur Heilung noch Turnübungen und allerlei mechanische Apparate mit lohnendem Erfolge angewendet. Was die Verdienste des Gründers dieser Heilanstalt noch erhöht, das ist die durch die völlig wissenschaftliche Grundlage seines Wirkens begünstigte literarische Thätigkeit Dr. Heine's womit er es auch noch andern Männern seiner Wissenschaft möglich macht, seine reichen Erfahrungen in immer weiteren Kreisen zu Nutz und Frommen der leidenden Menschheit zu benützen und in Anwendung zu bringen. Mehrere gediegene und von der wissenschaftlichen Kritik in ihrem vollen Werth anerkannte Schriften aus seiner Feder haben die medizinische Literatur bereichert. Ein merkwürdiges Zeugniß für die großen Erfolge Dr. Heine's gibt die in einem besonderen Gebäude untergebrachte Sammlung von über 1000 Gypsabgüssen der Difformitäten der von ihm bis jetzt behandelten Personen in doppelter Ausgabe, nämlich einem Abgusse über den Krankheitszustande der betreffenden Körpertheile beim Eintritt und einem Abguß über die Gestaltung beim Austritt. Seit 1854 hat sich bis zum October 1860 die Gesammtzahl der in dieser Anstalt behandelten Patienten im Ganzen auf 1800 vermehrt, von denen noch in der Anstalt 72 anwesend waren. Die Verdienste Heine's sind durch hohe Ordensauszeichnuugen der Regenten von Württemberg, Rußland, Baden u. s. w., sowie Aufnahme in mehrere wissenschaftliche Vereine anerkannt worden.

Eines nicht minder bedeutenden Rufes erfreut sich die in derselben Straße befindliche höchst wohlthätige Heilanstalt für Flechtenkranke unter der Leitung des Hofrath Dr. von Veiel, die im Jahr 1836 hier gegründet wurde und für die leidende Menschheit von höchstem Segen ist, indem in ihr schon Tausende von den drückendsten Krankheiten befreit wurden. Diese Anstalt, die im Jahr 1861 ihr 25jähriges Jubiläum feiern wird, hat von 1837 bis 1860, (wie S. 46 des württembergischen Bildersaals, 1. Bd. Anhang zu ersehen ist) 2,454 Kranke aufgenommen, von denen 896 Württemberger und 1,558 Ausländer waren. Letztere vertheilen sich auf Baden mit 249, Bayern 310, Mitteldeutschland mit 294, Preußen 292, Schweiz 152, Oesterreich 79, Frankreich 46, England 48, Rußland 34, aus verschiedenen europäischen Ländern 39, von außereuropäischen 15, unter welch letztere vorzugsweise Nordamerika, Westindien, Ostindien, Java und die Mollukken gehören. Geheilt wurden entlassen 1894 Kranke, 560 mehr oder weniger gebessert. Die Veielsche Heilanstalt war die erste in Deutschland und hat, ungeachtet sie anfangs mit vielen Schwierigkeiten zu kämpfen hatte, doch bald sich einen europäischen Ruf erworben. Auch Hofrath Dr. von Veiel, der zugleich Oberamtsarzt von Cannstatt ist, hat sich durch schriftstellerische Thätigkeit rühmlich ausgezeichnet und sind seine Verdienste um die Wissenschaft und die leidende Menschheit durch Ordensdekorationen Seitens der Regenten von Württemberg, Bayern, Preußen u. s. w. anerkannt worden, sowie er ebenfalls vieler gelehrter Vereine Mitglied ist.

Endlich wird auch Kranken aller Art Heilung geboten in dem dem Hotel Hermann gegenüberliegenden galvanisch-magnetischen Institute des Hofraths Dr. Kerner, das noch neu, sich dennoch eines höchst bedeutenden Zuspruchs erfreut und durch gelungene Kuren seinen Ruf in immer weitere Kreise hinausträgt. Die Kranken logiren nicht im Institute selbst, sondern in Hotels und Privatwohnungen, wodurch den Patienten Gelegenheit geboten ist, nach Belieben wohlfeil oder elegant zu wohnen. Die Kranken sitzen zu bestimmten Stunden täglich 1—2mal 10 Minuten bis zwei Stunden lang an den verschiedenen galvanischen Maschinen oder benützen die galvanischen Douchen, galvanischen Bäder u. s. w. Neben dem Galvanismus und der Electricität wird auch der Lebensmagnetismus angewandt. Die Krankheiten, die in diesem Institute hauptsächlich Heilung finden, sind: Rheumatismen, Gicht, Drüsenanschwellungen, scrophulöse Augenentzündungen, Bleichsucht, Nervenkrankheiten aller Art, Lähmungen, Veitstanz, Hysterie, Gesichtsschmerz, Nervenkopfweh, Magenleiden, Taubheit, Gesichtsschwäche, Schlaflosigkeit u. s. w. In der von Hofrath Dr. Kerner herausgegebenen Broschüre: „Galvanismus und Magnetismus als Heilkraft, 4. Auflage. Bei Louis Bosheuyer“ ist das Nähere über die interessante Behandlungsart zu ersehen.

Ein dritter Vorzug Cannstatts, der ihm namentlich in neuerer Zeit einen vortheilhaften Ruf verschafft und zu der zeitweisen Ansiedelung mancher fremden Familien beigetragen hat, sind die vortrefflichen Unterrichts- und Erziehungsanstalten, wo die Zöglinge, durch die herrliche und gesunde Lage der Stadt begünstigt, in leiblicher wie in geistiger Hinsicht vorzüglich aufgehoben sind. Den ersten Rang unter denselben durch die Zahl der Zöglinge wie durch wissenschaftliche Ausbildung nimmt das Töchterinstitut von Professor Kleemann ein, dessen Einrichtungen zu dem Besten gehören, was irgendwo gefunden werden mag, und wo die Töchter, ohne Benachtheiligung des wissenschaftlichen Theils nicht zu Salonpuppen verzogen, sondern durch den Beistand der vortrefflichen Hausfrau zu tüchtigen Hausfrauen herangebildet werden. Ein schöner Garten mit Turnanstalt erhöht die Pflege der Gesundheit und des leiblichen Wohls der diesem Institut anvertrauten Töchter. Diese Vorzüge in Verbindung mit ganz billigen Preisen haben dieser Anstalt trotz zahlreicher Konkurrenz großes Vertrauen erweckt und dadurch eine bedeutende Frequenz gesichert. Als weitere Unterrichts- und Erziehungsanstalten sind noch ein Handelslehrinstitut und eine Pension für junge Engländer zu nennen, sowie die Pension von Dr. Klose für Söhne.

Lenken wir nunmehr in die Straße nach Untertürkheim ein, um auf einen Hügel, den Seelberg, zu kommen. Und warum das? Wir haben im Naturalienkabinet in Stuttgart riesengroße Stoßzähne und verschiedene Knochen gesehen; und diese furchtbaren Waffen nicht mehr existirender, vorweltlicher Riesenthiere wurden beim Seelberg ausgegraben. Schon im Jahre 1700 fand man in Gegenwart des württ. Leibarztes Dr. Salomon Reisel unter den Trümmern einer alten Mauer mehr als 50 „Hörner" und unzählige Knochenreste „bissiger und etwan auch unbekannter Thiere," wie der gute Mann sagt. Sein Bericht hierüber, den er „gelehrten und naturverständigen Männern zu ihrem hochvernünftigen Gutachten" vorgelegt, übergibt er absonderlich zur Erörterung, „ob diese Hörner und Beine nur ein Spiel der Natur, in der Erde gewachsen, oder von lebendigen Thieren, im Mutterleib geboren, seien; nicht weniger, wie sie dahin möchten gekommen sein."

Wir aber sind an unserem jetzigen Zielpunkte angekommen!

Also hier grub man jene Zähne und Knochen aus. In einem zarten, gelblichen Lehmboden, der in einem Kessel von Tuffstein und Kieselbreccie eingeschwemmt war, fand man später noch viele andere, meist zwei bis vier Fuß tief unter der Erde, theils unversehrt, theils in Bruchstücken.

Die Gelehrten machten sich an die vorhin angeführte Frage des Dr. Reisel, und während sie die Einen für Ueberbleibsel römischer Hekatomben, (große Opfer, zu denen 100 Opferthiere geschlachtet wurden) erklärten, machten sie die Andern zu Angedenken der Sündfluth. Aber ähnliche Funde wurden bei benachbarten Dörfern und im Jahr 1816 wieder bei Cannstatt (13 zum Theil ungeheuer große Stoßzähne mit Backenzähnen vermischt) gemacht. Beim Ausgraben des Kahlensteins wurde sogar ein Zahn von 16 Fuß 7 Zoll Länge gefunden. Naturforscher und Gelehrte der neueren Zeit haben nun das Gefundene ins gehörige Licht gestellt, und es waltet kein Zweifel mehr ob, daß diese merkwürdigen Reste, deren Lagerstätten aus aufgeschwemmtem Lehm, auch Süßwasserkalk und Sand bestehen, Zähne und Knochen von solchen Thieren sind, welche zum Theil aus der Reihe der jetzigen Thierwelt ganz verschwunden sind und einer dunkeln Vorzeit angehört zu haben scheinen, und daß die hauptsächlichsten von dem Mammuth, jenem Riesenthier der Urschöpfung, stammen, andere dem Nashorn oder einer andern ungewöhnlichen Thierart der vormaligen Fauna zugehören. „Sehr wahrscheinlich sind diese Thiere durch irgend eine gewaltige Veränderung der Erde zu Grunde gegangen und so zusammengeschwemmt worden, wie man sie jetzt vorfindet.“ —

Nicht weit vom Seelberge, oberhalb der Uffkirche, unweit des Sulzerrains könnten wir noch eine weitere Merkwürdigkeit dieser Art auffinden: es sind Höhlen von Baumstämmen in den Kalktufffelsen. Die Stämme sind bis auf einige Spuren verschwunden. Die Höhlen sind theils rund, theils oval und haben ein bis dritthalb Fuß im Durchmesser. Sie liegen über und neben einander und haben bis 30 Fuß Länge in wagrechter Richtung. Ob diese Bäume Palmen gewesen seien, ob nicht: die Gelehrten streiten sich darüber.

4.

Haben wir nun das Merkwürdigste von Cannstatt aufgesucht und zur Beschauung desselben uns Zeit genommen, so dürfte es nicht werthlos sein, wenn wir auch seinen Bewohnern einige Aufmerksamkeit schenken.

Da müssen wir aber den eingebornen Cannstatter von

den nur Ortsanwesenden wohl unterscheiden. Der Letzteren gibt es eine bedeutende Anzahl. Wo könnten auch Leute, die dem Reichthum im Schooße sitzen und Geldes die Fülle haben, wo könnten zur Ruhe gesetzte Beamte wohl angenehmer leben als gerade in dieser wunderschönen Landschaft? Ja, dieses Cannstatt übt einen unwiderstehlichen Zauber auf alle die Zweifelnden aus, die nicht zum Stichentscheid darüber kommen können, wo sie ihr Heerlager aufschlagen sollen. Lockt auch die glanzprunkende Residenz mit tausend Versprechungen: Cannstatt trägt dennoch sehr häufig den Sieg davon. Aber gerade von dieser Classe der über 6000 Einwohner der Stadt reden wir nicht; wir betrachten die eingebornen Insaßen.

Diese zeichnen sich insbesondere aus durch Fleiß und Arbeitsamkeit, ohne verdrossen zu werden; sie zeichnen sich aus durch Mäßigkeit und Genügsamkeit, durch Mildthätigkeit und Wohlwollen. Zufrieden, ohne neidische Mißgunst im Angesicht einer sich täglich mehr steigernden Prunk- und Genußsucht, verrichtet ein Jeder sein Werk in der einmal erwählten Berufsweise. Festen Charakter vermögen die Einflüsse des vielbewegten und vielerregten Badeorts entfernt nicht zu beirren; sind auch Einzelne schwach und lassen sich von giftiger Schlauheit umstricken: die überwiegende Mehrzahl hat einen Halt im Herzen, der felsenfest Widerstand leistet gegen alle gefährlichen Anläufe.

Unermüdliche Thätigkeit kennzeichnet also Cannstatt's Bewohner. In dieser Richtung ist zunächst der Weingärtner hervorzuheben. Nicht blos Weinbau treibt er, auch Landwirthschaft und Viehzucht blühen unter seinen Händen. Ueber 3000 Morgen Ackerland und Gärten, gegen 600 Morgen Weinberge und über 730 Morgen Wiesen werden von dieser Einwohnerklasse und von kleineren Gewerbtreibenden im günstigsten Stand erhalten. Selten wird, wie in dieser Gegend, die Kultur auf solch hoher Stufe stehen; selten wird aber ein Landstück auch so den Fleiß des unverdrossenen Arbeiters lohnen. Unbebaute Plätze sind nirgends um Cannstatt zu finden; vom ehemaligen Heideland zieht man reichlichen Nutzen. Als wir bei unserer vorigen Wanderung theilweise außerhalb Etters uns umsahen, mußten wir staunen über das herrliche Feld mit seinen schwergekrönten Halmen, die dicht, gleich einer Mauer, beisammen stunden; staunen über den Reichthum, die Pracht und die Güte der sonstigen Kulturpflanzen. Was nur ein mildes Klima hervorbringen kann, findet sich hier in köstlicher Auswahl. Die Weinberge liefern zum Theil vorzügliche Weine; berühmte Lagen sind der Zuckerle, die Steinhalden-, Wolfersbergweine. Auch die Obstzucht wird mit großer Umsicht betrieben; wahre Waldungen von Obstbäumen hüllen die freundlichen Wohnungen ein. So bringt die Markung der Stadt in reichlicher Fülle hervor, was zum Unterhalte, zur Nahrung von nöthen. Und von dieser Fülle verwerthet der Producent, was ihm entbehrlich, um höchst mögliche Preise; denn was er auch zu Markte bringen mag, Alles findet raschen, reißenden Absatz. Wohlhabenheit bis in die untersten Schichten ist die nächste Folge hievon; und so reift dem rastlos thätigen Landmann die Ernte für Mühe und Schweiß!

Aber auch in gewerblicher Richtung verdient ein anderer Theil der Bevölkerung Cannstatts rühmliche Anerkennung.

Von Bedeutung ist hier zunächst die Schifffahrt und der damit verbundene Speditionshandel. Schon im 17. und 18. Jahrhundert widmeten Württembergs Regenten der Neckarschifffahrt besondere Aufmerksamkeit und suchten dieselbe durch kräftige Unterstützung zu heben. Allein Mängel der Wasserstraße, die Schließung des Flusses bei Heilbronn (so lange es noch Reichsstadt war) und andere Hindernisse wollten diese Schifffahrt nicht recht gedeihen lassen. Mehr als zwei Jahrhunderte waren erforderlich, die Eifersucht der vormaligen Reichsstadt zu besiegen, und wieder war es der unerschütterliche Wille unseres Königs Wilhelm, der am 17. Juli 1821, dem Tag der feierlichen Eröffnung des Wilhelmskanals, den Schiffern jene Wasserstraße bis in den Rhein übergab, welche den Rheinschiffen bis in den Hafen von Cannstatt ebenfalls offen steht. Allein noch sonstige Störungen durch Zoll ꝛc. erschwerten die direkte Schifffahrt in den Rhein; endlich wurden auch diese Schranken gehoben und die Freiheit der Neckarschiffe hergestellt. — So unterhält nun Cannstatt gegenwärtig direkte Verbindungen mit Heilbronn, Mannheim, Frankenthal, Mainz und Cöln.

Um die Wichtigkeit dieses Geschäftszweiges einzusehen, gehen wir an den Hafen, von welchem an der Neckar schiffbar wird. Häuser zur Waarenniederlage stehen da; Schiffe sind eingelaufen; Alles ist in Thätigkeit, die beladenen Fahrzeuge zu entleeren. Regsamkeit und Geschäftseifer walten auf dieser Stätte; die angekommenen Waaren müssen an die bezeichneten Eigenthümer spedirt, Waaren zur Thalfahrt müssen eingeladen werden; es ist ein rühriges Leben, das ein kleines Bild vom Leben an Stapelplätzen gibt. Die Bergfahrt ist übrigens — daß ich dieß nicht vergesse — ziemlich beschwerlich, und Pferde werden in Mitleidenschaft gezogen, die Fahrzeuge weiter zu bringen. Ja, die jüngste Zeit hat die Schifffahrt bis Cannstatt ziemlich geschmälert. —

Der Neckar hat aber auch noch Bedeutung für mehrere Fabriken.

Wenn in den früheren Tagen die Zais'sche Fabrik durch ihre Produkte in Färbereien sich auszeichnete, so stehen jetzt ihre

Trockenthürme leer und das Geschäft beschränkt sich nur auf Baumwollwebereien. — Unfern dieser Fabrik liegt die mechanische Wollspinnerei von Günther und Comp. Im Besitze einer ansehnlichen Wasserkraft, durch einen Kanal herbeigeführt, beschäftigt sie gegen 50 Personen. Ueberhaupt wird die Woll- und Baumwollweberei in Cannstatt in ausgedehntem Maße betrieben. Auch in andern Richtungen herrscht rührige gewerbliche Thätigkeit. Zwei Maschinenfabriken liefern ihre Erzeugnisse weithin ab und erfreuen sich des günstigsten Rufes. Die Tabaksfabrik von Gebrüder Stern hat vollauf zu thun, um ihren Aufträgen nachzukommen. Eine Metall- und Glockengießerei, sonstige Metallarbeiten, eine Corsettenweberei dürfen nicht unberührt bleiben.

Nicht großartig, aber doch immerhin von Bedeutung ist der Handel in Cannstatt. Holz und Bretter, Wolle, Flachs, Gyps, Steinkohlen dürften die Hauptgegenstände desselben bilden. Dieser Handel setzt das Zoll- und Hallamt in unausgesetzte Bewegung. Auch der Speditionshandel beschäftigt viele Hände.

Mithin besitzt Cannstatt Erwerbsquellen der verschiedensten Art. Daraus wied folgen, daß Wohlstand unter den Leuten herrscht nnd daß sie ihres Lebens sich freuen können. Obgleich die Bevölkerung in und um Cannstatt zu der dichtesten in ganz Württemberg gehört — es wohnen wohl 15,000 Menschen auf einer Geviertmeile — so bietet die mehr als freigebige Natur im Verein mit gehobener Industrie doch Jedem das Seine zu friedlichem, fröhlichem Leben.

Und wenn wir bedenken, daß Cannstatt dem Fremden das Beste zu bieten sucht, daß es für alle seine Bedürfnisse sorgen will, seien sie leiblicher oder geistiger Natur, so dürfen wir uns nicht darüber wundern, daß jede Jahreszeit, besonders aber der

Sommer und Herbst, Besucher auf kürzere oder längere Zeit hieher führt. Und der begünstigte Ort wird seine magnetische Kraft auch in den kommenden Tagen behalten!

5.

Ob uns wohl noch Merkwürdiges in und um Cannstatt erfreut? Gewiß! Vieles ist noch in der Umgebung des Kurorts zu sehen; wir wählen das Wichtigste davon aus.

Gleich in der Nähe des Theaters blitzen im Sonnenstrahl mit halben Monden verzierte Kuppeln herüber, die auf tempelartigen Gewächshäusern stehen. Längs der Straße hin zieht sich vom Schauspielhaus eine lange Kolonnade in maurischem Geschmack. Das ist ein Theil der höchst originell angelegten Wilhelma, die König Wilhelm erbauen ließ. Dieses ausgezeichnete und ganz eigenthümliche Kunstwerk ist dem Einblick der Menge verschlossen. So viel ist übrigens bekannt, daß es von dem gebildetsten Geschmacke und dem reinsten Kunstsinne seines erhabenen Gründers das schönste Zeugniß ablegt und eine der reizenden Zierden dieser Gegend bildet. Schreibt doch eine der ersten Autoritäten, Hammer-Purgstall, über diesen Wunderbau, daß keine Stadt in Deutschland mehr den Namen „Bagdschiserai“ (Gartenstadt) verdiene, als Cannstatt bei Stuttgart! Und zwar sei sie eine Gartenstadt nicht nur wegen der schönen und sinnreichen Wasserkünste des Gartens, sondern auch wegen des maurischen Baues der Wilhelma, welcher die morgenländischen Wunder der Alhambra in das Zauberthal des Neckars versetze und an Schönheit, Romantik und Merkwürdigkeit den hochgepriesenen Zauber des Palastes von Bagdschiserai bei weitem übertreffe. „Mag man die zahlreichen, genial gedachten, prachtvoll aufgeführten, in schönster Harmonie zu einander stehenden Gebäude mit ihren vergoldeten Kuppeln und schlanken Thürmchen, oder die blanken, lustigen Gewächshäuser, die schattigen Säulengänge, die reiche innere Architektur mit ihren phantastischen Blumengewinden und graziösen Arabeskenverschlingungen und der entsprechenden Zierde der Möbel, oder die duftige Fülle der mannigfaltigen, in herrlichen Farben prangenden Tropengewächse, oder das reizende Arrangement der Gartenpartien mit deren Wasserspiegeln und monumentalem Schmuck in Marmor und Metall in's Auge fassen: überall erscheint uns der feinfühlende, kunstsinnige Geschmack des Bauherrn und die seltene Begabung des Architekten, ganz auf die Intention desselben eingehend, zugleich ein Werk zu gestalten, das in reinster Verschmelzung der Form und Idee in der effektvollen Kunstgebung typischer Schönheit seinem eigenen Geiste das schönste Zeugniß ausstellt und das, wenigstens in diesem Style und als Ganzes betrachtet, seinesgleichen in Europa nicht hat. Es schwebt ein eigener Hauch von Poesie um die Wilhelma, der aus den lieblichsten Gärten der Paris zu kommen scheint und uns in ein wunderbares Mährchen aus „Tausend und Einer Nacht“ in die Wirklichkeit übersetzt.“

Die ganze Villa, in der Art der fürstlichen Landsitze Italiens gedacht und in maurischen Bauformen ausgeführt, besteht aus einem Wohngebäude, das von Gewächshäusern, Säulengängen, Belvedere, Festsaal, Schauspielhaus und Dienstgebäuden umgeben ist. Gartenanlagen, in denen Blumenbeete, Wasserbecken, Springbrunnen und Baumpflanzungen, regelmäßig angeordnet, mit einander abwechseln, umgeben jene Bauten. Im Frühjahr 1842 wurde mit Aufführung dieses Prachtwerks begonnen und das Wohnhaus sammt den angrenzenden Gewächshäusern zuerst hergestellt. Im Laufe der bereits sehr vorgeschrittenen Bauführung wurde der ursprüngliche Plan zu einer das ganze Grundstück umfassenden Gartenanlage mit der besonderen Vorschrift erweitert, daß in derselben ein bedeckter Spaziergang von dem Parkeingang bis zu den Wohngebäuden führen und zugleich mit einem großen Festsaal in Verbindung stehen müsse. Konnten die zuerst in Angriff genommenen Gebäude im September 1846 durch ein Fest, veranlaßt durch die Vermählung des Kronprinzen, eingeweiht werden, so sah endlich das Jahr 1851 auch die Säulengänge, die freien und bedeckten Treppen, die Kioske, Terrassen und Blumenbeete, die Wasserbecken und Wasserleitungen, die Baumpflanzungen und den Festsaal vollendet. — Verstohlen späht die Neugier, wiewohl vergebens nach den Wundern dieses Zauberbaus. Wer ihn aber schon betreten durfte, vermochte nicht Worte zu finden, um die Eindrücke zu schildern, welche seine Merkwürdigkeiten hinterließen. Man wähnt sich, wie schon bemerkt, in eine Mährchenwelt versetzt, und mit steigendem Wohlgefallen verweilt das Auge auf all den Herrlichkeiten der Villa „Wilhelma."

Wir gehen entlang der Straße bis zum königlichen Landhaus Rosenstein. Es steht auf einem aus Conglomeraten von Neckargeschieben bestehenden Hügel, der ein Ausläufer einer flachen Anhöhe ist, die sich von den Stuttgart nordwestlich umgrenzenden Anhöhen gegen das Neckarthal hinzieht. Von verschiedenen Seiten her ist dieser Hügel mit seinem Sommerschloß sichtbar. Wir halten uns zunächst an das Schloß, das ein besonderer Schmuck, ein artistisches Denkmal der ganzen Gegend ist. Der „Rosenstein" bildet ein längliches Viereck, das, auf allen Seiten frei, mit der vorderen Fronte gegen das Neckarthal, mit der Rückseite gegen den Park und die Residenzstadt gerichtet ist. Im edelsten griechischen Styl aus Quadern aufgeführt, trägt das Gebäude den Stempel der höchsten Einfachheit. Ein Mittelbau durchschneidet das Ganze, welches fünf Flügel enthält und zwei Höfe bildet, in deren Mitte zwei Springquellen ihre sprudelnden Wasser in zwei große steinerne Bassins ergießen und angenehme Kühlung verbreiten. Das Hauptgebäude enthält mit den verbundenen Flügeln die beiden Hauptfaçaden gegen Stuttgart und Cannstatt, in deren Mitte sich auch die beiden mit jonischen Säulen geschmückten Haupteingänge befinden. Das Landhaus hat ein Stockwerk. Es bildet mit seinen Treppen, Portiken, Säulen, Gesimsen, Giebelfeldern, sinnigen Allegorien u. s. w. ein schönes, wohlthuendes Ganzes, das den Eindruck der auch im Einzelnen gelungenen Vollendung auf den Beschauer macht. Die beiden Hauptgiebelfelder enthalten zwei Basreliefs, „Abend" und „Morgen" vorstellend. Acht Musen in Nischen schmücken das Gebäude. Sein Dach ist von Schiefer.

Dieselbe Solidität, die sich im Aeußern des massiven Steinbaues ausspricht, findet sich auch in der innern Ausstattung wieder. Die Pracht, zu der sich diese von Zimmer zu Zimmer steigert, verträgt sich sehr gut mit dem Charakter edler Einfachheit. Der Schmuck erscheint nirgends als Ueberladung, sondern als glänzende Blüthe organischer Zweckmäßigkeit. Die Geräthe der einzelnen Gemächer, die Dekorationen und die künstlerische Ausschmückung derselben entsprechen auf's genaueste ihren verschiedenen Bestimmungen. Die meisten Plafonds der 74 Gelasse tragen Frescomalereien aus der griechischen Mythe und Mythologie; auch die Wände enthalten treffliche Stücke von inländischen, theilweise noch lebenden Künstlern. Außerdem sieht man sehr werthvolle Marmorgruppen, und die Gemäldelung des Schlosses ist als ein Schatz der schönsten, mit-

feinstem Kunsttakt ausgewählten Bilder zu betrachten, zu dem die berühmtesten Künstler ihre Beiträge lieferten. Es ist dieß Landhaus nach seinem inneren Reichthum ein Tempel der Kunst, wie deren die Gegenwart nicht viele aufweisen kann.

Genießen wir nun noch die Aussicht, die diese Stelle so freigebig bietet! Auf der westlichen Seite überblickt man zunächst den angrenzenden Park, weiterhin das Altenburger Feld, das die Fundamente einer Römerstadt in seinem Schooße trägt, und gegen Nordosten von einer mit Reben bepflanzten, isolirten Anhöhe, dem Burgholzberge, der — beiläufig gesagt — eine wirklich malerische Rundschau dem Wanderer schenkt, begrenzt wird; nördlich hin liegt Cannstatt zu beiden Seiten des Neckarspiegels ausgebreitet, und den Hintergrund der heitern Landschaft bildet das Dörfchen Münster; gegen Osten öffnet sich ein weiter Ausblick in's Neckarthal aufwärts, auf die Rebengelände zu beiden Seiten des Thals, auf die Kapelle des rothen Berges, auf die Dörfer alle im üppigen Thalesgrund, auf einen Hintergrund von einzelnen Bergen der Alp, unter denen die Teck beinahe den Mittelpunkt bildet; südlich erblickt man zunächst über die Anlagen des Schloßgartens hin das Stuttgarter Thal mit seinen Obst- und Weingärten an den Hängen, in der Tiefe die Stadt, die sich vom Fuße der einen bis zur andern Hügelreihe ausbreitet und an den Hintergrund der als Berghöhe sich zeigenden Filderebene anlehnt.

Wahrlich, ein Panorama der reizendsten Aussichten in seltener Abwechslung! Und jede dieser Landschaften erscheint in ihrer charakteristischen Anmuth dann, wenn man sie unter den Hallen oder aus den Fenstern, gleichsam in Rahmen gefaßt, genießt. Die Mannigfaltigkeit von bebauten und bewaldeten Höhen, sanften Einbiegungen und engeren Schluchten, Weinbergen, Gärten, Fruchtgefilden und Wiesen, Krümmungen und

Inselbildungen des Neckars, Städten und Dörfern und Lusthäusern wirkt wahrhaft bezaubernd auf den Beschauer. Aber unter all diesen Schönheiten ergötzt doch vorzugsweise das herrliche, wunderreiche Thal, und man kann ihm das Auge fast nimmer entziehen.

Es fesselt dich mit süßen Banden
Das zauberfrische, helle Thal;
Kein schön'res winkt in tausend Landen;
In ewig strahlenden Gewanden
Schaust's wonndurchglüht du jedesmal.

Und wenn du's länger noch gesehen
Mit seinen Reizen unzählbar:
Doch kannst du nicht von hinnen gehen;
Du fühlst den Odem Gottes wehen
Und kniest vor seinem Hochaltar. — —

An das Schloß stößt ein 327 Morgen großer Park. Früher bestand dieser aus Aeckern, Wiesen, Weinbergen, Gärten und unangebauten Strecken. Das Ganze wurde Privatpersonen abgekauft und erforderte einen bedeutenden Aufwand. Seine Oberfläche wechselt mit sanft ansteigenden Erhöhungen und Vertiefungen. Wenn früher der Name „Kahlenstein“ die weniger große Fruchtbarkeit der Anhöhe bezeichnete, so wurde dieselbe doch nach mehrjähriger Arbeit in den Rosengarten umgewandelt, den wir vor uns haben.

Der Park selber bildet seiner Gestalt nach ein Dreieck, das, wenn die von Stuttgart nach Cannstatt führende Straße als Grundlinie angenommen wird, seine Spitze in demjenigen Punkte hat, der durch die Vereinigung der Straßen entsteht, die von beiden genannten Städten nach Ludwigsburg führen. Ein sehr hübsches Portal bezeichnet diesen Punkt. Der Park enthält unter anderem eine Maierei für ausgezeichnete Viehracen und in den Baumpartien und Gesträuchen eine lebendige Sammlung der bei uns im Freien ausdauernden Holzarten.

Alles, was wir bisher auf dem Rosenstein gesehen, ist ein erfreuliches, heiteres Denkmal des Schönheitssinnes, des einfachen, aber gediegenen Geschmacks seines hohen Erbauers und somit auch unserer Zeit.

6.

Aber jetzt vorwärts, auf den rothen Berg! „Der Himmel lacht“ lichtblau hernieder „und heitre Lüfte spielen“ allerwärts.

Cannstatt im Rücken, den Seelberg überschreitend, gelangen wir auf einen vielbetretenen Fußpfad, der durch ein langes Wiesenland, dicht mit Obstbäumen bewachsen, sich schattig hinzieht. Manchmal stellt sich der Berg in voller Lieblichkeit vor's Auge, das freudig erglänzt. Wir verdoppeln unsere Schritte, um ja recht bald das Ziel unserer Wanderung zu erreichen. Endlich winken uns Häuser entgegen; wir sind in Untertürkheim. Ein anmuthiges Dorf, das einen wohlthuenden Eindruck macht! Wir durchziehen es nördlich. Ein Wegweiser sagt uns bald, wohin wir unsere Schritte lenken müssen. Schon steigt der Pfad empor. Er wird immer steiler. Jetzt stehen wir am Scheidewege; entweder gemächlicher und bequemer können wir die gute Fahrstraße, die jedoch weit länger ist, einschlagen, oder mühsam und anstrengend klimmen wir den kürzeren Weg hinan. Wir wählen diesen, um bälder die Kapelle beschauen zu können, um bälder den rothen Berg bestiegen zu haben, der aus Keupersandstein und rothem Keupermergel und Keupergyps besteht, welche Gebirgsformation auf Lettenkohlendolomit und Muschelkalk lagert. Wenden wir uns da und dort um, ein wenig zu messen, wie weit noch zu gehen, welche Strecke bereits zurückgelegt sei, so weckt schon ein beschränkter Ausblick in die Ferne die größten Hoffnungen, die kühnsten Erwartungen. Und diese lassen nicht länger mehr rasten noch weilen; mit ungewohnter Eile wird in wenigen Augenblicken das Dorf „Rothenberg“ erreicht. Wie köstlich hier schon die Rundsicht ist! Allein wir wollen ja zur Kapelle hinauf. Vom Dorf an ist der Weg äußerst angenehm; sanft erhebt er sich und die beste Chaussee ist für den Wanderer hergestellt. Wir kommen am Priesterhause vorbei und im Nu stehen wir vor dem ehrwürdigen Tempel.

Welch' erhabene Stätte haben wir nunmehr betreten! Gewiß, es ist heiliges Land, darauf wir jetzt stehen. Wo nun zuerst beginnen, um jeden Genuß auf dem Berge gewissenhaft auszubeuten? In der Vergangenheit erst und dann in der Jetztzeit?

Versetzen wir uns in die Vergangenheit zurück. Dort an schattiger Stelle läßt es sich behaglich ausruhen. Und während wir unserer Erholung pflegen, mög' uns die Geschichte ihre Blätter enthüllen, damit wir, was vormals hier oben geschehen, erfahren.

Diese Stätte ist die Wiege des württembergischen Fürstenhauses, der Erstling unseres Landes. Wo jetzt die Kapelle steht, war einst das Stammschloß der Herren von Württemberg. Jammerschade, daß keine Spur mehr von ihm vorhanden! Die älteste Geschichte der Burg ist ebenso dunkel als die ihrer Besitzer. Die Zeit ihrer Erbauung ist völlig unbekannt. Nur ein einziges Denkmal des Alterthums beweist, daß sie schon im 11. Jahrhundert gestanden hatte. Dieses älteste Denkmal Württembergs ist ein Stein, der, zwar zerbrochen, sich mit einer Inschrift über einer Thüre in dem

Schloßhof befunden hat, jetzt aber in der Kapelle eingemauert ist. Diese Inschrift, lateinisch abgefaßt und theilweise sehr abgekürzt, lautet in deutscher Sprache: „Im Jahre der Menschwerdung des Herrn 1083, den 7. Februar, ist diese Kapelle von Adelbert, Bischof zu Worms, eingeweiht worden, zu Ehren des h. Nikolaus." Vermuthlich fällt die Erbauung des Schlosses in dieselbe Zeit; ja, wahrscheinlich wurden Kapelle und Schloß zugleich erbaut. Einige Zeit nachher, um's Jahr 1090, tritt auch der Name Württemberg erstmals in der Geschichte auf mit Conrad von Wirtineberc, der als Zeuge in dem Bempflinger Vergleich zwischen dem Grafen Werner von Grüningen und seinen Oheimen, den Grafen von Achalm, sowie auch später noch in andern Urkunden erscheint. Von der Kapelle, welche nach jener Inschrift eingeweiht worden ist, war schon lange vor Erbauung der jetzigen Kapelle nichts mehr zu sehen; der Raum, zu welchem die Thüre führte, war in einen Stall verwandelt. Daß aber eine Schloßkapelle, und zwar eine dem h. Nikolaus geweihte, vorhanden war, beweist wiederum eine Urkunde vom Jahr 1291, nach welcher eine Gräfin Adelheid zu Sigmaringen mit Einwilligung ihres Oheims, des Grafen Eberhard von Württemberg, sechs Morgen Weinberge im Goldberg (zu Untertürkheim) verkaufte und dieselben von dem Gefälle befreite, „so jährlich daraus gangen ist sant nyclausen zu Würtenberg." Auch in späteren Lagerbüchern ist noch von der „Kaplaneypfründ uff dem Schloß Würtemberg" die Rede.

Als Sitz der gefürchteten Grafen von Württemberg war bei den Fehden und Kriegen, in die sie immer verwickelt waren, das Schloß vornehmlich den feindlichen Angriffen ausgesetzt. Es wurde deßhalb auch öfters zerstört. So fiel es 1127 im Kampf der Hohenstaufen gegen den Kaiser Lothar; 1207 es von den Welfen, 1292 von Kaiser Adolph zerstört worden sein, und 1311 oder 1312 wurde es in dem Kriege des Kaisers Heinrich von Luxemburg gegen den Grafen Eberhard von Württemberg zu Grunde gerichtet. In diesem Kriege hatte sich die Feindesmacht ruhig vor die Burg gelegt. Eberhard überfiel das Lager, verlor aber den Sieg, weil die Seinigen sich zu frühe auf die Beute geworfen hatten. Das Schloß wurde nun erobert und zertrümmert. Von dieser Zeit an hörte die Burg auf, Residenz der Grafen zu sein. Eberhard verlegte seinen Sitz 1320 nach Stuttgart. Gleichwohl wurde das Schloß als eine in damaliger Zeit wichtige Feste in gutem Zustand erhalten. Im Vergleich des Grafen Eberhard mit seinem Bruder Ulrich 1361 wurde unter Anderem auch anbedungen, daß dieser die Feste Württemberg in „baulichem Wesen zu erhalten" habe. Das Jahr vorher, 1360, soll die Burg von Kaiser Karl IV. zerstört worden sein. Die letzte Verwüstung erfuhr sie übrigens bei der Vertreibung des Herzogs Ulrich, 1519, durch den schwäbischen Bund. Nach seiner Rückkehr im Jahre 1534 wurde sie aber wieder von dem Herzog hergestellt und von ihm rührten die Gebäude her, die vor 40 Jahren noch hier zu sehen waren. Im schmalkaldischen Krieg ließ der Herzog Alba 1547 das Schloß besetzen und während des dreißigjährigen Krieges bemächtigten sich die Kaiserlichen desselben; allein mit Ausnahme der Verbrennug des Thors und der Plünderung der Keller blieb es ohne wesentliche Beschädigung.

Beschreibungen zufolge muß das Schloß, so lange es noch Residenz war, sehr schön und fest gewesen sein. Nach der Zerstörung im Jahr 1312 wurde es nie wieder in seiner früheren Schönheit hergestellt. Was auf unsere Zeit gekommen ist, war in keiner Beziehung von Bedeutung. Das Schloß war noch mit einer dreifachen Mauer und mit tiefen Gräben umgeben.

Eine Treppe von mehr als zweihundert Stufen führte vom Dorfe zu einem Seitenthörchen, über welchem der Burgvogt in einem besonderen Gebäude seinen Sitz hatte. In dem innersten und in dem am höchsten gelegenen Raume standen sodann die Schloßgebäude mit einem Hofe. Sie zeichneten sich aber weder durch Alterthümlichkeit, noch auf andere Weise aus, waren auch durchaus unbewohnbar. Am meisten erinnerte noch an die alten Ritterzeiten der tiefer gegen Süden liegende Haupteingang, dessen Anlagen, sowie die Grundmauern des Schlosses noch aus alten Zeiten herstammen mochten.

Woher der Name des Schlosses und des Berges rühre? Alle hierüber angestellten Untersuchungen blieben eben bloße Vermuthungen. Die wahrscheinlichste Herleitung ist die von „Wirth" oder „Wirthin"; der Wirth des Landes hieß ehemals auch der Landesherr, die Wirthin auch die fürstliche Hausfrau. „Des Landes Wirte," d. h. Herr, kommt schon im Nibelungenlied vor*). Nach dieser Abstammung sollte man auch Wirtenberg oder Wirtemberg schreiben. Aber um allen Willkürlichkeiten abzuschneiden, verordnete Kurfürst Friedrich am 4. April 1804, daß hinfüro „Württemberg" zu schreiben sei; damit war allem Schwanken ein Ende gemacht.

Wenn aber auch die Stammburg Württembergs, an der so manche harte Stürme vorübergingen, ganz verschwunden ist; wenn keine Ruine mehr die Spuren vergangener Tage zeigt; wenn sie längst im Grabe ruhen, die edlen Ritter jener grauen Zeit: in herrlicher Frische, in unvergleichlichem Strah-

---

*) Eine andere Sage berichtet, es habe ein deutscher Kaiser eingekehrt und dem unten am Berg wohnenden Ritter (dem Wirth am Berg) eine Gnade angeboten. Als dieser sich das Land zum Eigenthum gewünscht, welches er vom rothen Berg aus übersehen könne, habe der Kaiser gnädig erwiedert: „Dir wird der Berg!"

lenglanze prangt das Fürstenhaus von Württemberg noch heute; erwachsen zum gottbeschirmtem Baume, läßt sich unter seinem Schatten lieblich wohnen, und unser erhabener Regent hält die segnenden Hände über das schöne, schöne Land, das unter allerlei Trübsalen und Jammer größer und größer geworden und, sichtbar vom Vater der Liebe beschützt, göttlich benedeit, allwärts mit Ehren genannt, fortan männiglich treu geliebt werden wird. Ja, gilt irgendwo das Wort: „Hie gut Württemberg allweg!“ so dürfen wir's heute an dieser Stelle, auf diesem klassischen Boden ausrufen. Darum erschall', in die Lüfte, ertöne im Thal unser Freudenruf, unser Jubellaut: „Hie gut Württemberg allweg!“

Und die Gestalten all der Fürsten steigen auf in unserer Erinnerung, wie sie das Geschick des Volkes lenkten, wie sie förderten des Landes Wohlfahrt. Zwingen auch da und dort Schreckbilder zum Erbeben; wir verhüllen jetzt das Auge vor ihnen und gedenken einzig jener Todten, die Gerechtigkeit mit Vatermilde paarten, die sich selbst in den Herzen spätester Enkel durch Thaten der Liebe verewigten.

Einen solchen Todten birgt auch diese Stätte; einer schönen, edlen Seele Hülle ruht hier oben. Dieser Tempel ist ihr sichtbar Monument; aber herrlicher und strahlender hat sie, die allgeliebte Fürstin, sich in jedes Württembergers Herz ein Denkmal aufgerichtet, das kein Sturm der Zeit zerstört, das kein wilder Feind zertrümmert. — Doch wir treten ein in dieses Mausoleum. Wie einfach edel ist sein Inneres! Das Licht fällt von oben durch die Kuppel herein. In vier Nischen stehen die kolossalen Bilder der vier Evangelisten aus carrarischem Marmor: „Johannes“ von Dannecker, „Lucas“ von Wagner, „Marcus“ von Zwerger, „Matthäus“ von Leeb. In tiefer stiller Gruft, zu der eine verschlossene Treppe hinabführt, ruhen gegen Osten hin die irdischen Ueberreste der unvergeßlichen Königin Katharina in einem schönen in Italien ausgearbeiteten Sarkophage. Gestorben am 9. Jan. 1819, wurde sie, nachdem diese Gruft vom Jahr 1820 bis 1824 erbaut worden war, am 5. Juni 1824 aus der Stiftskirche zu Stuttgart hieher gebracht und so ihr Wunsch, auf dem schönen Punkte des Schlosses Württemberg ihre Ruhestätte zu finden, auf sinnige, bedeutungsvolle Weise erfüllt. Lassen wir einen Dichter, A. Knapp, die Todtenreise beschreiben, die am Hochmittag des Jahrs 1824 unternommen wurde! Folgen wir dem zartfühlenden Maler!

— Ein Schauspiel soll sich heut erheben,
Wie noch keines, seit ich bin, gewesen;
Auf, mein Herz! und lies mit heil'gem Beben,
Eine Flammenschrift ist hier zu lesen:
Siehe, durch der Morgenröthe Weben,
Durch die Sommerflur, voll Glanz und Leben,
Soll der Tod an dir vorüber schweben.
Denn dort oben auf den Rebenhügeln
Soll die todte Fürstin Ruhe haben;
Dort will man die kühle Gruft entriegeln
Ihr, die schon seit Jahren lag begraben.
Ward sie bald nach Mitternacht erhoben,
Kehret sie im Frühroth ein dort oben; —
Durch des Anfangs feierliches Glühen,
Durch den Schmelz der blumenreichen Fluren,
Durch des Thaues silberhelle Spuren
Soll sie, ohne Prangen, ohne Blühen,
Noch einmal zum dunkeln Grabe ziehen.
O ein Gang — so schaurig schön, so stille!
Unaussprechlich wehmuthsvolles Schüttern
Leiser Saiten, wo des Lebens Fülle
Und des Todes Klage sich durchzittern! —
— — — — — — — — — — —
Nun, sie nahet! — Auch zu keinem Feste

Ziehen diese traurig ernsten Gäste! —
Siehe hier die langsamen Karossen,
Langehin zum Grabeszug geschlossen;
Sieh' die hehen Rosse, schwer behangen,
Schwarze Männer, lautlos, ohne Prangen,
Leise schreitend mit erstickten Klagen
Um den königlichen Todeswagen,
Um den Sarg; . . . wie schlummert's drin so stille,
Ahnet nichts von dieser Lebensfülle,
Diesem Lichtmeer! — Ach, in diesem Schimmer,
Bleiches Haupt, ist deines Bleibens nimmer! —
Seltner Fremdling! lange schon gewöhnet
An die Nacht, wo nie ein Schall getönet,
Nie ein Stern gefunkelt, ziehe, ziehe
Eilig fürder durch die helle Frühe! —
Abgefallen ist die goldne Krone,
Die so würdig deinen Scheitel schmückte,
Als dein Antlitz mit dem Königsohne
Jugendlich vom Thron hernieder blickte.
Was in dir gelebt, ist hingeschwunden,
Rechnet nicht nach Jahren, Tagen, Stunden
Dieser Erde mehr; . . . o schnelles Sinken
Ird'scher Loose! — sonst der hohen Frauen
Edle Zierde, deren Blick und Winken
Freude schuf des Landes fernsten Gauen, —
Nun ein Staubgebild, das als ein Schatten
Leise fliehet über goldne Matten! —
Sieh' das weiße Kreuz auf dunklem Flore,
Mahnend, wessen Kreuz die Himmelsthore
Aufgeschlossen, — was der hohe Glaube
Einzig noch bewahrt im Todesstaube! —
Sieh' die blassen Silberfähnlein flittern
Aengstlich um des Baldachins Gehänge; —
Erdwärts will ihr Schwanken und ihr Zittern,
Fort aus dieser Sonnenwelt Gepränge! —
Nieder! nieder! — bleiche, theure Wange,
Röthest du dich nicht von diesem Gange? —

Nieder! nieder! — welke, liebe Hände,
Bietet ihr, wie in verfloss'nen Zeiten,
Nimmer unsern Armen eine Spende,
Trost um euch und Segen zu verbreiten? —

Aber schon wie dunkle Stromeswogen
Ist der Trauerchor dahin gezogen;
Von der Ferne nur noch hin und wieder
Blicket er durch Baumspalier und Reben
Auf den Jüngling geisterhaft hernieder,
Der, versunken in ein heil'ges Beben,
Seufzer bald zur Himmelshöhe sendet,
Bald den Blick zur Erde niederwendet.
Denn dort oben auf den Rebenhügeln
Sieht er wohl des Tempels Zinne schimmern,
Wo sie ihr das kühle Grab entriegeln,
Und der Hoheit eingesunk'nen Trümmern
Tiefe Ruhe geben. — Aber schlage
Heute selbst an Deine Brust und sage:
Lebend steh' ich hier, die Lüfte spielen
Lieblich um dieß Haupt am goldnen Tage, —
Jugendkraft erfüllt mit Hochgefühlen
Diese Brust, — und sieh', mein Herz, ich trage
Bei des Lebens zauberhellem Scheine
Gleichen Tod im innersten Gebeine, —
Bei des Morgens jungem Rosenlichte
Leichenduft im Jünglingsangesichte! —

— — — — — — — — — — —

Schlummre süß auf Deinen Rebenhügeln,
Stille Fürstin, bis zum großen Morgen.
Heimwärts flog Dein Geist auf Lichtesflügeln,
Ruht am Vaterherzen wohl geborgen.

Zu ernsten Betrachtungen reißt auch uns, reißt jeden fühlenden Menschen dieser Tempel hin. Und wenn wir später ihn wieder aus der Ferne erblicken, so gedenken wir dieser feierlichen Stunde, gedenken der theuren, unvergeßlichen Fürstin, über deren Ruhestätte wir heute jugendfrisch wandeln.

Ein Theil des Innern dieses Tempels ist für den griechischen Gottesdienst bestimmt, welchen russische Priester und Sänger halten, die eigens hiezu berufen und angestellt wurden. In neuerer Zeit wird dieser Gottesdienst jedoch nicht mehr allsonntäglich gehalten wie vordem.

Beschauen wir nun die Kapelle von außen! Das ganze stellt eine mit einer hohen Kuppel bedeckte Rotunde dar, auf welcher sonnumglänzt das Kreuz steht. Drei vorspringende Portiken sind von jonischen Säulen getragen. Eine ziemliche Zahl Stufen führen zu denselben. Ueber dem Eingang in die Kapelle steht die Inschrift: „Die Liebe höret nimmer auf." Gehen wir um den Tempel herum, so finden wir noch folgende Sprüche: „Wir haben einen Gott, der da hilft, und den Herrn, der vom Tode errettet." „Selig sind die Todten, die in dem Herrn sterben, denn sie ruhen von ihrer Arbeit und ihre Werke folgen ihnen nach." Auf der vierten, geschlossenen Seite, gegenüber derjenigen, auf welcher uns Einlaß ins Innere geworden, steht die Hauptinschrift: „Seiner vollendeten, ewig geliebten Gemahlin, Katharina Paulowna, Großfürstin von Rußland, hat diese Ruhestätte erbaut Wilhelm, König von Württemberg, im Jahr 1824." Diese Inschriften drücken ebenso einfach als ernst die Bedeutung dieses Gebäudes und die gottvertrauende Gesinnung seines erhabenen Gründers aus. Ein Denkzeichen treuer, verklärter Liebe, wird dieser Tempel noch späten Enkeln verkünden, was die Geschichte mit Flammenschrift in ihre Tafeln verzeichnet hat. In den Tagen der fernsten Zukunft noch werden aber auch treue Schwaben immer und immer wieder hieher pilgern, und das Andenken der mütterlichtreuen Fürstin feiern, die ein Segen ihrem Württemberg geworden, und gedenken voll Dankbarkeit Dessen, der ihr dieß Denkmal geweiht. Ja, sie werden folgen dem Mahnruf:

Wanderer, was Du erblickst, hat Glaube und Liebe vollendet!
Ehre des Stiftenden Geist, glaubend und liebend wie er.

Noch sei erwähnt, daß am 29. Mai 1820 von dem Könige Wilhelm selbst der Grundstein zu diesem Bau gelegt, und daß nach dem Plan des Hofbaumeisters Salucci das Ganze begonnen und vollendet wurde. — —

Und jetzt wartet unser noch ein Genuß auf dem Berge. In der heiteren Gegenwart, an der großartig prächtigen Natur soll sich das Auge nun erquicken, soll sich das Herz jetzt erlaben.

Zu unsern Füßen bis hinab in's Thal ein weites, schönes Rebenland! Im Thal selber winkt des Segens unmeßbare Fülle; auf weiter Ebene ein frisches, farbenhelles Leben! Die Wiesen stehen im saftigen Grün, und Bäume, fruchtbeladen, vereinen sich zum trauten Haine. Im sanften Winde wogt die Halmenwelt und Aehr' um Aehre prangt im Sonnenstrahl. Ein üppig Land, so weit das Auge reicht! Kann größ're Fruchtbarkeit ein deutscher Gau uns weisen? Es wallt das Herz voll Wonne, und fröhlich blicken wir zum Himmel auf, der zauberfrisch mit seinem Wunderblau die milde Landschaft deckt, und dankend strecken wir die Hände aus, den ewigen Allliebenden zu fassen, der hier in tausend Zeichen nah uns ist, der jetzt im lichten Aether uns umfäht und säuselnd still voll Herrlichkeit an uns vorüber geht.

O selige Stunde wonnigen Schauens!
Wohin das Auge sich wendet:
Gottes Wunder allüberall!
Findet Worte der Mund,
Dem Innern Ausdruck zu geben? —
Zitternd öffnet die Lippe sich

Und stammelt:
„Gott, wie so groß Du bist!
Deine Gebilde, wie sind sie so schön!" —
Wenn Du so die Vergänglichkeit schmückest,
So Deinen Sonnenglanz Irdischem leihst:
O welche Klarheit,
Welch ein Wunderstrom von Seligkeit
Wird erst jenen Tempel durchfließen,
Den Du, göttliche Liebe,
Droben den Deinen bereitet!

Friedlich und in sabbathlicher Stille liegt in dem üppigen Thälchen das weinreiche Uhlbach. Auf der Höhe dort drüben sehen wir auch die Katharinenlinde, 1444 par. oder 1647 w. Fuß über dem Meere liegend, während wir hier, am Tempel, nur 1263 par. oder 1432 w. Fuß hoch über dem Meeresspiegel stehen. Drunten am Fuße des Berges, etwa 600 w. F. niedriger, schauen noch einige Häuser von Untertürkheim hervor. Jenseits des Neckars winkt Wangen mit seinem Gotteshaus auf rebenbepflanztem Hügel grüßend herüber. Auch die neuerbaute Kirche in Berg, der Rosenstein und vor allen Cannstatt liegen ganz nahe. Und wie könnten wir all die größeren und kleineren Dorfschaften zählen und nennen, die theils näher, theils ferner liegend, zwischen dem Reichthum der Gefilde gleich Perlen ausgesät sind. Durch's Thal hin zieht sich der Neckar gar sittsam und seine wilde Natur, die er zeitenweise gewaltig austoben läßt, bescheiden verbergend; er schmückt und belebt jetzt die Landschaft, über die er, sein Bett überschreitend, tobend und brausend und grausig verheerend schon manchmal Schrecken und Jammer und Wehklagen brachte. Denn zum furchtbaren Riesen geworden, sind seine freundlichen Gestade überschwemmt, das ganze Thal bildet eine große Wasserfläche und „Alles rennet, rettet, flüchtet." Zerstört sind dann die prangenden Felder, und mit weinendem Auge blickt der sonnverbrannte Arbeiter dem Untergang all der Früchte seiner herben Mühen nach. Doch, lassen wir dieses Bild des Jammers bei Seite! Uns lacht ja Freude und Fröhlichkeit von allen Geländen entgegen.

Schweift der Blick in die Weite hinaus, so haben wir hier ein Panorama, wie wir nicht leicht ein schöneres finden können. Südöstlich und südlich lagert sich fast senkrecht aufsteigend die Alpkette mit ihren Burgen und Trümmern; von der Spitze des trauernden Hohenstaufen, der noch heute fragend und klagend zum treuen Nachbar herüber lugt, bis hinauf zum Hohenzollern, königlich gekrönt, zählen wir verwundert die Häupter der Schwabenalp. Besonders schön treten hervor die Achalm, der Neuffen, die Teck. Westlich und nordwestlich grüßt ein alter Bekannter, der Schwarzwald, aus weiter Ferne so freundlich, als ob er Dieses und Jenes zu sagen hätte. Und wie klein und vereinzelt erscheint dort in der herrlichen Fruchtebene der schmächtige Asperg! Umduftet vom reinsten Aether verkünden an der Grenze des Horizonts, weit, weit entfernt, einzelne Höhen das Dasein des Odenwaldes. Der Stromberg mit seinem lieblichen Schlußstein, dem Michaelsberg, rückt dafür näher. Und gegen Norden hin bilden die Ausläufer der Löwensteiner Berge die Grenzmarken des reichlich gesegneten Unterlandes. Nur nach Osten ist der Ausblick durch den höheren Bergzug, den Kernberg und Kapelberg, beschränkt; dafür verweilt das Auge mit sichtlichem Wohlbehagen auf dem Dörfchen Rothenberg, das auf dem schmalen Gebirgsgrate ruht, der die vorspringende Kuppe, welche die schöne Kapelle trägt, mit jenem Bergzug verbindet und auf beiden Seiten steil abfällt; es weilt der Blick auf den umliegenden Rebengeländen und freut sich der unendlichen Fülle des Segens, den Mutter Natur so liebevoll überall ausgetheilt hat.

Unsere Rundschau wäre vollendet! Nimmermehr hätten wir solche Herrlichkeit hier oben zu schauen gehofft. Nachdenksam und betroffen, wissen wir nicht, welchem Gefühle wir ganz uns hingeben sollen. Mit der Freude, mit dem Entzücken über Geschautes streiten im Innern die Wehmuth, der Schmerz über die Hinfälligkeit menschlicher Größe und Schöne sich um den Vorrang. Aber —

Laß sich streiten die Gefühle:
Endlich klären sie sich ab!
Laß' verwelken, laß vermodern
Ird'sche Schöne tief im Grab:
Eines bleibt, wenn Alles schwindet,
Eines prangt, wenn Alles bleicht.
O wer dieses Eine findet
Hat des Daseins Ziel erreicht! — —

Lange schon weilten wir hier oben. Ziehen wir deßhalb endlich wieder weiter!

7.

Wir machen, ehe wir nach Cannstatt zurückkehren, noch einen — den letzten — Abstecher; wir gehen nach Berg. Unmittelbar am Neckar gelegen, erscheint es gebaut, einzig dem Auge Genuß zu verschaffen. Seit wenigen Jahren hat es einen großartigen Aufschwung genommen. Seine Badeanstalt auf der vom Neckar gebildeten Insel macht Cannstatt den Rang streitig, wenigstens so weit es den Besuch des Mittelstandes und nicht der vornehmeren Kreise der Gesellschaft gilt. Mit jedem Jahre vergrößert sich dieser Kurplatz, mit jedem Jahre wird er verschönert. Ungemein stark ist der Zuspruch nicht bloß von der nahen Residenz; auch von den entferntesten Gegenden eilen Leidende und Nichtleidende herbei, um Stärkung im Bade, um Erleichterung durch den Genuß des Sauerwassers zu suchen.

Wahrhaft idyllisch lebt sich's auf dieser Insel. Schade nur, daß sie so tief gelegen und daher bei jedem Hochwasser Ueberschwemmungen ausgesetzt ist, was bei den Cannstatter Badhotels nie eintrifft. Ganz nah, unter einer Trinkhalle sprudelt der Säuerling hervor. Die Quelle liefert in jeder Minute über hundert Kubikfuß Wasser, das 16° R. Wärme hat. Wie ergötzt nicht das immer gleichbleibende Sprudeln und Rauschen! Aber genießen wir auch von der freigebigen Nymphe! Das perlende Wasser ist von prickelndem Geschmack und angenehm säuerlich. Bäder aller Art können hier genommen werden. Auch der vorbeifließende Neckar bietet seine Dienste zur Stärkung gefällig an. Spaziergänge in dem Garten lassen freundlichen Anblick zu. Mit Erquickungen verschiedener Art sind dienstbare Geister zur Hand. So wird diese Insel zum anmuthigen Sommersitz und erhebt das Dörfchen selbst zu nicht geringer Berühmtheit. Der Sauerbrunnen in der Mühle gibt ebenfalls vortreffliches Wasser, das überall hin versandt wird.

Auch die gewerbliche Rührigkeit, die unternehmende Betriebsamkeit der Bewohner Bergs darf nicht unerwähnt bleiben. Theils die günstige Lage des Oertchens, theils der Kanal, der oberhalb des Dorfes bei dem Wasserhaus beginnt, theils die Möglichkeit, in geringer Tiefe Quellen zu öffnen, helfen zur unausgesetzt großen Thätigkeit. Hier findet sich die im Lande zuerst erbaute Kunstmühle, die durch höchst günstige Resultate zur Gründung verschiedener ähnlicher Unternehmungen aneiferte. Andere und gewöhnliche Mühlen, das Streckwerk der königlichen Münze, Maschinenwerkstätten, unter denen die Kuhn'sche ganz besonders hervorgehoben werden muß, Seide- und Schönfärbereien bringen Leben in das städtische Dörflein, das an seiner neuen, schönen Kirche, die weithin erkannt wird und von der Insel aus besonders lieblich erscheint, eine Zierde mehr erhalten hat. In der jüngsten Zeit erst wurde dieses würdige Gotteshaus eingeweiht, das besonders der Freigebigkeit Seiner Königlichen Majestät seine Erbauung verdankt.

Gemeinhin gefällt das an seiner Anhöhe liegende Berg. Seine Nähe bei Stuttgart und Cannstatt hat es zum Lieblingsorte vieler vornehmeren und minder vornehmen Leute gestempelt und man begegnet besonders zur Abendzeit einer Menge Residenzbewohner, die sich noch ein Stündchen lang von des Tages Last und Hitze erholen wollen. Und hiezu ist Berg gerade der geeignete Platz.

An der Stelle der Kirche, oder wenigstens zu ihrer Seite, stand einst die Feste Berg, die von einem Geschlechte dieses Namens, das in den Urkunden des Mittelalters häufig vorkommt, bewohnt und 1287 von Kaiser Rudolf von Habsburg zerstört wurde.

Und was für ein prächtiger Bau ladet von jenem Hügel herab so dringend zu einem Besuche uns ein? Es ist die Villa Sr. K. Hohheit des Kronprinzen. Ein Werk der neuesten Zeit, ist sie kaum etliche Jahre vollendet. Ein herrlicher Schmuck der vielgepriesenen Gegend, beherrscht sie den Hügel, der jenem mit dem Landhaus auf Rosenstein gegenüber liegt. Eines der schönsten Schlösser des ganzen Landes, ist sie der Stolz des an seinem Fuße liegenden Dörfleins. Wir steigen die Anhöhe hinauf. Auf ihrer Spitze ruht das reizende Schloß auf einem hohen Untersatz aus derb behauenen rothen Keuper-Werksteinen; der obere Bau gehört dem gleichen Keuperglied an, nur ist es graulichgelb. Gegen den Rosenstein läuft das Schloß in zwei Nebengebäude aus. Diese begrenzen einen Hof und enthalten einerseits einen Vorplatz zur Anfahrt und die große Freitreppe in's Gebäude hinein, andererseits die eleganten Pferdestallungen und die Remise für die Wagen. Diese Seitenflügel sind terrassenförmig bedeckt und laufen in gleicher Höhe mit dem Erdgeschoß, in dem sich die Repräsentationsräume befinden. Weite Säle und Vorplätze folgen sich in ununterbrochener Reihe und haben größtentheils die Annehmlichkeit, durch weite, außerhalb am Hause angebrachte Lauben und Portiken (lange bedeckte Gänge, die auf den Seiten offen sind und deren Dach auf Säulen ruht) beschattet und durch Springquellen auf den Terrassen kühl erhalten zu werden. Eine große Treppe, mit schönen das Glasdach des Treppenhauses tragenden Säulen aus weißem Marmor geschmückt, führt in das zweite oder Wohnstockwerk, das in zwei Hauptabtheilungen gesondert ist. Von seinen Fenstern und Balkonen aus hat man nach allen Seiten hin eine ebenso reizende als überraschende Aussicht.

Das Aeußere dieses Gebäudes, ganz aus Quaderwerk aufgeführt, erinnert an die schönsten genuesischen Paläste oder römischen Villen, und die Bildnereien daran sind mit äußerster Zierlichkeit vollendet.

Imponirt schon dem flüchtigen Wanderer das Aeußere dieser Villa, die von jedem Theil der Umgegend malerisch in's Auge fällt, so verfehlt das Innere derselben mit seiner ebenso einfachen als reizenden und geschmackvollen Einrichtung des Eindrucks auf den genaueren und bedächtigeren Beschauer noch weit weniger.

Besonders anmuthig sind aber die Anlagen und Gärten, die einen Schmuck ganz eigenthümlicher Art in ihrer Pflanzenwelt in sich schließen. In der Nähe des Hauses sind diese Gärten mehr den architektonischen Linien angeschmiegt, verlieren sich aber in größerer Entfernung allmälig in die freiere landschaftliche Form der englischen Parkanlagen. In dem gegen den Neckar hin liegenden Theil der Gartenanlagen ist die Orangerie mit beiderseits daran stoßenden gekrümmten und ganz in Glas mit eisernem Gerippe ausgeführten Gewächshäusern verlegt worden. Und diese Orangerie ist wahrhaft bewundesrungswürdig durch ihren Reichthum an in- und ausländischen Pflanzen. Zwei hohe runde Pavillons, in denen Palmen und hohe tropische Pflanzen geordnet untergebracht sind, begrenzen sämmtliche in Hufeisenlinie ausgeführte Baulichkeiten. Das in der Nähe des Neckars an dessen Ufern sich hinziehende sehr abschüssige Terrain ist zu den schönsten Spaziergängen umgewandelt worden; es wechseln steile, mit Felsstücken untermischte Partien mit sanft ansteigenden, durch die schönsten Magnolien u. s. w. beschatteten Fußpfade. Es ist, als ob man hier in ganz andern Ländern, in südlichen Gegenden weile. Man kann es kaum glauben, daß Künstlerhand solche Wunder dem Boden entlockt.

Was diesen Punkt endlich noch zu einem wahrhaft romantischen macht, das ist die wunderliebliche Aussicht. Wohin der Blick sich wendet, findet er unzählige Reize. Ein eigener Zauber umgibt die prangende Villa. Zu ihren Füßen ruht das geschäftige Berg, schlängelt sich rauschend der Neckar. Von drüben grüßen der Rosenstein und die Wilhelma lächelnd herüber. Die schmucke Residenz verlangt auch einen Anblick und ist fast erbost auf das noch nähere Cannstatt. Weithin breitet sich die fruchtbare Schmiedener Ebene aus, und das lachende Gefilde ist mit einem eigenthümlichen Duft übergossen. Stundenlang vermag sich das Auge zu weiden am Ausblick in nähere, fernere Gaue, die wir vom „rothen Berge" aus ebenfalls zum größten Theil überschauten. Die Natur verschwisterte sich mit der Kunst. Wahrlich, es war ein feiner Geschmack, ein tiefer Sinn, der diese Stelle zur Gründung eines fürstlichen Aufenthaltes erkor. Heil dem Fürstenpaare, das hier eine Lieblingsstätte gefunden! Heil dem Fürstenpaare, das aber auch durch unzählige Spenden seine Liebe zum Volke bewährt!

Am Fuße des Berges liegt ein kleines Maschinengebäude, welches mittelst eines großen Wasserrades das für die Springquellen und die Bewässerung des Gartens nöthige Wasser auf die Villa fördert, die durch dieses Element vollends aller Reize eines ländlichen Aufenthalts theilhaftig wird.

Noch hat die neueste Zeit durch Gründung eines großartigen Mineralbades dem hohen Paare in einem besonderen Fürstenbad ihre Huldigung dargebracht. Indem wir die Villa verlassen, gehen wir stracks diesem Bade zu.

Wir müssen etwas länger hier verweilen und uns genauer umsehen. Verdient doch dieser Neuling unter den Bädern schon wegen seines überraschend schnellen Aufblühens einer näheren Betrachtung! Wer noch vor wenigen Jahren von Stuttgart aus auf der gewöhnlichen Landstraße hieher ging, hätte wohl nicht geglaubt, daß der damals umfangreiche See sich zu einer so großartigen Badanstalt umgestalten ließe. Und doch ist er heute in ein steinernes Becken eingefangen und von einem Quadrat lustiger Badgebäude umgeben. Seine fünf Quellen aber, die ihn speisten und denen in jeder Minute 1440 Maas Mineralwasser entströmten, sind künstlich gefaßt und theils zur Trink-, theils zur Badekur benützt. Aus dem gewöhnlichen Ackerland entstand ein schattiger Park, dessen breite Fahrwege zu den verschiedenen Gebäuden führen und dessen Spaziergänge die angenehmste Abwechslung bieten. Das Wasser selbst entspringt jener Bodenformation, welche unterhalb der Lettenkohle in ausgewaschenen Muschelkalk- und Dolomitlagern die so heilkräftigen salinischen Eisensäuerlinge birgt.

Wir suchen erst die Trinkquellen auf! An der westlichen Front des Häuser-Quadrats, welches den Mineralwassersee umschließt, finden wir sie an den beiden Endpunkten unter vorspringenden Pavillons. Aus weitem Bechermund sprudelt das perlende, mild und angenehm schmeckende Wasser in starkem Strome hinab in ein breites Steinbecken. Die Pavillons und der bedeckte Säulengang, welche um das große Häuserviereck herumläuft, sind überall mit Sitzen versehen. Das Gehen im Trockenen und doch in freier Luft ist gerade durch diese langen bedeckten Gänge bei jeder Witterung ermöglicht. Die Temperatur der Quellen beträgt 16 und 17° R.; seit ihrer Erbohrung (im Jahr 1830) blieb dieselbe ebenso unverändert, wie ihre chemische Zusammensetzung.

Wenden wir uns nun zu den Badeanstalten selbst, so nimmt die großartige Bade- und Schwimmanstalt allererst unsere Aufmerksamkeit in Anspruch. Treten wir durch das Portal hinein an den See! Umschlossen ist dieses Seebad auf allen vier Seiten von einem in leichter, gefälliger Holzkonstruction ausgeführten Gebäude, das nach innen 130 Ankleidekabinete enthält. Ein breites Kai von Holz umgibt ihn ringsum; verschiedene Treppen führen hinab ins Wasser. Eine Wasserfläche von 26,000 Q.F. liegt vor uns. In der Mitte des Sees sprudelt aus einem Riesenbecher über eine breite Schale binab die reiche Quelle, die in jeder Minute 25 Kubikfuß köstlichen Mineralwassers spendet. Drüben stehen Schwimmer. Muthig stürzen sie sich vom eigens eingerichteten Sprungplatze in die erfrischende Fluth. Dort, im seichteren Wasser, lehrt der besorgte Schwimmmeister, der das Ganze überwacht, die Jüngeren die Kunst des Schwimmens. Alle Hülfsmittel, wie Tonnen, Balken, ein Floß 2c. sind hiezu vorhanden. Einzelne stehen um das Becken der Quelle herum. Einer derselben deckt eben die Hand auf den Sprudel und in vielfachem Strahl steigt das Wasser empor, um als natürliche Douche auf die Umstehenden herabzufallen. Ueberall ein frisches, fröhliches Leben! — Der unaufhörliche Zu- und Abfluß des Wassers birgt für die Reinlichkeit des Bades. Zudem wird der See in jeder Woche dreimal vollständig abgelassen und die hölzerne Bodenfläche gereinigt. Der See selber hat eine Tiefe von 2½ bis 7½ Fuß. — Wenn wir noch erwägen, daß auch für Damen ein ähnliches Seebad eingerichtet ist, so müssen wir gestehen, daß allen Anforderungen in dieser Beziehung entsprochen wurde.

In den Gebäuden, welche den See von allen Seiten umschließen, finden sich auf den äußeren Fronten derselben die Gelasse zu kalten Mineralbädern in bald größere, bald kleinere Räume abgeschlossen. — Diese Bassins sind durchaus unabhängig vom Seebad; sie werden von besonders gefaßten Quellen gespeist. Der Zufluß ist so reichlich, daß jedes Bassin in wenigen Minuten gefüllt werden kann; auch bleibt der Abfluß so geregelt, daß die größte Reinlichkeit herrscht; es fließt kein Tropfen Wassers von einem Kabinet ins andere. Um jedem Bedürfniß zu genügen und alle Ansprüche zu befriedigen, sind in diesen Bassins die verschiedensten Abstufungen bei deren innerer Ausstattung ermöglicht worden. Da finden wir ganz einfache Kabinete, Nobelkabinete, und sogar einen fürstlichen Pavillon. In diesem ist Alles vereinigt, was Kunst und Natur vermochten, einen lieblichen und prächtigen Aufenthalt zu schaffen. Wände und Möbel sind mit dem gleichen Stoffe weiß und blau bekleidet; ein schwellender Divan ladet nach allen Mühen des Bades zur Ruhe ein; bequeme Lehnsessel stehen ihm zur Seite, und ein mit allen Bedürfnissen der Toilette versehener Tisch, vor welchem ein breiter Pfeilerspiegel die Stelle der Wand vertritt, vollendet die herrliche Ausstattung, deren zierliche Eleganz männiglich anerkannt wird. Rechts vom Eingang theilt sich in reichem Faltenwurf ein schwerer Vorhang, wir sehen in das umfangreiche Badbassin, zu welchem breite mit Teppichen belegte Stufen hinabführen. Ein überraschender Anblick! Durch eine Glaskuppel fällt das Licht in eine weite Rotunde; an den Seiten ergießt sich über zwei Muscheln herab die perlende Fluth; in der Mitte springt der hohe, mächtige Strahl einer Fontaine; hoch von oben herab breitet sich der sanfte Regen einer brausenden Douche aus. Man glaubt sich in das Reich glücklicher Wasserfräulein verzaubert. Ein Druck mit der Hand: die Wasserspiele schweigen und gestatten dem Auge, sich umzusehen. Rings um die Rotunde befindet sich ein Kranz tropischer Gewächse und blühender Pflanzen, die sich in dem klaren Wasser freundlich spiegeln; aus den mit Epheu dicht umrankten Nischen schauen liebliche Statuetten, ein Anblick, der uns aus dem modernen Salon in die freie, heitere Schönheit Alt-Griechenlands versetzt.

Wenn wir nun diese durch Reichhaltigkeit (es sind 74 Kabinete) und durch die größte Mannigfaltigkeit in ihrer Ausstattung ausgezeichneten kalten Mineralbäder verlassen, so könnten wir die nicht minder schön und bequem eingerichteten warmen Mineralbäder beschauen und ihre Pracht bewundern; oder könnten wir uns in das „Hotel garni“ verfügen, um seine Gaben zu genießen. Allein es drängt uns ins Freie. Die schönen, sich immer lieblicher gestaltenden Anlagen nehmen uns auf. Gartenhäuschen laden freundlich zum Zuspruch ein. Eine kurze Rast gönnt uns noch einen Ueberblick über das ganze „Neue Stuttgarter Mineralbad bei Berg.“ Und wenn wir uns nunmehr von dieser freundlichen Stätte verabschieden, so müssen wir bekennen, daß es ein glücklicher Gedanke war, der dieses Bad „hervorzauberte.“ Gewiß, es hat alle Berechtigung in der Kette von Anstalten, welche, begünstigt durch die segensreichen Gaben der Natur, entstanden sind, damit der Leidende seine Gesundheit wieder erlangen, der Gesunde aber dieß edelste aller irdischen Güter erhalten und stärken möge.

8.

Wir könnten jetzt füglich von unseren Wanderungen in der uns liebgewordenen Cannstatter Gegend abstehen und uns zur Heimfahrt anschicken. Allein wir haben auch noch des weitberühmten Volksfestes zu gedenken, das alljährlich in Cannstatt gefeiert wird.

Bekannt ist, daß dieses Volksfest stets am 28. September, gleichsam als Nachfest zur Feier des hohen Geburtstags Sr. Majestät des Königs, abgehalten wird. Nicht so bekannt dürfte aber sein, daß König Wilhelm selbst es war, der dieses Fest kurz nach dem Antritt seiner Regierung im J. 1818 in's Leben rief. Es sollte zunächst zur Hebung und Förderung der Landwirthschaft und Industrie beitragen, weßhalb es „landwirthschaftliches" Fest genannt wird. Noch heute wird dieser Hauptzweck des Festes unverrückt im Auge behalten und mit regstem Eifer verfolgt. Die Bestrebungen der Industrie bezüglich der Verbesserungen vorhandener Geräthe oder der Erfindung neuer bei technischen Gewerben werden durch ausgesetzte Preise angespornt, gefördert und belohnt, und zugleich wird der Zustand der Oekonomie zur lebendigen Anschauung vor Augen gelegt. Ebenso wurden von Anfang an Preise für die schönsten Pferde, Kühe, Schweine, Schafe in Gegenwart des erhabenen Stifters des Festes und des ganzen Hofes und der Staatsbehörden öffentlich vertheilt. Auch das Wettrennen auf vaterländischen Pferden fehlte niemals. Von jeher bewunderte man auch die geschmackvoll dekorirte königliche Loge und die sinnreich aufgeführte Festsäule. Aber in den ersten Jahren, in denen das Fest gefeiert wurde, ging man gewöhnlich zur Mittagsstunde wieder in die Stadt zurück, und nur wenige Neugierige fanden sich noch Nachmittags auf dem Festplatz ein, um über die Knaben zu lachen, die sich am Kletterbaum meist erfolglos abmühten.

Im Verlaufe der Zeit hat das Fest aber eine ganz andere Gestalt angenommen und es ist nun ein Volksfest im eigentlichen und engsten Sinne des Worts daraus geworden, das weit und breit in hohen Ehren steht; es ist ein Fest geworden, um das uns manch ein Volk beneiden möchte, ein Fest, das von allen Seiten her Zuschauer nach Cannstatt lockt, das jedes Jahr mit einer gewissen Begeisterung erwartet wird.

Tage-, ja wochenlang werden die nöthigen Vorkehrungen getroffen, dem Feste seinen alten Ruhm und Glanz zu wahren. Vor Allem wird an der bekannten Festsäule gearbeitet, die mit immer neuen Veränderungen nach der Idee des verstorbe- Professors v. Thouret aus Kartoffeln, Aepfeln, Birnen, Weintrauben, Zwetschgen, Nüssen, Kornähren und andern Fruchtgattungen aufgeführt wird. Auf der Säule ruht eine große Opferschale mit größeren Früchten: Kürbissen, Melonen, Gurken, Filderkraut, Kohl u. s. w. in grünes Laub versteckt. An ihrem Fuße stehen früchteschwere Garben. Die vordere Seite ist mit Festons von bunten Guirlanden aus Früchten geschmückt. In der Mitte, gerade unter der Säule, befand sich, als wir Festbesucher waren, eine Loge, in deren Hintergrunde ein kolossaler Schild hing, der die Sinnbilder der Preismedaillen des landwirthschaftlichen Festes enthielt. Hier wurden die Zeichen zum Wettrennen gegeben und die Preise vertheilt. Auf beiden Seiten derselben, im Erdgeschoße der Tribüne, waren Erzeugnisse des Gewerbfleißes, neue Erfindungen von Ackerbaugeräthen, ausgezeichnete Landesproducte, chemische Präparate, seltene Pflanzen, Modelle zu Pflügen, Eggen u. s. w., Obst und Bodenfrüchte aller Art aufgestellt. Den ganzen Tag über lockte die Festsäule Beschauer in Menge herbei; auch die eben genannte Aufstellung dessen, was Württemberg Nützliches oder doch Sehenswerthes hervorbrachte, war von Festgästen immer umlagert; kaum konnte man sich durch die Masse durchwinden, um ganz die Neugierde zu befriedigen.

Auf dem Plateau der Tribüne, die mit Tannenreisern schön geschmückt war, ließen sich Musikorchester von Zeit zu Zeit hören. An diese reihten sich zu beiden Seiten der Säule die Sitze für das auserwähltere Publikum. Weithin im Kreise zog sich ein mächtiges amphitheatralisches, hölzernes Gerüst für die schaulustige größere Menschenmenge; ein freier Platz, nur von einem Seile umspannt, ließ die übrigen Anwesenden unentgeltlich den Hergang des Festes beim Wettrennen und Preisevertheilen betrachten.

Gegenüber der Festsäule erhob sich die äußerst geschmackvolle Loge Sr. Majestät des Königs in einer zeltartigen Tribüne, darauf nicht nur der König und die Königliche Familie, sondern auch die obersten Staatsbeamten ihre Plätze einnahmen.

Wenn auf diese Weise der Cannstatter Wasen zum Festplatz hergerichtet war, so war es wieder auf der andern Seite die Menge von Buden und Zelten, die, den Schauplatz außerhalb dieses Kreises bedeckend, die Aufmerksamkeit in Anspruch nahmen. Suchen wir nun das Treiben und Wogen und Leben an jenem Tage zu beschreiben."

Wir hatten noch Zeit genug, die ganze Herrichtung zum „großen Volksfeste Württembergs" genau zu betrachten, ehe der sogenannte ceremonielle Theil desselben begann. Wir sahen

Menschen um Menschen herbeikommen. Wie sie sich abmühten und sich beeilten! Sie wollten noch rechtzeilig ein herrliches Plätzchen auf dem Schaugerüst sich erjagen und wähnten sich schon zu spät, den ersehnten Stand einnehmen zu können. Immer zahlreicher strömten die Festgäste herbei. Wir kamen bald in's Gedränge. Fester uns haltend, wanden wir uns durch manchen Knäuel hindurch. Wir achteten nicht diese oder jene kleinere oder auch größere Unbill; wir nahmen sie an als minder lieblichen Festgruß. Endlich stellten wir uns in der Nähe der grünbekleideten Tribüne auf, um von dorther das Jagen und Rennen der Menge zu sehen und zugleich dessen sicher zu sein, daß wir Alles, was sich je innerhalb des Cirkus begebe, haarscharf und friedlich beobachten können. Glücklicherweise ward ein herrlicher Standpunkt von uns erobert. Welch ein Schwatzen und Lachen, ein Rufen und Lärmen! Dort begrüßten sich herzlich die Freunde, die sich seit Jahren nicht mehr gesehen; hier eilte freudigen Herzens ein Sohn seinem Vater zu, der ihn hieher zum fröhlichen Wiedersehen beschied. Weiter entfernt unter wirthlichem Dache labten sich durstige Kehlen mit frischem und würzigem Trunke. Wo sich das Auge nur hinwenden mochte: die Fülle des Neuen und Unerwarteten bot sich ihm dar. Und der Himmel machte zum ganzen Getrieb und Gebahren das freundlichste Antlitz; schien es doch, als lächle er traulich auf's Volksgetümmel herab; schien es doch, als freu' er sich innigst der Freude der glücklichen Schaaren!

Aber auf einmal ward es ganz still. Auf stolzem Rosse ritt rüstig ein Ritter, umgeben von schmucken Begleitern, durch ein Spalier, gebildet von Bürgersoldaten. Weither scholl Jubelruf um Jubelruf tausendstimmig ihm zu. Je mehr er sich dem Festplatz näherte, je stürmischer ward ihm, dem Ritter zugejauchzt. „Heil, Wilhelm, Heil! dem König Heil!“ Das war der Menge Jubelruf. Wir wußten nun, wer jetzo nahe; wir ließen nicht das Auge vom Könige, dem Fürsten, furchtlos und treu. In den rauschenden Beifall der Massen mischte sich das Geschmetter der Trompeten und Posaunen und Pauken; das volle Orchester stimmte endlich das Königslied an. Gewiß, ein schöner Augenblick!

Die Hymne war beendigt, die Preisvertheilung begann. Bekränzte Hausthiere wurden vorgeführt. Welch prächtige Pferde und Farren und Kühe! Die stattlichen Landleute empfingen voll Freude aus der Hand des Ministers den Preis. Rauschende Musik begleitete jeden Aufzug. Rege Theilnahme wurde von allen Seiten diesem Akte geschenkt. Fernes Geräusch aus Buden und Zelten vermochte keinen Augenblick zu stören.

Der Kreislauf der Preisevertheilung war endlich vorüber. Das Pferdewettrennen mußte beginnen. Schon lange harrten die Reiter, angethan mit blauen, rothen oder grünen Jacken, gelblichen Lederhosen, kurzen Stiefeln und kleinen Stülpkappen, die Reitgerte schwingend, an der Loge der Tribüne des Signals zum Rennen. Die Trompete ertönte. Mit vorwärts gebeugtem Körper, wie an ihre Rosse angewachsen, flogen die Kühnen dahin. Mit Besorgniß und Spannung verfolgten sie die Zuschauer. Wie sie sich mühten, die Renner, einander zu überflügeln! Zweimal mußte jeder den Cirkus durchmessen. Daß die Rennbahn, die einen länglichen Kreis bildete, 3200 F. oder eine Viertelstunde im Umfang hatte, konnten wir fast nicht glauben. Und diese große Strecke legte der beste der Rennenden in nicht ganz drei Minuten zurück! Dafür ward ihm aber auch der schönste der Preise; fünfzig Gulden in Gold blieben ihm ein schönes Gedenkzeichen an den errungenen Sieg! Von allen Seiten wurde er zudem durch Bravo begrüßt. Nur zwei Sekunden länger brauchten die beiden anderen Sieger, um sich den zweiten und dritten Preis mit vierzig und zwanzig Gulden in Gold zu erjagen. Ist es nicht unglaublich, solch weiten Weg mit Pferden in so kurzer Frist zu durchjagen? Man mußte die Waghälse bewundern, die sich trotz ihrer Gewandtheit doch auch großen Gefahren aussetzten. Denn wie leicht wär's geschehen, daß großes Unglück den Reiter heimsuchte! Allein man bemerkte uns, daß äußerst selten ein solcher Unfall den Verlauf des Festes trübe.

Als auch diese Preise den Siegern eingehändigt waren, so hatte der erste, der Haupttheil des Festes sein Ende gefunden. Unter Trompetengeschmetter und Posaunenschall verließ der König seine Loge, den Festplatz, begleitet vom abermaligen Jubelrufe aus dem Munde Tausender. Ihm folgte der ganze Hof und nicht lange dauerte es, bis die eben noch dicht besetzten Plätze des Schaugerüstes gänzlich verlassen standen. Sie hatten ihre Bestimmung erfüllt.

Aber jetzt erst merkten wir, daß sich die Zahl der Anwesenden seither wohl um's Doppelte gesteigert hatte. Welche Menschenmenge! Welch ein Gewühl! Es war Mittag; der Magen rumorte bei Vielen. Sie eilten, sich in den bretternen Eintagswohnungen anzusiedeln. Andere folgten ihnen gerne; denn die Hitze war drückend. Auch wir gelangten in eine Bretterbude. Wie da die Sauerkrautkessel dampften! Wie sich das Schweinefleisch reizend dem Sauerkraut zugesellte! Könnte der Schwabe wohl Festtag halten, ohne sein Festtagsmahl zu genießen? Und Festtag stund zwar nicht im Kalender, aber Festtag glänzte von allen Gesichtern. Wir zogen weiter. Auftritte mancherlei Art waren zu sehen und zu hören, die man nicht jeden Tag sieht oder hört. Erinnern wir uns nur des tremulirenden Gesanges einer alten Harfenistin und an das herzbrechende Geigenspiel wandernder Virtuosen! Dort kam ein

„Künstler" herbei, der mit seinem Hute gar sonderbare Thaten verübte, während sich in unserer Nähe plötzlich die auffallendsten Stimmen verschiedener Thiere, durch Künstlergeschick ebenfalls hervorgebracht, vernehmen ließen, die unwillkürlich zum hellen Gelächter zwangen. Aber das Geschrei dieser Künstler, die wie Pilze aus dem Boden zu schießen schienen, machte uns bald die Ohren gellen.

Ein buntes, brausendes Gewühl überall! Bekannte in großer Zahl begegneten uns; ehe wir sie recht begrüßten, waren wir wieder von anderen umstellt. Sollten wir dem Getümmel entfliehen? Nein, wir kehrten wieder ins wirre Getöse zurück. Gaukler aller Art fanden jederzeit einen bescheidenen Raum, ihre Sprünge und Künste zu zeigen. Taschenspieler hatten in nicht zu geringer Entfernung von einander ihre Tische aufgeschlagen, um die Gaffer in staunende Bewunderung zu versetzen. Drehorgeln begleiteten den rührenden Gesang verschiedener „Moritthaten," welche dem Publikum auf großartigen Tableaus bildlich vorgezeigt wurden. Und damit man die schönen Verse auch fürderhin noch genießen, ja vielleicht einen ähnlichen Gesang aufthun möge, wurden bereitwillig die „Gedichter" um einen Spottpreis verkauft. Und welch Gedränge war nicht um jene sogenannten Puppenkästen, aus denen wildes Gezänke, drollige Possen erschallten, bei denen lachend und gaffend die Kleinen besonders dem Spiel der zerzausten, zerlumpten Puppen zusahen! Buden aller Art luden wieder zum Eintritt ein. Während hier fremde Bestien: Löwen, Tiger, Hyänen u. s. w. hausten, welche sich sehen lassen wollten, wurde nicht weit entfernt mit großem Bombast auf Neger und Riesen und allerlei Menschengestalten, „so noch nie dagewesen," aufmerksam gemacht und unermüdlich zur Einkehr aufgefordert. Trompetenstöße kündigten dann wieder an, daß sich die Kunstreiter eben zu produciren gedenken. Seiltänzer in ihrem buntscheckigen Flitterstaate hatten schon längst ihre Seile gespannt, um ihre Wagstücke zu beginnen. Und wie viel hundert Gestalten bewegten sich hin und her und hatten ihre Netze gelegt, den Leuten den Kreuzer so gut als den Sechser und Gulden aus offener Tasche zu locken! Würfel klapperten, um einen hohen Gewinnst zu erhaschen. Karten flogen hin und wieder, um Zukunftsgeschicke daraus zu lesen. Und wie so gutmüthig andächtig sie der Prophetenstimme lauschten! — Aber wie könnten wir Alles, was damals den Festplatz durchtoste, noch aufzählen? Man muß es selber mit angesehen haben, dieses tolle Gewühl und Geräusch, man muß es selber gehört haben, das gellende Schreien und Lärmen, um sich einen Begriff davon machen zu können, was an solchem Tage auf dem Cannstatter Wasen vorgeht. Aug' und Ohr kommen nicht zur Ruhe, ebenso wenig der Geldbeutel. Aber gerade deßhalb verläßt man gerne die Stätte des schrillen Getöses und eilt aus der Zerfahrenheit freudig zurück in die Stille.

Wenn es den Anschein hat, als ob die Welt am Volksfesttage nur trinke und schmause und jubilire und mit allen Sinnen die Freuden des Augenblicks genieße, so geben Unglückliche allerlei Art, Krüppel und Lahme und mit Seuchen Behaftete doch wieder mitleidsvollen Herzen hinlänglich Gelegenheit, Thaten der Menschenfreundlichkeit, Werke der Nächstenliebe zu üben. So wird das Volksfest der Erntetag für jene leidenden Brüder, die durch die Bande des Elends und Unglücks gefesselt, ihr bittendes Auge nicht vergeblich aufschlagen, die welke Hand nicht umsonst zum Empfange bereit halten. —

Das sei noch bemerkt, daß bei diesem Feste die meiste Befriedigung der Mann vom Fache findet; ihn erfreut der Anblick der schönen Pferde, Stiere, Kühe, Schweine, Schafe. Ihm bringt der Vormittag Einheit des Genusses.

Wer aber gerne da ist, wo das Volk sich in großartigem Maßstabe selbst beschaut und vergnügt, mag auch seine Rechnung finden, denn manches Unerwartete mag ihm ungesucht und überraschend zu Theil werden.

Der Abend des Festtages sammelt gewöhnlich eine große Zahl Theilnehmer in dem bekannten Badgarten, wo Musik und Tanz den Reigen führen. Bei weitem die meisten Gäste lassen sich aber durch's Dampfroß, das an diesem Tage sich beinahe todtjagen muß, in die stillen Räume der Heimath führen. Und gerne verläßt man das bunte Getriebe, entrinnt man dem brausenden Strudel des Tages. Satt des lauten Lebens, des stürmischen Vielerleis, sucht man wieder die Stille auf und freut sich des heimischen Herdes.

* * *

Endigen wir damit unsere Umschau! Manch ein Reiz hat sich uns erschlossen, manch ein Zauber hat uns ergötzt. Doch das reinste Glück, die schönsten Freuden hat uns immer wieder Mutter Natur dargeboten. Und diese Freuden — sollten sie nicht auch sichere Führer zum Wahren, zum Schönen, zum Göttlichen sein? Daß sie es immer mehr werden — wär's ein vergeblicher Wunsch?

Die Filder.

Zwischen dem 48 ° 39' und dem 48.° 45' 30" der nördlichen Breite und zwischen dem 26 ° 46' und dem 26 ° 59' der östlichen Länge liegt in dem glücklichen Schwaben ein etwa 3 Quadratmeilen großes Hochland, das weniger seiner Naturmerkwürdigkeiten als seiner Lieblichkeit und Freundlichkeit wegen wohl einer näheren und eingänglicheren Betrachtung werth ist. Dieses Hochland trägt den Namen „Filder". Wenn auch auf den ersten Anblik das Auge durch eine gewisse Eintönigkeit der langgestreckten Flachrücken, zwischen denen sich nur sanfte Mulden und Einteichungen hinziehen, gestört werden mag, so verweilt man doch gerne auf dieser an stattlichen Ortschaften reichen Ebene; gewährt sie doch entzückende Fernsichten über den waldreichen Schönbuch, an die nicht zu ferne Alpkette, in die herrlichen Eßlinger Thäler und in das fruchtbare Unterland. Westlich und südwestlich werden die Filder vom Schönbuch, südlich östlich und nordöstlich von den oberen Thalrändern des Aich- und Neckarthals, nördlich und nordwestlich von den oberen Kanten gegen das Rohracker-, Stuttgarter- und Nesenbachthal begrenzt. Ihre Höhe bewegt sich zwischen 1438 und 1029 par. Fuß über dem Meeresspiegel. Der höchste Punkt mit 1438,4.

par. F. ist Degerloch; den tiefsten finden wir mit 1029,7′ in Neuhausen.

1.

Wie sich die Filder nicht durch hervorragende Höhenpunkte auszeichnen, so finden sich auch keine besonders kräftig eingeschnittenen Thäler in diesem Ländertheile. Das bedeutendste ist das Körschthal, bei Möhringen beginnend, an Plieningen und Scharnhausen vorbeiziehend. Es ist ein enges, wohlbewässertes Wiesenthal, dessen Gehänge, anfänglich nicht hoch, weiter gegen Osten aber ziemlich steil, abwechselnd mit Wäldern oder Aeckern und Baumgütern bedeckt sind. Unterhalb Denkendorf erweitert es sich, nimmt eine dem oberen Lauf des Neckars parallele nordöstliche Richtung an, erhält flachere und niedrige Hänge, und mündet zwischen Deizisau und Sirnau. Wegen seiner wohlkultivirten Anhöhen ist noch das Ramsbach- oder Degerlocher-Thal zu bemerken, das sich unterhalb Plieningen mit dem Körschthal vereinigt. Als tiefeingeschnittenes, wasserreiches Wiesenthal, dessen steile, durch Seitenthälchen und Schluchten getheilte Gehänge meist mit dunkeln Laubwaldungen bestockt sind, ist das Reichenbachthal, ein Seitenthal zu dem im Süden der Filder hinziehenden Aichthal, noch zu nennen.

Im Ganzen genommen sind — wenn wir auf die Gewässer übergehen — die Filder ziemlich quellenreich; die meisten Orte sind hinlänglich, oft überflüssig mit gutem Trinkwasser versehen. Das hochgelegene Degerloch muß sich übrigens den Mangel an laufenden Brunnen durch Ziehbrunnen spärlich ersetzen; das stattliche Echterdingen besitzt zwar laufende, Zieh- und Pumpbrunnen, hat aber doch zuweilen Wassermangel; das kleine Heumaden endlich muß sich in heißen Sommern sein Wasser sogar auswärts holen. Einige Brunnen führen einen, jedoch unbedeutend mineralischen, namentlich schwefeligen Beigeschmack. Die einzige Mineralquelle scheint der sogenannte Heilbrunnen bei Möhringen zu sein. Sein klares Wasser hat gar keinen Geruch, aber einen ziemlich faden Geschmack und ist deßhalb weniger zum Trinken als zum Baden brauchbar.

Die fließenden Gewässer der Filder werden fast alle von der Körsch gesammelt. Dieser Nebenfluß des Neckars entspringt mit einer starken Quelle unter dem Namen „Sindelbach" in einer tiefen Waldschlucht eine halbe Stunde westlich von Vaihingen, fließt durch Möhringen, wo er unterhalb des Orts den Namen „Körsch" erhält, weiter an Plieningen vorüber nach Scharnhausen gegen Denkendorf und mündet nach siebenstündigem Laufe zwischen Deizisau und Sirnau in den Neckar. Verschiedene größere und kleinere Bäche schwellen sie zu einem Flüßchen an und so bildet die Körsch das Hauptgewässer der Filder, das insbesondere eine ziemliche Anzahl von Mühlen treibt. Ihr Lauf in einem tiefen und steinigen Bette mit stark bewachsenen Ufern ist ruhig und beschreibt sehr häufig Krümmungen, von denen die beträchtlichsten in den letzten Decennien durchstochen worden sind. Man findet in ihr Forellen und Steinkrebse, bisweilen Aale und Fischottern, ja Hechte. Grundeln wurden früher in Menge gefangen; allein seit mehreren Jahren haben sie sich fast ganz verloren, was wohl davon herrühren mag, daß Hanf in dem Flüßchen gewässert wird.

Was die Bodenverhältnisse betrifft, so sind sie, wie die geognostischen, ziemlich einfach, im Allgemeinen aber günstig, was nicht blos den ursprünglichen Bestandtheilen, sondern insbesondere der seit Jahrhunderten fortgesetzten fleißigen Bebauung des Bodens zuzuschreiben ist. Vorherrschend besteht dieser aus den sandigthonigen, ziemlich leichten Zersetzungsprodukten des unteren Liassandsteins, die sich bald mehr, bald weniger kalkhaltig zeigen. Auf den höheren Punkten in der Regel flach, in den Niederungen mehr tiefgründig, ist er durchschnittlich den Getreide- und Oelfrüchten, den Runkelrüben, dem Kopfkohl, der Obstzucht, dem Flachsbau und den Hülsenfrüchten sehr günstig.

Ebenso einfach als die Verhältnisse des Bodens sind, wie schon angedeutet worden, die geognostischen; die Keuperformation bildet überall die Grundlage der übrigen. Der Keuper erscheint in den die Filder durchfurchenden Thälern, z. B. im Ramsbachthal, in den tiefen Theilen des Körschthals. Ueber dem Keuper lagert sich die Liasformation ab. Sie bildet das ganze Filderplateau und folgt der Wellenform desselben in der Art, daß sie sich mit der Oberfläche einsenkt und erhebt. Der Liassandstein, feinkörnig und schmutziggelb, findet sichbei Kemnath und Steinenbronn, auch bei Degerloch. Entweder ist er frei von allen Versteinerungen, oder enthält er Steinkorne, Zähne von Fischen ꝛc. Liaskalk erscheint meist dem vorigen Gestein untergeordnet oder eingelagert. Bei Degerloch, Möhringen, Bernhausen, Plieningen, Echterdingen und an andern Stellen findet man ihn oft nur wenige Fuß tief unter der Dammerde, Versteinerungen zeigen sich auch hier, besonders Thalassiten und Ammoniten. Der Liasmergelschiefer ist nur am Saume des Filderplateaus entwickelt. Von älterem Schwemmland zeigt sich der Diluviallehm an vielen Stellen in ziemlich mächtigen Ablagerungen.

Wenn auch die klimatischen, geognostischen und Terrain-Verhältnisse der Filder nichts Ausgezeichnetes bieten, so gehört dennoch die Flora zu den interessantesten von ganz Schwaben; jedenfalls dürfte sie zu den gründlichst untersuchten zu zählen sein. Die Wälder sind ziemlich gemischt; bald wird Laubholz aller Art, bald reiner Buchen- oder Birkenbestand, bald Föhren-

oder Rothtannengehölze getroffen. Vorherrschend erscheint die Stein- und Stieleiche; zwischen diesen Riesen unter den Bäumen erhebt sich gar bescheidentlich niedere Buschwaldung. Von Kräutern mögen genannt werden: der Waldsalbei, Ehrenpreis-arten, die borstenförmige Simse, das Wollgras, der Schwindelhafer, die Waldhirse, das Labkraut, der Kälberkropf, das schöne, haarige und Berg-Johanniskraut, die ährenblüthige Segge, das ährenblüthige Tausendblatt, das Zweiblatt u. a. Von Arznei- und Giftpflanzen werden gefunden der Fleckenschierling, der Seidelbast, der Stechapfel, der Giftsalat, die bittere Kreuzblume, die Haselwurz rc.

Die Fauna unseres Hochlandes hat nichts Eigenthümliches. Der Fuchs, der Edel- und Hausmarder, der Iltis, der Dachs, der Igel kommen da und dort vor. Der Hühnerhabicht und der Sperber bleiben das ganze Jahr in der Gegend; im November erscheint gewöhnlich der rauhfüßige Bussard, der im Frühling wieder abzieht und dann durch den Gabelweih und Thurmfalken ersetzt wird. — Alljährlich nistet im exotischen Garten bei Hohenheim die Goldamsel. Schwalbenarten, Lerchen, Drosseln, Wachteln finden sich den Sommer über sehr häufig. Der Storch nistet in den meisten Ortschaften. Wegen Mangels an größeren Gewässern ist die Zahl der Sumpf- und Schwimmvögel nur klein. Von Reptilien finden sich die sonst in Schwaben vorkommenden auch in dieser Gegend; giftige Vipern fehlen gänzlich. An eßbaren Fischen sind die Filder arm; in der Körsch finden sich, wie schon oben angegeben worden, Forellen, Kreßlinge und Pfellen. In den kleinen Teichen bei Hohenheim sind allein Goldfische zu treffen, die sich sehr stark vermehren. Die Krebse, die sehr häufig vorkommen, sind nur klein. Besonders arm ist aber unsere Hochebene an Weichthieren; dagegen sind die Insekten und Käfer um so zahlreicher vertreten. Der Maikäfer zerstört nicht selten das junge Laub der Eiche auf weite Strecken.

2.

Wenden wir uns nun zu den Einwohnern der Filder. Diese zeichnen sich durch körperliche Größe, durch aufrechten Gang, durch regelmäßige Gesichtsformen vortheilhaft vor den Bewohnern anderer Gegenden aus. Bei reiner und gesunder Luft haben sie ein fast ebenes Land zu bauen, das ihnen reichlichen Ertrag liefert. Kretinenartige Erscheinungen zeigen sich bei der hohen und freien Lage nur ausnahmsweise. Die am häufigsten vorkommenden Krankheiten sind der Typhus, rheumatische Fieber und Entzündung der Athmungsorgane. Am meisten werden von Typhus heimgesucht Plattenhardt, Bonlanden, Echterdingen, Plieningen, Bernhausen. Nicht selten breitet sich diese Krankheit epidemisch aus. Dieß war schon in Sielmingen, Scharnhausen, Musberg, Plattenhardt, Bernhausen und Birkach der Fall. Eigenthümlich war dabei, daß in den drei letztgenannten Orten die Krankheit am nordwestlichen Ende derselben anfing und sich von da ganz nach der Häuserreihe weiter verbreitete. Auf dieser Seite sind diese dre Ortschaften von Bäumen frei, somit den Winden zugänglich, was der Entstehung und Entwicklung dieser Krankheit Vorschub geleistet haben mag.

Die rheumatischen Fieber, die der beständig starken Luftzüge wegen fast immer mit Friesel-Eruption verbunden sind, die gern chronisch wird, zeigen sich am häufigsten in Bonlanden, Plattenhardt, Sielmingen und Bernhausen. Der Friesel wird zum Theil auch durch die Lebensweise und die Unreinlichkeit der Bewohner begünstigt; da mit den Kranken sich die Gesunden zusammen legen, so kann es nicht fehlen, daß die Krankheit sich immer mehr verbreitet. Als Folge dieser rheumatischen Krankheit und des Friesels stellt sich oft Wassersucht ein. Zudem wird nicht immer während der Krankheit die nöthige Diät eingehalten, was besonders bei Wöchnerinnen der Fall ist, die von Verwandten und Taufzeugen nach althergebrachter Sitte mit Speisen, unter denen die Wein- und Mostsuppe obenan steht, bedacht werden. An Entzündungen der Luftwege leiden besonders die Bewohner von Plieningen, Hohenheim, Bernhausen, Birkach, Kemnath, Heumaden und Weidach.

Der Charakter der Filderbewohner ist im Allgemeinen gut; er spricht sich durch Offenheit, Redlichkeit, Fleiß, Sparsamkeit und Religiosität sehr vortheilhaft aus. Freilich haben die sogenannten Marktleute, die beinahe täglich mit der Residenz verkehren, wie die Bewohner der Orte, die Stuttgart näher liegen, zum Theil die einfachen Sitten der Landbewohner abgelegt und dafür meist nur die Schattenseiten des Städters in's Auge gefaßt und angenommen. Mit dieser Veränderung geht Hand in Hand die Umwandlung der ländlichen Tracht, die in neuerer Zeit von dem modernen städtischen Anzug immer mehr verdrängt wird. Die Sonntagskleidung der Filderbauern besteht aus einem Dreispitz, unter dem eine runde, schwarzlederne Kappe den oberen Kopf bedeckt, aus einem blauen oder dunkel melirten tuchenen Oberrock oder einem Wams von gleicher Farbe, aus einer schwarzen oder dunkelbraunen Manchester-Weste, die hie und da noch mit großen weißen metallenen Knöpfen besetzt ist, aus kurzen schwarzen, seltener gelben oder weißen Lederhosen und aus hohen Stiefeln oder aus Bundschuhen, um den reinlichen weißen Strumpf hervorstechen zu lassen. Eine runde oder herzförmige silberne Hemdschnalle sitzt zur Zierde auf der Brust. Bei den ledigen Burschen weicht die Kleidung nur darin ab, daß sie statt der Röcke Wämser von blauem Tuche, häufig mit weißen Metallknöpfen, mit Pelz verbrämte Kappen und schwarze Manchester-Westen tragen. Die frühere eigenthümlichere Fildertracht findet man nur noch in den Orten Echterdingen, Leinfelden, Ober- und Unteraichen, Stetten, Musberg und Rohr. Diese besteht aus einem gewöhnlich einreihigen Oberrocke von gebleichtem Reusten, zwei silbernen über der schwarzen Halsbinde vorn am Hemdkragen befestigten Kugelknöpfen, einem das Hemd zusammenhaltenden silbernen Herz unter dem Halse, einem scharlachrothen Brusttuch mit einer Reihe silberner Rollknöpfe, aus weißen oder gelben Lederhosen, die unter den Knien mit schwarzen herabhängenden Bändern gebunden sind, und aus weißen Strümpfen und sogenannten Bundschuhen. In noch früherer Zeit wurden Schuhe mit großen weißen Schnallen getragen. In der neuesten Zeit findet besonders in den Hohenheim nahe gelegenen Orten die Tracht der Hohenheimer Landbaumänner, aus einer Blouse und einer sogenannten Cereviemütze bestehend, vielfach Nachahmung. — Bei dem weiblichen Geschlecht ist das deutsche Häubchen, welches junge Mädchen recht gut kleidet, noch ziemlich üblich. In die beiden über den Rücken herabhängenden stattlichen Zöpfe werden an Sonn- und Festtagen lange Taffent- oder Seidenbänder geflochten, die bis zum Saum des Kleides reichen. Die Kleider selbst sind meist dunkelfarbig, aus Barchent oder Zeuglen gefertigt und haben in ihrem Zuschnitt nichts Eigenthümliches, wohl aber etwas Ernstes und Solides. Uebrigens findet bei dem weiblichen Theil der Bevölkerung die städtische Kleidertracht mehr und mehr Eingang, die namentlich durch Mädchen, welche in Städten dienen und nach Jahren als schmucke Stadtjungfern in die Heimath zurückkehren, dahin verpflanzt und von Manchen angenommen wird.

Eigentliche Volksbelustigungen finden sich nicht.

Die allgemeinste, der Tanz, ist hier seltener als irgendwo; nur selten wird bei Hochzeiten und Kirchweihen getanzt. In vielen Orten kennt man dieses Vergnügen gar nicht mehr. — Ein alter Gebrauch ist das Pflanzen von Linden auf erhabenen Punkten, an Scheidewegen oder an sonstigen Stellen, an denen sich irgend etwas Wichtiges ereignete. Da und dort findet man noch in der Mitte des Dorfs oder sonst auf einem ausgezeichneten Platze desselben eine Linde, unter der sich Abends, wenn die Tagesarbeit vollendet ist, und an Sonntagen Alt und Jung versammelt. — Löblich ist die Sitte, daß man beim Grauen des Tages und wieder wenn die Nacht hereingebrochen ist „Ave Maria" läutet; jenes dient als Ruf zum Beginn der Arbeit, dieses als Aufforderung zum Gebet, wobei auch meist in jedem Hause das: „Ach, bleib' bei uns, Herr Jesu Christ, dieweil es Abend worden ist" — gesprochen wird.

Die Mundart steht zwischen der oberschwäbischen und fränkischen in der Mitte. Sie ist nicht so hart und kräftig wie jene, nicht so weich und marklos wie diese. Sie hat etwas Gemüthliches und ist reich an eigenthümlichen Ausdrücken und sprüchwörtlichen Redensarten.

Folgendes Gedicht möge uns mit dem Dialekt der Filderbewohner bekannt machen. Zugleich möge es auch dienen als Muster der schwäbischen Mundart überhaupt. Hören wir also!

Räthsel.

Komm hear und luog[1] mei Airschtes[2] a!
Wear sona[3] Weark verschaffa ka,
Dear muoß Verstand und Eisicht hau[4],
Suscht[5] wurd ears müeßa bleiba lau[6].
Guck i drau nuff, noh schwindlet's mir
Und's kommt mer immer gräußer[7] für.

---

[1] schaue. [2] Erstes. [3] solch ein. [4] haben. [5] sonst. [6] lassen. [7] größer.

Voar Zeita sind mit frommem Si
Viel Leut zu deam Kolossa hi.

Mei Anders glitzt[1] oft wunderschö
And schreit in gar verschiedna Tö.
Zuiht Braut und Bräutigam verbei,
Noh singt's de liablichscht Melodei.
Fällt hintannooch[2] a Trauer ei,
So paßt's in d'Trauermusig nei.
Kurzum, es thuot mit lautem Mund
Heut Loab[3] und morga Freuda kund.

Was könnt' itzt wohl mei Ganzes sei?
G'wiß fällt dir Thurn und Glocka ei;
Jedoch so grauß und stark isch net,
's ischt zart und woach, wie a Feadrabett.
Du glaubscht net, wie—n—as[4] Mändla[5] macht!
Schau[6] oft händ[7] Buoba drüber g'lacht.

Mit größeren und kleineren Wohnorten ist unsere Hochebene eigentlich übersät. Marktflecken, Pfarrdörfer, Dörfer, Weiler, Höfe und einzeln stehende Wohnhäuser finden sich auf derselben. Sämmtliche Wohnplätze haben eine günstige und freundliche Lage; in neuerer Zeit haben sich die meisten vielseitig verändert und verschönert. Die stärker bevölkerten Dörfer haben eine namhafte Ausdehnung und ein städtisches Aussehen. Die Häuser sind ein- oder zweistockig, aus Eichen- oder Tannenholz gebaut. In neuerer Zeit wird besonders auf Erbauung steinerner Unterstöcke gesehen. Die Wohnungen künden ganz das Gepräge stattlicher Bauernhäuser und das Auge des Beschauers wird äußerst angenehm berührt und erkennt in ihnen ein Zeichen der Wohlhabenheit und der behäbigen Einrichtung ihrer Insaßen. Deßhalb verweilt man auch gerne in diesen Dorfschaften und fühlt sich ungemein angesprochen nicht blos durch das Aeußere

---

[1] glänzt. [2] nachher. [3] Leib. [4] wie es. [5] Männchen. [6] schon. [7] haben.

derselben, sondern auch durch den Biedersinn und die ungezwungene Freundlichkeit ihrer Bewohner.

Die Hauptnahrungsquellen der Filderbewohner sind Ackerbau, Viehzucht, Obstbau und theilweise auch Weinbau. Mit Ausnahme der oft in übergroßer Zahl vorhandenen Gewerbe, welche zur Beschaffung der täglichen Nahrung und Nothdurft unentbehrlich sind, findet man verhältnißmäßig wenig Industriegewerbe. Von größerer Bedeutung ist nur die in neuerer Zeit in Abnahme gekommene Leinwand- und Baumwollenweberei, welche theilweise noch als Zwischenbeschäftigung neben der Landwirthschaft oder einem andern Gewerbe getrieben wird.

Die Bodenkultur bildet die Hauptbeschäftigung auf den Fildern. Durch den Fleiß seiner Bewohner und durch äußere Einwirkungen hat dieselbe in den letzten Jahrzehnten bedeutende Fortschritte gemacht. Ueberall sucht man der Scholle die größtmögliche Rente abzugewinnen. Neben einzelnen rationellen Landwirthen ist es insbesondere der seit 1837 bestehende landwirthschaftliche Filderverein, der durch Belehrung, Ermunterung und Aussetzung von Preisen für Feldbau und Viehzucht förderlich wirkte. Durch zweckmäßige Bewirthschaftung bot und bietet aber auch das landwirthschaftliche Institut in Hohenheim ein großartiges Beispiel der Nachahmung. Was irgend zur Hebung des Landbaus beitragen konnte, hat sich somit in dieser herrlichen Ebene zusammen gefunden. Besonderes Augenmerk wird auf die Düngergewinnung gerichtet. Die Gülle wird sorgfältigst in besonderen Behältern gesammelt und den Gewächsen des Brachfeldes zugeführt. Sogar der Abraum von den mit Kalksteinen beschlagenen Straßen wird an einigen Orten besonders zur Düngung der Luzernefelder verwendet. Außer

Mist-, Gülle- und Kompostdüngung werden noch Dungsalz, Guano, Gyps zc. als Düngemittel benützt. Zur Erzielung eines größeren Ertrags wird Hohenheim auch bezüglich der Trockenlegung nasser Felder nachgefolgt und oft in großem Maßstab dieser landwirthschaftliche Kunstgriff angewendet.

Das gewöhnliche Wirthschaftssystem ist, neben außergewöhnlichen Zwergwirthschaften, die Dreifelderwirthschaft. Weinbergorte üben freie Felderwirthschaft, wenn nicht Flurverhältnisse daran hindern. Der flandrische und Suppinger Pflug sind beinahe überall im Gebrauch. Die brabanter Egge wird in einzelnen Orten, besonders in der Nähe von Hohenheim, theilweise angewendet. Auch die Walze fehlt fast nirgends. Der Pflug wird in der Regel mit zwei Zugthieren bespannt. Durch das einfache Joch bei Ochsen und Kühen ist das Doppeljoch meist verdrängt worden.

Zu den Erzeugnissen des Ackerbaus gehören vorzugsweise die Getreidearten und unter diesen der Dinkel. Diesem wird die größte Fläche eingeräumt. Mit trunkenem Auge beschaut der Wanderer zur Sommerzeit die wogenden Dinkelfelder; weithin werden die lachenden Filder mit ihrem goldenen Schmuck erblickt. Ein glückliches, ein reiches Ländchen, das solchen Segens auf seinen Gütern sich zu erfreuen hat! In ganz Schwaben wird kaum eine zweite Gegend zu finden sein, die wie diese einen so außerordentlichen Reichthum an Halmfrüchten trägt. Mit freudigem Herzen beobachtet aber auch der Filderbauer das Gedeihen seiner Saat; mit dankendem Munde greift er, wenn der Sommer die vollen Aehren gereift, zur Sichel, um einzuheimsen die Fülle des Segens, den ihm die ewige Liebe gespendet. Da spricht aus jedem Auge Entzücken; da tönt aus jedem Munde Jubel!

Das Sommerfeld wird vorzugsweise dem Anbau der Gerste

(große zweizeilige) und des Hafers gewidmet. Nur hie und da sind kleine Flächen mit Erbsen und Linsen angesät. Das Brachfeld gleicht meist einer Gartenwirthschaft. Klee, Wickenfutter, Kartoffeln, Runkelrüben und vor allem das sogenannte Filderkraut (weißer Kopfkohl, Spitzkohl) werden in Menge gebaut. Von letzterem werden in den einzelnen Gemeinden bis zu einer Million Stücke, ja noch mehr gepflanzt und nicht blos in die nächste Umgebung wird diese ächte Schwabenspeise, ohne die es eigentlich für den Schwaben gar nicht Sonntag gewesen wäre, verwerthet; nein, es wird das Filderkraut weithin und allerwärts verkauft. Und da für das Hundert gemeinhin 2 bis 5 Gulden bezahlt werden, so läßt sich leicht abnehmen, welch reichliches Erträgniß dem Landwirth schon hiedurch gewährt wird. Schlägt doch allein Bernhausen die jährliche Einnahme für Kraut zu 16,000 fl. im Durchschnitt an! In vielen Orten besitzt fast jeder Bürger einen Gemüsegarten, in welchem im Frühling Krautsetzlinge gepflanzt werden, durch deren Verkauf ebenfalls ein namhafter Erlös erzielt wird; ebenso wird Krautsamen gezogen und auswärts abgesetzt. — Auch durch Hervorbringung und Bereitung vorzüglichen Flachses zeichnen sich einzelne Orte, besonders Kemnath und Echterdingen, aus; zudem haben diese Gemeinden und neben ihnen noch Möhringen, Plieningen und Scharnhausen musterhaft eingerichtete Wasserröstgruben, wodurch dem in neuerer Zeit ebenfalles geförderten Hanfbau sehr Vorschub geleistet wird.

Weinbau wird besonders in Degerloch und Heumaden, in kleinerem Umfange aber auch in Ruith, Kemnath, Scharnhausen, Möhringen, Bonlanden und Plattenhardt getrieben. Die Weinberge liegen fast durchaus an den bald mehr, bald weniger steilen Bergabhängen und liefern bei sorgfältiger Cultur und einer zweckmäßigen Behandlung der Weinlese ein Produkt, das sich eines gesicherten Absatzes erfreut. Degerloch producirt einen dunkelrothen Wein, der sich besonders auf das Lager eignet, und erzielt deßhalb auch immer günstige Preise. Der mittlere Ertrag eines Morgens ist 4 bis 5 Eimer. Die Hauptrebsorten sind Silvaner, Elblinge, Gutedel, Drollinger.

Weit bedeutender als der Weinbau ist die Obstbaumzucht. Schon im vorigen Jahrhundert zeichneten sich die Filder in dieser Richtung rühmlich aus und hauptsächlich war es Herzog Karl, der von seinem Lieblingsaufenthalt Hohenheim aus durch Aufmunterung in Bezug auf Obstbaumzucht segensreich einwirkte. Noch heute haben die meisten Orte Obstbäume von 60- bis 80jährigem Alter und von der Dicke eines Eichbaums aufzuweisen. Aber auch in diesem Jahrhundert wurde diesem Zweige der Landwirthschaft stets die größte Aufmerksamkeit geschenkt. Manches Dorf schaut mit der Spitze seiner Häuser wie aus einem Obstbaumwalde hervor, und die Zeit der Blüthe streut da mit vollen Händen balsamische Düfte aus, während des Herbstes reiche Ernte so Jung als Alt erfreut. Die Reichhaltigkeit und Vorzüglichkeit der Most- und Tafelobstsorten der Filder ist bekannt; hiezu hat die in Hohenheim bestehende Obstbaumschule sehr viel beigetragen. Auch in einzelnen Ortschaften bestehen von den Gemeinden angelegte Baumschulen; zudem befinden sich da und dort Privat-Baumschulen. Durch diese besondere Pflege der Obstbäume, durch die meist günstige Lage der Güter wird sogar in mittleren Jahren bedeutend viel Obst gewonnen, je nach der Größe der Markung hält sich der Ertrag zwischen 10,000 bis 20,000 fl. An Steinobst werden vorzugsweise Zwetschgen gezogen. Das Obst wird entweder gedörrt, oder das Kernobst gemostet und das Steinobst eingeschlagen, d. h. in Gährung versetzt, um Branntwein daraus zu bereiten, oder zu alsbaldigem Verkaufe ausgeführt. Zum Dörren sind in verschiedenen Gemeinden in eigens dazu aufgeführten Dörrhäusern größere Einrichtungen getroffen. Zur Bereitung des Obstmostes dagegen besitzen größere und kleinere Landwirthe ihre eigenen Mostpressen.

Mit der Landwirthschaft in engster Verbindung steht die Viehzucht, und auch diese hat auf den Fildern einen hohen Grad der Vervollkommnung erreicht. Neben den auf Privat-Rechnung des Königs unterhaltenen Gestüten in Scharnhausen, Weil und Kleinhohenheim, hat hiezu in hohem Grade wiederum die landwirthschaftliche Anstalt in Hohenheim beigetragen. Zwar wird die Pferdezucht in minder bedeutendem Umfange betrieben; der Mangel an Weiden und der vortheilhafte Absatz von Futterstoffen nach der Hauptstadt macht sie weniger lohnend. Um so ausgedehnter ist aber der Betrieb der Rindviehzucht. Insbesondere ist der Kuhstand von Bedeutung; dieß hat seinen Grund einestheils in dem großartigen Milchhandel, den die Stuttgart näher gelegenen Orte tagtäglich dahin betreiben, anderntheils in der immer mehr überhandnehmenden Gewohnheit, die Kühe auch zum Feldbau zu verwenden. Durch verschiedenerlei Einflüsse, wie durch ausgesetzte Preise Seitens des landwirthschaftlichen Fildervereins, durch bewerkstelligte Viehaufkäufe im Simmenthal in der Schweiz, durch die Gelegenheit zum Ankauf junger Farren in dem nahen Hohenheim, durch die unentgeldliche Benützung der dort aufgestellten Zuchtstiere hat sich der sogenannte Simmenthaler Bastardschlag gebildet, der sich immer mehr verbreitet, und es zeigt sich an ihm unzweideutig der Fortschritt, welchen die Rindviehzucht seiner Einführung verdankt. Besonders zeichnen sich Echterdingen, Kemnath, Möhringen, Plieningen durch schönes Simmenthaler-Vieh aus, und man trifft dort manche Ställe, in denen dasselbe ganz rein gezüchtet gehalten wird. Am häufigsten sieht man Rothschecken und ganz rothe Thiere, von denen die mit und ohne weiße Extremitäten die gesuchteren sind, deren Nachzucht daher auch größere Aufmerksamkeit geschenkt wird. Neben dieser Race finden sich übrigens auch noch hie und da Abkömmlinge von dem sogenannten Neckarviehschlage, die jedoch durch Kreuzung mit dem Simmenthaler Stamme zu veredeln gesucht werden.

Selbstverständlich ist, daß bei solch beträchtlichem Viehstande auch der Viehhandel nicht unbedeutend sein muß. Besonders zieht der Bauer Vortheil aus dem Handel mit Stieren und Ochsen. Diese werden entweder aufgezogen oder jung aufgekauft, zur Arbeit verwendet, aufgefüttert oder völlig gemästet und dann bei gelegener Zeit abgesetzt. Auch der Verkauf der Milchkälber gewährt eine beträchtliche Einnahme. Die Metzger der Hauptstadt und anderer nahgelegener Städte, auch herumziehende Händler kaufen das Vieh in den Ställen auf. Ebenso sind zur Verwerthung desselben in den größeren Orten des Gaus, z. B. in Möhringen, Echterdingen, Plieningen 2c. besondere Viehmärkte eingeführt. Es sollen durchschnittlich an diesen drei Orten auf den Märkten jährlich für Vieh über 40,000 fl. umgesetzt werden.

In minder ausgedehnter Weise wird die Schweine-, Schaf- und Ziegenzucht gepflegt. Erstere ist nur in Scharnhausen, Ober- und Untersielmingen von Bedeutung. Seit einigen Jahren ist die sogenannte englische Race eingeführt, die sich durch großes Körpergewicht, durch große Neigung zum Fettwerden und durch den feinen Geschmack ihres Fleisches auszeichnet. Fast sämmtliche Schweine werden zur Mastung, nur wenige zur Zucht aufgestellt. — Der Schafzucht ist nur insofern zu erwähnen, als sich die Landesstammschäferei in Hohenheim befindet. Die meisten Schafheerden halten sich nur vom September bis April auf und wandern im Frühjahr meist auf die Weiden der Alp. —

3.

Noch liegt uns ob, die wichtigsten Orte der Filder kennen zu lernen und insbesondere die sich da und dort findenden Merkwürdigkeiten anzuführen. Zu den schönsten und wohlhabendsten Filderdörfern sind die schon oft genannten Orte Echterdingen, Möhringen, Degerloch, Plieningen, Heumaden, Bernhausen, Unter- und Obersielmingen und Neuhausen zu zählen.

Möhringen hat in seiner neuerbauten, erst im Herbst 1855 eingeweihten Kirche einen Schmuck erhalten, durch den es der Wanderer viele zu sich zieht, und von dem ein gediegener Kunstkenner (Heideloff) sagt: „In einem Kirchengebäude solchen Styls wird Jeder die Zweckmäßigkeit des Ganzen an den Andacht erweckenden Formen, an dem hohen Ernst, an der stillen einfachen Würde, die das Innere und Aeußere schmückt, erkennen und unwillkürlich an die biblische Stelle erinnert werden: „„Hier ist nichts Anderes, denn Gottes Haus, hier ist die Stätte des Himmels!““ Der Erbauer der Kirche, Architekt Leins, hat bewiesen, daß er in den frommen Geist des mittelalterlichen Baustyls eingedrungen ist und als geschmackvoller Künstler Pietät für Erhaltung des Alten bei dessen gründlichem Verständniß mit würdiger Wiederanwendung verbindet, wodurch er dem Ganzen eine Weihe gegeben.“

Das Kleinod der Filderebene ist aber das weithin berühmte Hohenheim mit seiner land- und forstwirthschaftlichen Lehranstalt, die, zur Akademie erhoben, nicht nur in nächster Nähe, sondern bis in die entferntesten Gaue segensreich wirkt; dieß herrlich gelegene Schloß mit seiner überraschenden Fernsicht, mit seiner Anlage und Einrichtung, verdient einer näheren Betrachtung.

Bildet doch Hohenheim die Perle der Filder! Und König Wilhelm war es, der es zu solcher erhob.

Genießen wir allererst die liebliche Fernsicht! Zu dem Ende könnten wir uns auf den weitvorspringenden Balkon des Hauptgebäudes begeben. Allein der Genuß der Rundsicht wird bedeutend erhöht, wenn wir von der Kuppel des Schlosses aus, wo wir fast 100 Fuß höher als auf der Erdfläche stehen, das Auge schweifen lassen in die Nähe und Ferne. Wie schön sich die ganze Umgebung zum Schlosse gesellt! Der mit Blumenbeeten geschmückte Garten lacht uns in seinem bunten Farbenschmuck entgegen. Das anmuthige Körschthal erschließt sich dem Blicke. Zwischen den reichen, dunkeln Baumgruppen des botanischen Gartens zeigt sich Plieningen mit seinen netten Häusern und seinem spitzigen Kirchthurme. Wie gravitätisch dort die beiden Störche in ihrem Neste stehen! Ihr Revier ist die ganze fruchtbare Filderebene, die sich so reizend vor uns ausbreitet. Gegen Westen wird sie begrenzt von den weitgedehnten Waldungen des Schönbuchs, gegen Osten aber von den Eßlinger Bergen. Und wie freundlich die Alp herüber winkt! In bläulicher Ferne liegt dieser kühnaufsteigende Wall, und doch ist sie wieder so nahe, die Schwabenalp, daß man mit unbewaffnetem Auge ihre kegelförmigen Vorberge und ihre Querthäler erkennen kann. Erreicht man doch rechtshin noch den Plettenberg, die Lochen, den Roßberg, linkshin aber die majestätischen Vorberge Stuifen und Rechberg und Hohenstaufen! Nördlich ragt noch der Odenwald, westlich dagegen der Schwarzwald in dunkeln Linien herein. Könnten wir uns noch wundern, daß schon in den frühesten Zeiten ein Wohnsitz diesen Punkt geziert hat? Ob nicht gerade seine hohe Lage ihm den Namen „Hohenheim“ gab? —

Aber damit sind wir auf einmal in das Gebiet der Vergangenheit gerathen. Verweilen wir einen Augenblick in ihrem Bereiche! Wir steigen hinunter auf den schönen Balkon und hören dort, was uns die Geschichte*) von Hohenheim berichtet.

„Ein festes Schloß mit Zinnen und Giebeln, mit einer Zugbrücke und hohen Ringmauern": also nannte sich voreinst Hohenheim. So großartig dürfen wir es uns aber nicht vorstellen zu jener Zeit, da es erstmals genannt wird, im Jahr 1120. Wohl aber muß es sich also gestaltet gehabt haben in jenen Tagen, da es sich noch im Besitze der Ritter von Hohenheim befand. Einer derselben, Bombast von Hohenheim, begleitete den Herzog Eberhard auf dessen Zug nach Palästina. Und wer hätte nicht den Namen des berühmtesten Sprößlings derer von Hohenheim zum mindesten nennen hören, den Namen Theophrastus Bombastus, zubenannt Paracelsus? Dieser Mann, der in der ersten Hälfte des 16. Jahrhunderts lebte, war jener vielgereiste, welterfahrene, geistreiche Ritter, der bald als erster Arzt und Weltweiser gepriesen, bald als Erzbetrüger und medizinischer Ketzer hingestellt, ja verschrien wird.

Im Jahr 1432 kam Hohenheim durch Kauf an den Spital zu Eßlingen. Württemberg behielt sich jedoch die „hohe und niedere Obrigkeit" vor. Nach manchem Wechsel der Besitzer — — von einem derselben, dem kaiserl. Oberproviant-Commissär Garb, erhielt es den Namen „Garbenhof" — zog Herzog Karl das Gut 1768 als heimgefallenes Lehen an sich. Im März 1768 begannen die ersten Bauten: der Herzog wollte einen großen Garten zu landwirthschaftlichen Unternehmungen herstellen, aber wie in Asten, so konnte er auch hier sich kein Maß

---

*) Nach der „Beschreibung des Amtsoberamts Stuttgart" — und „Büchele, Stuttgart und seine Umgebungen."

setzen, bis das großartige Werk vollendet war, welches die damalige Zeit so sehr bewunderte. War doch der Ruf der Gartenanlagen ein europäischer! Das Ganze sollte eine ländliche Kolonie inmitten der Ruinen einer römischen Stadt darstellen. „Das englische Dörfchen“, mit welchem Gesammtnamen man es häufig bezeichnete, bestand aus 60 — 70 Bauten. „Römer — so lautet der Grundgedanke, der später in diese Schöpfung hineingelegt wurde — sind ausgewandert, eine Kolonie zu gründen. Die Stadt, die sie erbauen, trägt, wenn auch in kleinerem Maßstabe, Monumente der prächtigen Riesenstadt, von der sie hergekommen. Aber die Zeit hat die Stadt und ihre Einwohner dahingemäht, nur einzelne Ruinen sind stehen geblieben, späteren Jahrhunderten zu dienen. Die Mauren kamen und bauten sich eine Moschee. Neben derselben entstand ein Bild des christlichen Mittelalters, die gothische Kirche, die Einsiedelei, und nun haben sich friedliche Bewohner auf den Trümmern der Römerkolonie eine neue Behausung gegründet.“

Ging man, nachdem das Ganze dem schöpferischen Geiste des Herzogs Karl entsprechend vollendet war, vom Schlosse aus durch die Orangerie in den Garten, so stand man nach etlichen Schritten in einer römischen Anlage. In einem nahen Tempel verrichteten römische Priester ihr Gebet. Eine Wendung, und man befand sich im Cirkus. Einige Schritte weiter, und ein hoher Bau erhob sich ganz aus Eisen gefügt und die Zwischenräume mit Glastafeln verbunden: es war das Gewächshaus. Daran stieß ein Kaufladen, die Wünsche der Kolonisten zu befriedigen. An hohe Ruinen einer rothen Stadtmauer lehnte sich das Kaffeehaus. Nun ging es in die Meierei; man kam am rothen Thurm, am Schwanensee mit seinem Inselchen und am Tempel der Vesta vorüber zur Pyramide des Cestius. Bald zog aber das Billard an und das

Wirthshaus „zur Stadt Rom." Daneben stand das Schweizerhaus und nicht ferne Flora's Tempel. Wieder einige Schritte weiter in's Gehölz, und man sah vor sich ein Bauernhaus und nicht weit davon in der Wildniß die Köhlerhütte. Ein geschlängelter Weg führte aus dieser finstern Waldstelle zu einer üppigen Flur: sie war der Aufenthaltsort eines Gärtners; das Gärtnerhaus verrieth dieß schon. Im nahen Knabenhause belustigten sich die Söhne der Kolonisten mit Spielen. Das Wachthaus schloß das Dörfchen. Von Gebüsch umschattet und in schauriger Einsamkeit ruhte der Sibyllentempel. Durch eine weite dunkle Grotte gelangte man endlich in die Höhe und die freundlichste Landschaft breitete sich aus. An der Stelle des römischen Tempels erschien eine italienische Villa. Eine Felsentreppe hinab und man war vom Walde umgeben. Ein altdeutsches Gnadenbild sammt Kirche und Pfarrhaus grüßten aus kleiner Entfernung. Man vernahm das mächtige Tosen eines Wasserfalls. Nicht weit: — knarrend drehten sich die Flügel eines eisernen Thors; man gelangte in einen finstern gewölbten Gang, in die Katakomben. Gegenüber erhob sich unter Trauerweiden die Karthause. Aber wie aus einem düstern Traume weckte den Schwermüthigen das Geklapper einer nahen Mühle. — Dem Sturze jenes Wasserfalls gegenüber öffnete sich wieder eine Grotte. An den Ruinen, dem Andachtsplatze zu St. Peter, der Weinschenke vorüberziehend, gelangte man in die Einsiedelei. Die Ruine der römischen Bäder, der englische Weideplatz, ein kleiner Tempel, der Feigensaal, von Feigenbäumen rings umgeben, folgten sich in kleinen Zwischenräumen. Die schlanken Minarets einer Moschee blickten über die Bauernhütten der Ansiedler hinweg. Das schöne steinerne Gebäude des Rathhauses ließ, trat man in dasselbe ein, das ernste Gefühl zwar bald verschwinden, allein wenn die Riegel knarrten und die Thüre sich zum römischen Kerker öffnete, so beschlich den Beschauer doch ein geheimes Grauen, das die Musik im anstoßenden Concertsaal nicht alsobald zu verscheuchen vermochte. Man eilte weiter um die reizendste Partie des Gartens, das Schäferhaus, die Gallerie, einen alten viereckigen Thurm und die Ruinen des römischen Bades mit einem Tempel zu betrachten. Ein düsteres Tannenwäldchen, dunkles Gebüsch, eingezäunte kleine, baumbesetzte Felder füllten diesen Raum, den eine dichte Pappelwand begrenzte. Den Bach verfolgend, sah man sich vor sechs Seen, die dem Bade das Wasser spendeten, und vor dem Spielhaus mit dem Spielplatz. Kreuz- und Querwege führten endlich zu dem Boudoir, einem freundlichen, reichgeschmückten Saale, der sein Licht von oben erhielt, und nachdem noch Küche, Fischerhaus und Schulhaus der Kolonisten besichtigt waren, kehrte man wieder in's Schloß zurück.

Also war Hohenheim durch die rastlose Baulust des prachtliebenden Herzogs in wenigen Jahren umgestaltet worden. Und das Volk sollte diese Herrlichkeiten schauen, wenn er sein fünfzigjähriges Regierungsjubiläum feiern würde. Aber vor dieser Feier, inmitten seiner Schöpfungen wurde Karl vom Tode ereilt; in einem Nebenbau des Schlosses, das er nie bewohnt hatte, starb der Herzog am 24. Okt. 1793. Sein Nachfolger gestattete nunmehr den Zutritt zu diesen Anlagen, und jetzt strömten einige Jahre lang von nah und fern Tausende herbei, die Wunderwerke anzustaunen. Was das Auge Schönes erschauen, das Herz Bezauberndes wünschen mochte: hier war es zu finden. Rauschende Lust und stilles Ergötzen wechselten mit einander ab. Wer diesen Sammelpunkt irdischen Glanzes betreten hatte, konnte nicht Worte finden, Alles zu schildern, was menschliche Kunst hier auf solch engem Raume geschaffen.

Aber — alle Herrlichkeit der Welt ist wie Gras. Hohenheim trauerte, als sein Schutzherr gestorben war. Eine lange, lange Zeit des Zerfalls begann mit seinem Tode. Das 1617 Morgen große Gut wurde verpachtet. Werthvolle Gegenstände des Schlosses wanderten hinab nach Ludwigsburg. Viele Gebäude wurden abgetragen. Die herrlichen Anlagen mußten sich ihre meisten Zierden rauben lassen. Guteumzäunung und Pappelalleen fielen. Und was noch von der alten Pracht übrig blieb, fand sein Ende in den Kriegsjahren, die die Schloßgebäude in Militärspitäler umwandelten. Die Güter selbst kamen im Bau immer mehr herunter. Dahin war Prunk und Pracht, Lust und Leben! Und wie so gar schnell!

Doch nicht immer sollte Hohenheim sein Trauergewand behalten! König Wilhelm war es, der des Verlassenen sich annahm. Seinem Wort, seinem Gebote entsproßte neue Herrlichkeit auf altem Stamme. Und so steht es heute wieder da in alten, großen Ehren; ja in die fernsten Gaue sendet es seit vielen Jahren die Strahlen seines Glanzes. Wer hätte noch nie rühmen hören die hochgepriesene land- und forstwirthschaftliche Akademie Hohenheim? Von ihr soll noch in kurzen Worten die Rede sein!

Es war im Jahr 1818, als König Wilhelm hier eine landwirthschaftliche Unterrichts-, Versuchs- und Muster-Anstalt in's Leben rief. Klein und geräuschlos begann sie ihre Thätigkeit; mit Umsicht und Geschick wurde sie geleitet; mit Energie und Beharrlichkeit verfolgte man das vorgesteckte Ziel. Was Wunder, wenn diese Anstalt sich fast mit jedem Jahre vergrößerte! Im Verlauf der Zeit vervollkommnete sie sich so sehr, daß sowohl nach praktischer als thoretischer Richtung die höchste Stufe erreicht war. Nicht bloß im Inlande und im weiteren Vaterlande war Hohenheim hochangesehen; auch im Auslande, ja durch ganz Europa erscholl sein Ruf, bewährte es seinen Ruhm. Es war in der That eine „Musteranstalt" im vollen Sinne des Worts geworden. Aus allen Gauen eilten Jünglinge und Männer herbei, Bildung zu holen zum künftigen Berufe. Und heute noch erfreut es sich gleichen Besuchs; heute noch zählt es Studirende jeglicher Gattung in größester Anzahl aus allerlei Volk. Ja, mit jedem Jahre steigert es seinen Glanz, und so ist Hohenheims Akademie ein Stern, um welchen Württemberg nicht selten beneidet wird, ein Stern, den man anderswo mit Freuden aufgehen sehen würde.

Einen besonderen Vorzug besitzt Hohenheim durch seine großartigen Gebäulichkeiten. Ungefähr 30 Säle und größere Zimmer dienen zu allgemeinen Zwecken: für Unterricht, für die Sammlungen, für die Verwaltung ꝛc. Ueber 100 Zimmer sind zu Wohnungen für die Studirenden bestimmt. Fünfzehn zusammenhängende Gebäude, darunter das 528 Fuß lange Schloß, enthalten Raums die Fülle und sind zu Zwecken der Anstalt ungemein bequem eingerichtet.

Wenn nun vorzugsweise auf wissenschaftliche und höhere praktische Ausbildung von Land- und Forstwirthen gedrungen wird, so sind mit der Anstalt doch noch verbunden eine Ackerbauschule, die Söhne von Bauern mit einem verbesserten, mehr kunstmäßig gegründeten Betrieb bekannt machen, sie also nur zu praktischer Bethätigung befähigen will, eine Garten- und eine Wiesenbauschule. Zur Erreichung dieser mannigfachen Zwecke sind sieben ordentliche und fünf Hülfslehrer, unter dem Direktor stehend, thätig, sind die verschiedenartigsten Sammlungen, z. B. eine Bodensammlung, eine Modellsammlung, weit über 1200 verschiedene Geräthe, drei Fünftel derselben in wirklicher Größe und zwei Fünftel in verjüngtem Maßstabe enthaltend, eine forstliche, mineralogische, botanische, zoologische Sammlung und eine landwirthschaftlich-technische Produktensammlung angelegt, sind Apparate für mathematischen und physikalischen und chemischen Unterricht vorhanden, sind endlich eine Fläche von 874 Morgen Landes (Aecker, Wiesen, Gärten ꝛc.) und Wälder im Betrag von 7000 Morgen der Anstalt zur Bebauung und Bewirthschaftung überlassen. So wirkt Alles zusammen, die Zwecke der Anstalt vollkommen zu erreichen, durch prüfende Versuche, Belehrung und Beispiel, sowie durch die genannten technischen, land- und forstwissenschaftichen Einrichtungen die Landwirthschaft in wissenschaftlicher, praktischer und gewerblicher Beziehung zu fördern und dasjenige, was als nutzbringend anerkannt worden, wie Kulturmethoden, Werkzeuge, Zuchtthiere ꝛc. ꝛc. zu verbreiten. Die praktischen Hinweisungen beziehen sich vornehmlich auf den Hohenheimer Wirthschaftsbetrieb, auf Beurtheilung des Bodens, des Viehes, der Wolle, der landwirthschaftlichen Geräthe und Maschinen, auf die landwirthschaftlich-technischen Betriebe, als Bierbrauerei, Branntweinbrennen Essig- und Stärkebereitung u. dgl., auf die Ansaat und das Verpflanzen des Holzes, auf Schlagstellungen, Taxationen und andere forstliche Geschäfte, sowie auf die verschiedenen Arten der Holzbenützung, auf thierärztliche Operationen, auf Feldmessen, Kunstwiesenbau, Felderdrainirung, Markungsbereinigung u. s. w. — Der bedeutende Viehstand der Wirthschaft, die ausgezeichnete Schäferei und sonstige zur rationellen Betreibung der Landwirthschaft nöthige Beigaben erhöhen den Werth dieser Anstalt noch ganz besonders.

Gewiß, wir dürfen unserem Lande Glück wünschen zu solchem Besitzthum! Und mit vollem Rechte segnen tausend und aber tausend Landwirthe den hochherzigen König für diese herrliche Schöpfung, einzig in ihrer Art. Möge sie immer herrlicher grünen und blühen, immer schönere Früchte säen und ernten, die wohlgepflegte, treubeschirmte land- und forstwirthschaftliche Akademie!

Eßlingen.

Wir stehen auf dem höchsten Punkte des Hügelzugs, der das Körschthal von dem Neckargelände scheidet. Ein großer Theil dieses Hügelzugs gehört zu dem K. Parke, der sich zwischen Scharnhausen und dem Schlößchen Weil ausdehnt. Machen wir noch einen Augenblick Halt auf diesem schön gelegenen Punkte! Wie köstlich sich doch die Aussicht in die Nähe und Ferne gestaltet! In blauem Dufte zeigt sich ein großer Theil der Alp mit ihren Burgen und Bergen, und über eine weite Landschaft schweift das trunkene Auge. Doch viel lieber verweilt der Blick in nächster Nähe. In lieblicher Schöne, in zauberischer Pracht liegt vor uns „das Eden" Würltembergs. Der wohlbekannte Fluß schlängelt sich gleich einem Silberfaden durch das üppige Thal. Ortschaft reiht sich an Ortschaft. Vor allen fesselt uns das geschäftige Eßlingen mit seinen Kirchen und Thürmen, mit seinen Gärten und Weinbergen, mit seinen Ueberresten von Befestigungen und seinen Brücken. Und von den Höhen herüber grüßen zerstreut liegende Häuser, umgeben von den prächtigsten Obstbaumpflanzungen. Wo das Auge sich hinwenden mag: allwärts öffnen sich Wunder um Wunder. Wie traulich winkt er uns zu, der Berg mit der Kapelle der

Liebe! Und Thälchen um Thälchen erschließt seine Reize dem Schauenden. Wie lange wir diesen Anblick genößen: immer würde sie uns gleich lieblich, gleich anziehend bleiben, diese gottgesegnete Gegend. Aber unseres Bleibens ist nicht hier oben; wir dürfen uns hier keine Hütten bauen. Eßlingen, die voreinst so fehdelustige Rivalin der Grafen von Württemberg, müssen wir kennen lernen. Deßhalb hinab in das Thal, die schönsten seiner Schönheiten ausfindig zu machen und zu beschauen! Wenige Minuten, und das Ziel ist erreicht!

1.

Eßlingen liegt am rechten Neckarufer, in einer sanften Einbiegung des Thals. Gärten und Baumgüter und Weinberge umgeben es rings. Seine Erhebung über das Mittelmeer, und zwar die vom Neckarniveau unter der Brücke beträgt 715,2 Fuß; kommen wir aber zur Frauenkirche, so haben wir 772,6 F. Meereshöhe erreicht. Und diese Kirche hat 26° 58' 35,7" östl. Länge und 48° 44' 38,28" nördl. Breite. Die Lage der Stadt läßt nichts zu wünschen übrig. Das haben auch unsere Altvordern klar eingesehen. Schon in der zweiten Hälfte des 13. Jahrhunderts preist ein Eßlinger Meistersänger, „der Schuolmaister von Eßlingen," die seltenen Reize dieser Gegend und besingt besonders „den lichten Maienschein" derselben und „ihres Sommers üppige Fülle und ihrer Nachtigallen süße Töne und ihres Blumenvolkes kosend Plaudern."

Mit noch viel herrlicheren Farben gibt uns ein neuerer Dichter, G. Schwab, ein Gemälde von dieser reich mit Reizen aller Art geschmückten Gegend. Er singt:

Wer in das schöne Neckarthal
Am frühen Morgen blickt,
Wenn ihren ersten Sonnenstrahl
Die goldne Sonne schickt:

Dem regt im Herzen und im Sinn
Sich mannichfache Lust,
Und werbend gehen her und hin
Gedanken in der Brust.

Sie fliegen zum Gebirg' hinan,
Das thront im Hintergrund,
Da sieht auf dunkelblauem Plan
Das Auge sich gesund.
Ei, denkt die Seele, solch ein Thal
Ist Mannes würd'ger Sitz:
Bald glüh'n die Berg' im Sonnenstrahl,
Bald im Gewitterblitz!

Dann senkt das Auge tiefer sich
Nach grünem Wiesenplan,
Dort wandelt frisch und morgendlich
Der helle Fluß die Bahn.
Zur Seite durch die Wälder rauscht
Die linde Frühlingsluft,
Und auf dem andern Hügel lauscht
Der Bäume Blüth' im Duft.

Das Auge folgt des Flusses Lauf,
Und reicher wird das Gau.
Da steigen Rebenhügel auf
Mit üpp'gem Grün in's Blau;
Und Berge stehen angefüllt
Mit einem Blüthenhain,
Und in die junge Fülle hüllt,
Die graue Stadt sich ein.
Von Lindengängen schmuck belaubt,
Verschmäht sie andern Putz;
Ein schlankes Münster hebt sein Haupt,
Verspricht des Himmels Schutz. —
Ja, lieblich ist's, im Morgenlicht
Zu steigen in den Kahn;
Gleich einer Jungfrau Angesicht
Schaut die Natur Dich an!

Damit haben wir in kurzen Worten ein klares Bild von der Lage und Lieblichkeit dieser Stadt und ihrer Umgebung. Wahrlich, ein glückliches Zusammentreffen, das Alles vereinigt, was zum Wohlsein der Menschen beitragen kann! Trefflich angebauter Boden, der besonders im Thale tiefgründig und äußerst ergiebig ist; lachende Gelände, deren Fruchtbarkeit Staunen erregt; reine, milde Luft, in der schnelle und starke Veränderungen selten sind; Schutz gegen rauhe Winde durch die Hügelzüge zu beiden Seiten des Thales: dieß Alles ist für die Vegetation von der günstigsten Wirkung, und an warmen Weinberghalden kommen auch solche Gewächse fort, die sich sonst seltener zeigen. Nicht blos ausgedehnter Weinbau wird hier getrieben; noch viel umfänglicher ist die Obstzucht; ebenso erheblich ist der Gartenbau, und die Felder werden mit Sorgfalt und Umsicht benützt. Kein Fleckchen Erde kann man entdecken, dem nicht der Fleiß der Bewohner ein reichlich Erträgniß abringt. War es doch die Pracht und die Ueppigkeit aller Kulturpflanzen, die uns bei unserem Gang in diese Stadt ergötzte. Ja, es ist ein Thal, darin „Milch und Honig fließet," darin der Segen Gottes in überreicher Fülle vor das Auge tritt!

2.

Was weiß man aber über die Entstehung dieser Stadt? Hören wir zunächst, was die Sage berichtet!

Im fünften Jahrhundert unserer Zeitrechnung bildete sich bekanntlich jene allgemeine Bewegung der Völker des Nordens, die unter dem Namen „Völkerwanderung" bekannt ist. Auch das Neckarthal, auch diese Gegend wurde von jener Bewegung heimgesucht. Römische Bildung verschwand wieder aus diesen Gauen, die wenigen von den Römern angelegten Städle zerfielen; auch die geringen Anfänge des Christenthums verloren sich; wenn auch der gottbegeisterte Muth christlicher Glaubensboten Einzelne bekehrte, so wurde dennoch überall auf den Höhen und in den Hainen Wodan, der Donnerer, verehrt. Priester dieses Gottes pflegten seines Dienstes in jenen heiligen Hainen und opferten ihm die geweihten Thiere.

Aber auf einmal wurde das Leben in diesen Gauen gestört durch die Ankunft Attila's, des furchtbaren Hunnenfürsten, vor welchem die Fürsten des Morgen- und Abendlandes zitterten. Nannte er sich doch selber „Gottesgeißel," und im Munde des Volks ging noch lange nachher die Sage, daß auf dem Platze, den seines Rosses Huf betrete, kein Gras mehr grüne. Zertrümmerte Städte, verheerte Gefilde und Haufen von Leichen bezeichneten Etzels — ein Name Attila's — Bahn, und bisher hatte ihn Niemand in seinem Siegeslaufe zu hemmen vermocht; 700,000 Krieger führte er an und nicht eher wollte er stille stehen, als bis er am Gestade des unermeßlichen Weltmeers angekommen. Die Völker, durch deren Gebiet sein Weg führte, hatten einzig zu wählen zwischen Unterwerfung oder Tod.

Dieser Etzel war nun auf seinem Triumphzuge auch in die Gegend gekommen, wo heut unser Eßlingen steht. Die Alemannen, Bewohner dieses Gaus, hatten ihren Entschluß zu fassen. Einzelne wollten sich unterwerfen; die große Mehrzahl widersetzte sich diesen: sie wollten fechten als freie Männer, wie ihre Altvordern es vormals gethan. Namentlich war es ein feuriger Jüngling, Teutobald, der mit begeisternder Rede die Stammesgenossen zum Kampf mit den wilden Horden entflammte. Und als endlich bei der stürmischen Berathung die Truthe (wahrsagende Jungfrau) Wala den Helden zurief: „keine Feigheit, ihr Männer; Kampf gebeut euch Wodan; er hat den Feind in eure Hand gegeben, darum zum Kampf!" — da erscholl es von allen Seiten: „zum Kampf, zum Kampf!"

Die Bedenkzeit, welche Etzel, der selbst mit einem Theil seines Heeres nach Gallien zog, den Alemannen gegeben, war verstrichen. Die Hunnen unter Anführung „Widemirs" rückten herbei; allein die Deutschen waren gerüstet. Teutobald hatte Alles geordnet. Die Hunnen griffen an; die Alemannen hielten Stand. In ein enges Wiesenthal zusammen gedrängt, stürzten Reiter und Fußvolk unter einander; es war ein furchtbares Handgemenge: die Avaren rückten ebenfalls zum Kampfe herbei, aber die Deutschen wichen auch jetzt nicht. Endlich stürzten die Führer auf einander los, wohl erkennend, daß nur des Führers Fall für die Parteien den Sieg zu entscheiden vermöge. Schon quoll zwischen Teutobalds zerhauenen Panzerringen Blut hervor; schon blutete Widemir aus mehreren Wunden. Da erschien Wala unter einer Linde. Mit gewaltiger Stimme rief sie: „Heil Dir, Teutobald, der Feind ist in Deine Hand gegeben!" Und siehe, des Alemannen Schwert fuhr dem Hunnenführer zischend in die Brust und dieser hauchte, rücklings niederstürzend, sein Leben aus. Die Alemannen erhoben ein Siegesgeschrei, stürzten auf die wankenden Rotten der Feinde, die sich bald dahin, bald dorthin flüchteten. Die Deutschen aber, des Sieges froh, sammelten sich in Wodans Hain, wo ihnen ein herrliches Siegesmahl von den Frauen bereitet ward.

Teutobald, der Held, bot nun zum Dank der Truthe Wala die Hand. Ein christlicher Priester, den früher der wackere Sieger vom Tode befreite, bekehrte bald ihn und Wala zur christlichen Lehre. Auch noch mehrere Nachbarn dieses treuen Paares wurden Christen. Die Neubekehrten bauten auf der Anhöhe, wo Etzl mit seinen Fürsten geschmaust, eine Kapelle, in welcher einige Jahre später die Leiche des Christenpriesters Vitalis beigesetzt wurde, der als Märtyrer auf einer Wanderung durch die Gaue der heidnischen Alemannen sein Leben beschloß. Zu seinem Grabe geschahen Wallfahrten und bald erhob sich um die Kapelle herum am Gebirgsabhang eine Ortschaft, welche nach dem Namen des furchtbaren Eroberers „Ezzelingen" genannt ward und rasch zu einer Stadt sich erhob. Die Linde aber, unter welcher Wala während des Kampfes gestanden, und die von der Nachbarschaft hochverehrt wurde, erhielt, da Wala bei ihrer Taufe Katharina geheißen wurde, fortan die Benennung „Katharinenlinde."

Was wir, dem Geschichtsforscher Pfaff folgend, eben vernahmen, gehört mehr dem Gebiete der Dichtung als dem der Wahrheit an. Wahr ist, daß Eßlingen seinen Ursprung einer Kapelle verdankt, die ein Alemanne, Hafti an der Stelle kaum gelichteter Wälder baute. In dieser Kapelle ruhten die Gebeine des schon genannten Märtyrers Vitalis. Ebenso wahr ist es, daß die zerstreuten, neubekehrten Bewohner der Umgegend zu dieser einsamen Zelle besonders am Gedächtnißtage des Heiligen zu wallfahrten pflegten. Gerade dieses gab nun Veranlassung zur Gründung eines schon zu Karls des Großen Zeiten stark besuchten Marktes und einer bald darauf entstehenden Ortschaft Hetsilinga, deren Namen wahrscheinlich von einem der ersten und angesehensten Ansiedler — Hetzel oder Hetsilo — herstammt. Zuerst wird dieser Name in einer Urkunde von 866 genannt. Ihr Erbauer schenkte die Vitaliskapelle dem Abte Fulrad von Saint Denys, dem Hofkaplan der fränkischen Könige Pipin und Karl, und dieser vermachte sie 777 seinem Kloster. Nach dem Absterben des fränkischen Königsstammes hörte die Verbindung Ezzelingens (oder Ezzilingens) mit Saint Denys auf und der Ort kam zum Reichsgut. Im Jahr 1077 hielt Herzog Rudolph von Schwaben eine Versammlung seiner Anhänger in dem ansehnlichen festen Orte; allein die schlimmsten Früchte reiften hieraus für Eßlingen: noch im nämlichen Jahre wurde es von König Heinrich IV. gänzlich zerstört. Unter der Herrschaft der Hohenstaufen blühte es indessen bald wieder auf; dafür blieben aber auch die Eßlinger diesem edeln Geschlechte bis zu seinem Untergange treu. Die Kaiser und Könige aus dem Hohenstaufen-Hause hielten sich öfters in Eßlingen auf; Friedrich II. versah es mit Mauern und Gräben und schenkte ihm das Stadtrecht; und damit beginnt Eßlingens Flor. Der Dichter gibt diesen Theil der Geschichte Eßlingens in folgenden Strophen:

Erst eilt des Neckars leise Welle
Vorbei an einer kleinen Zelle,
Drin ruht ein Heiligengebein:
Doch schon ist es ein Platz der Ehren,
Und mit des Reiches Glanze kehren
Schon deutsche Könige dort ein.

Und bald, wie Staufens großen Söhnen
Verliehen wird, ihr Haupt zu krönen,
Und nun die Schwaben Meister sind:
Da dehnet sich die enge Klause,
Da wurdest Du im Königshause,
O Stadt, ein sorgenfreies Kind!

Der Rothbart baut an Deinem Thurme,
Der Philipp nimmt in Kampf und Sturme
Doch Deiner jungen Mauern wahr.
Des größten Friedrichs Adler schmücket
Dein graues Thor, und unverrücket
Bewacht es noch sein Löwenpaar*).

---

*) Diese und verwandte Strophen von G. Schwab.

Der Sänger, dem diese Strophen entnommen, sagt, daß heute noch das „Wolfsthor," welches Friedrich II. erbauen ließ, stehe, und daß über dessen Bogen ein Adler eingehauen sei und zu beiden Seiten zwei hoch in Stein erhabene Löwen, das Wappensymbol der Herzoge von Schwaben ausprägend.

Die ersten Bewohner der Stadt bestanden aus Freien und Unfreien. Die Freien waren theils Adelige (die Geschlechter), theils Nichtadelige (die Ehrbarkeit), und in ihren Händen allein befand sich Anfangs die Verwaltung. Erst nach längeren Kämpfen errangen auch die Handwerker, nachdem sie sich aus dem Stande der Unfreien emporgearbeitet und in Zünfte durch Dazwischenkunft König Rudolphs I. (im August 1284) vereinigt hatten, Antheil daran, und nun begann für Eßlingen eine Zeit raschen Emporblühens und schneller Entwicklung. Obgleich zu dieser Zeit der schon genannte „Schulmeister von Eßlingen" sang: „Sieh zu Deinem Reiche, Gott! sonst erschleicht er Dir noch Deinen Himmel ohne Wehr*)!" — obgleich er sich unter vielen anderen Scheltworten feindselig dem Habsburger Rudolph entgegenstellte, als er den römischen Kaiserthron einnahm: so nannten ihn die Eßlinger zuletzt doch noch „ihren lieben Kaiser," denn Wohlthaten aller Art besiegten den Widerwillen der Reichsstädter.

Es war mit ihm kein Feind gekommen,
Ein Bürgerfreund, ein Freund der Frommen;
Dir wurde Rudolph herzlich lieb.
Er baut an Kirchen Dir und Brücken,
Er stärkt die Burg in Deinem Rücken,
Er sichert Dich vor jedem Dieb.

---

*) „Gott nu sieh zu deinem Rich
Also das Er nit erschliche
Dinen Himmel one wer. —"

Ich kann nicht unterlassen, hier eine Anekdote einzuschalten, die beweisen mag, welch ein kecker Geist die Bürger damals beseelte. Als nämlich König Rudolph einmal in die Stadt kam und sich alles Volk um ihn drängte, trat ihm ein Eßlinger in den Weg und rief: „Vor der großen Nase des Königs kann ich nicht vorbeikommen.“ Rudolph wandte sich seitwärts und sagte: „Geh immer vorbei, meine Nase soll Dir keinen Riegel vorschieben.“ Das Volk lachte den Kerl aus und der König fügte königlich hinzu: „In einer freien Stadt muß auch Sinn und Rede des Mannes frei sein!“

Eßlingen errang sich nach und nach völlige Reichsfreiheit und wurde von verschiedenen deutschen Kaisern und Königen mit mancherlei Freiheiten und Gerechtsamen bedacht. Die Stadt blühte immer schöner und schöner und selbst stürmische Zeiten rüttelten vergebens an ihrem Wohlstande. So sah sie auch dem Kampf der Gegenkönige Ludwig von Bayern und Friedrich von Oestreich, der den Neckar blutigroth färbte, ungefährdet zu.

Du wurdest groß im Lauf der Zeiten,
Und um Dich buhlen, um Dich streiten
Zween Könige mit Heeresmacht.
Sie sprengen in des Neckars Fluthen
Mit Roß und Mann, die Wasser bluten,
Im Frieden schaust Du auf die Schlacht.

Die eigentliche Blüthezeit der Reichsstadt fällt aber in die letzten Jahrhunderte des Mittelalters; da spielte sie unter den schwäbischen Schwestern eine wichtige Rolle und bestand allein oder mit diesen manchen Strauß gegen die Fürsten, namentlich gegen die württembergischen. Diesen war Eßlingen ein eben so gefährlicher als schädlicher Nachbar. Es eroberte und zerstörte häufig die umliegenden Ortschaften namentlich im Kriege gegen Graf Eberhard den Erlauchten (1311 bis 1316) in welchem sogar das Stammschloß Württemberg gänzlich zertrümmert wurde. Nach andern mehr oder weniger bedeutenden Fehden mit Württemberg, in denen es übrigens ebenfalls oft selbst hart mitgenommen wurde, begab es sich aber 1473 sogar in den Schutz und Schirm Württembergs. Zum letztenmal kämpfte Eßlingen gegen Württemberg 1519, im Kriege des schwäbischen Bundes wider Herzog Ulrich, der im September die Stadt erfolglos belagerte. — Die Reformation wurde 1531 eingeführt und im gleichen Jahre trat die Stadt dem schmalkaldischen Bunde bei und nahm an dessen Krieg gegen Kaiser Karl V. (1546) Theil, mußte aber schwer dafür büßen und das Interim annehmen. In den nächsten Jahren gab es zwar keine Kriege mehr, wohl aber manche Streitigkeiten mit Württemberg, in denen aber jedesmal — das Gefühl der eigenen Schwäche erkennend — Seitens der Stadt nachgegeben wurde. Der dreißigjährige Krieg schlug ihr tiefe Wunden und kaum hatte sie sich etwas erholt, als der Einfall der Franzosen unter dem berüchtigten Melac (1693 und 1707) eine Fülle von Ungemach und Beschwerden über die Heimgesuchte brachte. Noch führt ein kleines Haus der fast verödeten Eßlinger Burg den Namen: Melacs Haus. Noch heute wird Melacs Name mit Abscheu genannt und von Geschlecht zu Geschlecht pflanzt sich die Sage vom „Eßlinger Mädchen" fort, die ein Opfer dieses Wütherichs habe werden müssen, um die Stadt vor gänzlicher Zerstörung zu retten. Nach dieser Prüfungszeit blieb die freie Stadt lange unangefochten von äußeren Stürmen. Dagegen erhob sich im Jahre 1789 in ihrem eigenen Schooße Streitigkeiten zwischen Magistrat und Bürgerschaft. Zudem äußerten die Kriegsunruhen zu Ende des vorigen Jahrhunderts ebenfalls ihren nachtheiligen Einfluß auf

Stadt und Umgegend, besonders schwer lasteten von 1796 bis 1801 die Einquartierungen und feindlichen Erpressungen aller Art auf den Bürgern. Erst der Lüneviller Friede machte allen Beschwerden von außen und aller Zwietracht im Innern ein Ende, denn durch diesen Frieden wurde die Stadt mit ihrem Gebiete dem Hause Württemberg zugetheilt (November 1802), und die Reichsunmittelbarkeit war auf immer dahin. Wie segensreich aber dieser politische Machtspruch für Eßlingens innere Zustände und für dessen Aufschwung ausgefallen, davon zeugt der jetzige Wohlstand und die Blüthe der ehemaligen Reichsstadt. Die Wunden, welche der Stadt durch Aufhebung ihrer reichsstädtischen Freiheiten geschlagen wurden, sind längst durch den Balsam einer milden, väterlichen Regierung verharscht.

Das Gebiet der Stadt dehnte sich über mehrere Weiler, die sogenannten Filiale, aus, die meist aus zerstreuten, auf den Berghöhen und in den Thälern umherliegenden Häusern bestanden. Bedeutendere Besitzungen hatte der kurz vor 1233 gegründete Spital, dessen Schutzpatronin die h. Katharina war, der deßhalb ihr Bild mit einem Schwert in der Hand und einem Rad mit rothen Speichen und fünf schwarzen Punkten im Wappen führte.

Welch einen stattlichen Anblick Eßlingen mit seinen starken, bethürmten Mauern, seinen vielen Kirchen und Kapellen und der Burg oberhalb der Stadt in älteren Zeiten gewährt haben muß, läßt sich aus einem im Rathhaus aufbewahrten Gemälde der Stadt und ihrer Umgegend vom Anfang des 17. Jahrhunderts erkennen. Seitdem hat es aber viel von diesem Aussehen verloren. Der größte Theil der Mauern mit Thürmen und Thoren ist abgetragen, manche Kirchen und Kapellen sind gänzlich verschwunden oder werden sie zu ganz anderen als kirchlichen Zwecken benützt; immer mehr verliert sich der Reiz der Alterthümlichkeit, den neuere Bauten, so stolz sie sich auch erheben, doch nicht zu ersetzen vermögen.

An die eigentliche Stadt reihten sich schon im 14. Jahrhundert vier durch Mauern von ihr getrennte Vorstädte an. Auf der ganzen Mauer lief ein bedeckter Gang umher und starke Thürme, zur Wehr wie zur Wohnung eingerichtet, ragten über sie empor. Sie war von einem Zwinger, einem breiten und tief ausgemauerten Graben und einer Vormauer umgeben und hatte sieben Haupt- und sechs Nebenthore, von denen jedoch nur noch das oben genannte Wolfsthor und das Schelzthor stehen, die zur mittelalterlichen Physiognomie der Stadt noch etwas beitragen. Abgetragen wurde in den letzten Jahren das innere Bliensau- oder Heiligkreuzthor. Dieses führte in die äußere Bliensauvorstadt, aus der man durch das noch stehende äußere Bliensauthor auf die äußere Bliensau- oder Heiligkreuzbrücke kommt, die 900' lang, 1286 mit Hülfe einer Ablaßbulle schön und dauerhaft erbaut wurde; die beiden Thorthürme in ihrer Mitte und am Ende sind verschwunden. Ebenso ist verschwunden, was sehr zu bedauern ist, die schöne Heiligkreuzkapelle an ihrem äußeren Ende, ein Denkmal aus alter Zeit und eine Zierde der Stadt. Allein um eine schnelle Krümmung zu vermeiden, wurde dieß Alterthum im Jahre 1838 dem Prinzip der Nützlichkeit geopfert. Noch eine Brücke hab' ich beiläufig zu nennen: die große Kanal- oder innere Bliensaubrücke, welche die Bliensauvorstadt mit der innern Stadt verbindet; sie ist theilweise mit Häusern überbaut. Durch das Wolfsthor gelangt man aus der innern Stadt in die südöstlich von ihr liegende Oberthor-Vorstadt.

Machen wir uns nun noch näher mit den gegenwärtigen Verhältnissen Eßlingens bekannt.

Die Anlage der Stadt ist weder im Ganzen noch im Einzelnen regelmäßig. Eßlingen besteht aus sieben einzelnen Theilen. Vom Bahnhof kommen wir zuerst in die Vorstadt Bliensau, welche auf der Insel zwischen dem Hauptstrom und dem Floßkanal liegt; sie bildet den südwestlichen Haupttheil Eßlingens. Von dieser Vorstadt gelangen wir in die eigentliche oder innere Stadt, am rechten Ufer des großen Neckarkanals liegend, gegen den Burghügel sanft ansteigend, sonst eben, früher von starken Mauern mit vielen Thürmen umschlossen, die jetzt meist abgetragen oder demolirt worden sind. (Die Zahl der Mauerthürme soll in den Zeiten der stärksten Befestigung über fünfzig betragen haben.) Gehen wir der Stadtkirche zu, so kommen wir auf den Marktplatz und von diesem aus gerade hinaus in die Vorstadt Beutau (abgeleitet von Bude, hölzernes Haus), welche den nördlichsten Bezirk der Stadt bildet und sich in das Krummenacker-Thal hinein zieht; sie theilt sich in die obere, mittlere und untere Beutau; durch die untere Beutau fließt unterirdisch der „Geißelen" oder der Beutenbach. Kehren wir wieder auf den Marktplatz zurück und ziehen wir uns westlich, so kommen wir in die sog. Mettinger Vorstadt, zwischen dem „Roßneckar" und der Neckarhalde. Einen andern Theil, den Kesselwasen, die mit mehreren Häusern besetzte untere Spitze der Kanalinsel, haben wir links von der inneren Bliensaubrücke bemerkt. Gegen Südosten, der Mettinger Vorstadt entgegengesetzt, liegt die Oberthor-Vorstadt, die einen bedeutenden Raum einnimmt, aber blos aus einer einzigen langen

Straße besteht, an deren äußerem östlichen Ende das Oberthor sich befindet. Endlich läßt sich vom Marktplatz aus im Norden der Stadt auf dem schönen Berge dort der letzte Theil derselben, die Burg, sehen, ein mit starken Mauern und einem Thurme eingefriedigter Raum, angelegt zur Vertheidigung Eßlingens gegen Angriffe, welche von Norden her drohen mochten, daher ihr alter Name Berfried (Burgfried). Die Burg war zu keiner Zeit ein Schloß. Der innere Raum wird heutzutage zu Baum- und Graspflanzungen benützt, auch ist das Schießhaus mit dem Schießplatz dort oben. Ein aus der Burg führender Gang ist neuerdings wieder eröffnet worden. In diesen verschiedenen Stadttheilen wohnen gegenwärtig über 14000 Menschen.

Von besonderer Wichtigkeit sind die Kanäle,*) von denen Eßlingen in der Mitte durchschnitten wird und die sowohl des ökonomischen und gewerblichen Nutzens, als auch der Gesundheit und Annehmlichkeit wegen für die Stadt von höchster Bedeutung sind. Oberhalb der Stadt ist schon in sehr alter Zeit ein 1500 Fuß langes Wehr nach dem Eisberg, dem südlich sich hinziehenden Bergrücken, hinüber dem Strom entgegen gedämmt worden, wodurch ein großer Theil seiner Wassermasse in einem künstlichen Bette der Stadt zugeführt wird. Am Anfang dieses Hauptkanals, der bis zu seiner Wiedereinmündung in den Neckar 8,200 Fuß Länge hat, ist im Jahre 1824 ein Wasserhaus mit der nöthigen Vorrichtung zur Sperrung des Kanals erbaut worden. Bei der obern Mühle ist ein Arm von ihm links abgeleitet, welcher von einem an seinem Anfang befindlichen Wehr der „Wehrneckar" heißt und den Floßkanal bildet. Diese beiden Ka-

---

*) Nach der O.A.-Beschreibung.

näle vereinigen sich am Westende der Stadt, um in dem alten Flußbette des Beutenbachs unter dem Namen „Roßneckar" dem Hauptstrom wieder zuzufallen. Der Haupt- und der Wehrkanal schließen nun die Insel ein, die wir eben betreten haben und die mit ihren Linden- und Kastanienalleen, mit ihren Rasen- und Blumenbeeten Einheimische und Fremde freundlich einladet. Sie führt den Namen „Maille" (man leitet ihn ab von dem Pall-Mall-Spiel oder Ballschlagen) und ist einer der Lieblingsplätze der Eßlinger; besonders lockt diese freundliche Lustanlage an Sonn- und Feiertagen eine Menge Besucher herbei. Zwei Brücken führen über die Maille: dort die schöne steinerne Brücke über den Wehrneckar; aus der innern Stadt führt über den Hauptkanal aber die „Schwätzbrücke". Wenn wir uns auf der Maille noch einige Zeit ergehen, so kommen wir an verschiedenen größeren und kleineren gewerblichen Etablissements vorbei. Ueberhaupt verdankt eine große Zahl verschiedener Werke diesen Wasserkräften ihren Betrieb.

Gehen wir aber über die „Schwätzbrücke" zurück in die Stadt, so lenken wir in die schönste Straße derselben, in die breite Ritterstraße (Ritterbaustraße) ein, die erst nach dem großen Brande im Jahr 1701 entstand. In dieser Straße steht der Ritterbau und das Palais des Gerichtshofs für den Neckarkreis, letzteres zur Zeit der Reichsunmittelbarkeit als Rathhaus benützt, ersteres gegenwärtig für das Oberamt und Oberamtsgericht und zu Beamtenwohnungen eingerichtet. Das genannte Palais ist ein großartiges Gebäude, das aus einem Mittelbau und zwei Flügeln besteht und 200' lang und 150' breit ist. Eine andere schöne Straße ist die Fabrikstraße, nach deren Seite hin die Stadt eine sehr gefällige Erweiterung gewinnt. Sie entstand erst in neuerer Zeit, hat sehr hübsche Häuser und trägt zugleich einen ländlichen Charakter.

So reizend nun die Lage und die ganze Umgebung Eßlingens ist; so herrlich sich die lieblichen Gärten, die umsichtig angelegten Obstpflanzungen und die rebengeschmückten Berge ausnehmen; so vortrefflich die Ansicht der Stadt mit ihren Kirchen, Thürmen und alterthümlichen Ueberresten der Befestigungen bei guter Beleuchtung sich gestalten mag: in ihrem Innern hat sie doch ein ziemlich ungefälliges Aussehen; nur wenige schöne Hauser sind vorhanden und die meist engen Straßen sind winkelig und unschön. Zwar ruft der Zeitgeist auch hier Verbesserungen hervor und immer häufiger bequemt man sich zu Neubauten und Häuserverschönerungen. Dadurch verliert die Stadt aber — wie schon bemerkt worden — sehr von ihrem alterthümlichen Charakter, und ihr das heitere, gefällige Aussehen moderner Städte anzueignen, dürfte sehr schwer auszuführen sein.

4.

Das schönste Denkmal mittelalterlicher Baukunst ist in Eßlingen die Liebfrauenkirche oder kurzweg die Frauenkirche oder Marienkirche genannt. Sie ist unstreitig die schönste Zierde der Stadt. Wir haben sie vor uns und mit Bewunderung beschauen wir den schlanken herrlichen Thurm den ganzen prächtigen Bau.

Veranlassung zur Erbauung dieser Kirche gab der Umstand,*) daß die Dionysius-Kirche seit 1213 durch eine Schenkung Friedrichs II. dem Domkapitel Speyer gehörte, wodurch die Eßlinger im freien Gebrauch dieses Gotteshauses mannigfach gehindert wurden. Im Jahr 1321 entschloß sich deßhalb der Rath, die schon im 13. Jahrhundert vorhandene Mauer-Kapelle oben in der Stadt, nahe bei der Stadtmauer, in eine

*) Nach „Heideloff, die Kunst des Mittelalters in Schwaben.“

Kirche verwandeln zu lassen. Die Gesammtbürgerschaft wurde zu Beiträgen für diesen heiligen Zweck aufgefordert. Weil aber der Bau hauptsächlich durch Privatbeiträge bestritten werden sollte, so ging es damit sehr langsam. Eine geraume Zeit verfloß, bis ein gehöriger Bausond vorhanden war. Verschiedene Hindernisse waren überdieß noch zu beseitigen und es scheint erst von 1406 an der Kirchenbau mit Ernst betrieben worden zu sein. Die Oberleitung des Ganzen führte zuerst Ulrich Ensinger, berühmt durch den Bau des Ulmer Münsters. Seine Söhne Matthäus und Matthias bauten nach ihres Vaters Tode fort; allein zum großen Leidwesen des Rath's gerieth das Werk 1438, als Matthias starb, in's Stocken. Matthäus empfahl nun dem Rathe den Meister Hans von Böblingen, Steinmetzen, der in Beisein des ersteren am 22. April 1440 von den Pflegern des Kirchenbaus wirklich zum Meister dieses Baus für 8 fl. Jahrsold und Sommers 4½ Schill. Taglohn angenommen wurde. Er sollte Bürger sein und das neue Haus an der Stadtmauer neben der Kirche bewohnen. Sein Steinmetzenzeichen findet sich mehrfach in den Wendeltreppen des Thurms und im Thurme selbst. Am 21. April 1456 wurde der Vertrag mit ihm erneut und ihm Freiheit von „Steuern, Zunft und anderer Beschwerung" ertheilt. Bis zu seinem Tode (Januar 1482) blieb er bei dem Baue thätig. Auf ihn folgten seine Söhne Marx und Matthäus Böblinger, durch Kunstfertigkeit ebenfalls berühmt. Der erstere leitete das Werk bis zu seinem Tode 1492. Stephan Waid und dessen Bruder Lukas übernahmen nun die Oberleitung, bis 1496 Matthäus Böblinger sich in Eßlingen niederließ und das Bauwesen fortführte. Nach ihm erscheint 1513 sein jüngster Bruder Dionysius Böblinger als Werkmeister und 1516 nahm die Stadt den „Marx, Steinmetzen von Stuttgart" auf fünf

Jahre zum Bau der Frauenkirche als Werkführer an. Am 9. März 1522 wurde der Vertrag erneuert und er ist es wahrscheinlich, der das Ganze vollendete.

Unverdrossen arbeiteten diese Baumeister am erhabenen Werk länger als ein Jahrhundert; unverdrossen suchte der Rath Allem zu entsprechen, was zur Förderung des Baus diente; unverdrossen steuerte bis zur Vollendung der Kirche die Bürgerschaft Scherflein um Scherflein bei. So vereinten sich unsere Altvordern, wenn es galt, das Heilige auch durch Aeußeres zu ehren, der frommen Andacht stille Tempel zu errichten, durch großartige Schöpfungen auch das harte Herz zum Staunen hinzureißen und gottgefällige Stimmungen in ihm wach zu rufen. Schön singt deßhalb der Dichter:

In Frieden baust du kühn aus Quadern
Die Kirche, die den Ast von Adern,
Den schlanken Thurm, zur Höhe treibt;
Es steh'n die hellen Fensterbogen
Mit lichten Bildern überzogen,
In deren Glas die Sonne bleibt.

Nun waren deine Tempel fertig
Und ihres Gottes neu gewärtig;
Da zuckt herein der Morgenstrahl:
Erneut, gereinigt ist der Glaube,
Es reifet deine dunkle Traube
Jetzt für den Kelch im Abendmahl.

Aber kehren wir wieder zu unserer Kirche zurück. Auf einer Anhöhe am nordwestlichen Ende der Stadt, hart an der Stadtmauer gelegen, über die ihr wahrhaft schöner Thurm emporragt, gehört sie mit zu den schönsten Bauten der Spätgothik in Schwaben. Sie hat drei gleich hohe Schiffe, aber kein Querschiff, einen Chor von fast gleicher Höhe mit den Schiffen und ist 128 (württ.) Fuß lang und 65,5 Fuß breit; die

Länge des Chors beträgt 43, die Breite 26,5 Fuß, die Höhe der Kirche aber vom Boden bis zum Scheitel der Gewölbe 53'; der Chor ist einige Zoll niedriger. Zehn schlanke Pfeiler tragen die Gewölbe. Auf der Westseite steigt der Thurm in vier Stockwerken viereckig bis zu dem achteckigen Obergeschoß empor, auf dessen Plattform mit durchbrochener Gallerie er in die zierliche achtseitige Pyramide umsetzt, in deren Innerem eine Wendeltreppe bis zum Gipfel emporsteigt, um daselbst, zunächst der Spitze, noch einen kleinen Umgang aufzunehmen, bis sie sich mit einer prachtvollen Blumenspitze bekrönt. — Drei Portale zwei auf der Süd- und eines auf der Westseite (unter dem Thurme), mit trefflichen figürlichen Reliefbildern in den Bogenfeldern führen zur Kirche. Die Strebepfeiler des Langhauses und des Chors endigen in Pyramidenthürmchen, die bei denen des Chors Figuren aufnehmen; auf den Gallerien und Giebelschrägen, auf den Ecken des Thurmvierecks und des Achtecks: überall erheben sich Spitzsäulen mit Krappen und Blumen und einem Reichthum von architektonischen und ornamentischen Schönheiten in den mannigfaltigsten Bildungen.

Betreten wir nunmehr das Innere, so wird man durch das Geräumige und Lichte des, der Anlage nach eine sogenannte Hallenkirche bildenden Baues überrascht. Zwei Reihen von je fünf schlanken Pfeilern trennen die etwas schwachen Seitenschiffe (18' breit) von dem breiteren, 29' messenden, gleich hohen Mittelschiff. Die Pfeiler von achteckiger Grundform steigen auf achteckigem Sockel empor. Die beiden ersten westlichen Schiffpfeiler tragen den Thurm und haben demgemäß entsprechende stärkere Dimensionen. An dem 4. Pfeiler von Westen nach Osten steht unter einem Baldachin die Mutter Gottes mit dem Jesuskinde; die Statue ist von Holz, vergoldet und bemalt. An der Console, auf der sie steht, befindet sich unter anderem ein Schild mit dem Steinmetzenzeichen des Hans Böblinger und einem Spruchband, auf dem man liest:

„Hie ligt begraben Hans Böblinger Maister dis Hus des gedenkend durch Gott!“

Ihr Licht erhält die Kirche durch 13 Fenster: vier gegen Süden, sechs gegen Norden, zwei gegen Westen und eins an der Ostwand des nördlichen Seitenschiffs. Ein kleines dreiseitiges Spitzbogenfenster, in die Thurmwand eingelassen, beleuchtet das Mittelschiff. Der Chor wird erhellt durch ein viertheiliges und durch fünf dreitheilige Fenster. Drei Fenster des Chorschlusses sind mit ziemlich streng stylisirten Glasmalereien geschmückt, Darstellungen aus dem neuen Testament und der Legende enthaltend, von verschiedenen Rahmen in jeder Scheibe umfaßt und von tiefer, zum Theil glühender Färbung.

Neben der Empore im südlichen Seitenschiff sind die Grabsteine des Hans und Matthäus Böblinger, mit den betreffenden Steinmetzenzeichen beider Meister in der Mitte, in den Boden eingelassen. Auf jenem lautet die Randumschrift: „Anno Domini 1482 an dem 4. Tag des Jänner ist gestorben Hans Böblinger Maister unser lieben Frowen Kirchenbuwes, Stainmetz. Gott geb ihm die ewig Ruw. Amen.“ Auf dem des Matthäus Böblinger steht die Aufschrift:

„O Here Got ich bit Dich um din Barmherzigkait Mattheus Beblinger von Eslingen. 1505.“

Zwischen beiden sieht man noch eine andre Grabplatte mit einem Steinmetzenzeichen, wahrscheinlich die eines andern Meisters am Bau.

Ganz in der Nähe davon steigt man durch ein zierliches Thürchen in das Treppenthürmchen des Thurms empor.

Die Wände der Kirche waren früher bemalt; leider hat sich

aber von der ursprünglichen Malerei keine Spur erhalten. Im 17. Jahrhundert wurden sogar sämmtliche Wanddecken, Gewölbe, Pfeiler rc. höchst bedauerlicher Weise ganz geschmacklos übertüncht.

Wenn wir uns nun aus dem Gotteshause entfernen, so nehmen wir noch nicht Abschied von demselben, sondern betrachten es genau von außen. Da offenbart sich erst recht der große Reichthum und die Mannigfaltigkeit der Formen und ihrer phantasievollen Zusammensetzung, durch die sich der ganze Bau auszeichnet.

Besondere Aufmerksamkeit verdienen die Portale. Von diesen ist das westliche auf der Südseite der Kirche das schönste und großartigste. Absehend von den ungemein zahlreichen architektonischen Schönheiten, lenken wir den Blick auf das obere spitzbogige Feld desselben. Dort erscheint Christus mit dem Kreuznimbus um das Haupt als Weltrichter auf dem Regenbogen, das Schwert im Munde, mit ausgestreckten Armen zu Gericht sitzend. Zu seiner Rechten kniet fürbittend die Mutter des Herrn, zur linken Johannes, die Hände gleichfalls flehend zum Richter der Menschheit erhoben. In dem darunter befindlichen Bogenfeld ist dann der Erfolg des Gerichts dargestellt. Dieses etwas stark hervortretende Relief ist in der Mitte von oben nach unten in zwei Hälften getheilt. Zur Rechten des Erlösers ziehen die Frommen in Prozession mit zum Gebet erhobenen Händen in den Himmel, aus dem die Seligen aus vier geöffneten Fenstern hervorschauen und dessen Pforte ihnen von Petrus aufgeschlossen wird. Zur Linken gähnt der Höllendrachenschlund, den ein Teufel mit grimmiger Fratze mittelst eines Balkens offen gesperrt zu erhalten bemüht ist, den Gottlosen entgegen, während ein anderer die ihrem trostlosen Schicksal Ueberantworteten, unter kläglichen Geberden sich ihm

Ergebenden mittelst einer Kette in denselben hinein zieht. — Die Figuren sind meist gelungen, zeigen viel Naturgefühl und sind sehr lebhaft, wenn auch einförmig und derb in Ausdruck und Formen. In der Gestalt des richtenden Heilandes ist der Gedanke der Macht und Herrlichkeit ausgeführt; die „Maria“ verräth tiefe Innigkeit; auch in der Gestalt des „Johannes“ ist der Ausdruck inbrünstigen Gebets nicht verfehlt.

Eine tiefe Hohlkehle begleitet den Kleeblattbogen des Portals und läßt sich bis zum Sockel nieder. Ueber dem Bogen erscheint sie in Felder eingetheilt, welche ebenfalls Bilder enthalten und zwar Engel mit Marterwerkzeugen, dazwischen selig und verdammt Auferstehende, Figuren von lebensvoller Bedeutung.

Uebersetzt wird der ganze Thürbogen sammt der Kehle durch einen geradlinigen, sich an die Mauermasse anlehnenden Ziergiebel mit Krappen von ausgezeichnet schöner Arbeit auf den Schenkeln, großer Kreuzblume auf der Spitze und Blendenmaßwerk im innern Felde. Stark hervortretende Halbfialen, deren Leib zu Nischen ausgehölt ist, steigen von zwei kleineren, gleich hohen Spitzsäulen mit geradlinigen verzierten Giebeln auf jeder der beiden Seiten empor. In den Nischen sitzen auf den Consolen unter den zu Baldachinen gestalteten Spitzgiebeln David und Jesaias mit Spruchbändern, ernste würdevolle Gestalten von tiefem Ausdruck und strenger Durchführung.

Sämmtliche Bildhauerarbeiten dieses Portals stammen aus dem ersten Viertel des 15. Jahrhunderts und zeigen den Styl der schwäbischen Skulptur jener Zeit in seiner ganzen Eigenthümlichkeit: gedrungene Verhältnisse der Figuren, allzu große Köpfe, ein Ringen nach einem natürlicheren und breiteren Wurf der Gewänder, ein Streben nach großartiger Auffassung und naturalistischer Durchbildung, tüchtige, strenge Arbeit und Ernst vor der Würde und Hoheit der Aufgabe.

Nicht weniger schön sind das östliche Südportal und das spitzbogige Westportal, sowohl was architektonische Ausführung, als was künstlerische Ausschmückung betrifft. Allein wir halten uns bei diesen nicht auf, sondern steigen jetzt in die Höhe. Auf einem einfachen Kranzgesims erhebt sich eine durchbrochene Gallerie, wodurch zwischen dem einige Fuß zurückgezogenen Dach ein Umgang um die ganze Kirche nebst Chor entsteht. Und nun der Thurm! Er erhebt sich, wie schon bemerkt, gegen Westen, von zwei starken, weit hervortretenden Strebepfeilern gestützt, die sich bis zum Achteck emporziehen. Gegen Norden steigt ein ähnlicher Pfeiler zu gleicher Höhe mit diesen beiden auf, während gegen Süden an die Stelle desselben ein achteckiges Treppenthürmchen tritt, das den südwestlichen Strebepfeiler bis zu der Gallerie begleitet, wo der Thurm ins Achteck übergeht; über die Gallerie bildet es noch ein Stockwerk mit sechs Fenstern von kleeblattförmiger Oeffnung. Ueber dem Kirchendach werden vier Thurmstreben gegen Osten, Süden und Norden sichtbar.

Die Wände der beiden ersten Stockwerke des Thurms sind ganz glatt gehalten, weil sie von den hohen, sich hart an der Kirche in die Höhe ziehenden Weinbergen verdeckt waren. Die Wände des dritten und vierten Stockwerks sind mit Blenden und Maßwerk in deren Spitzbogen verziert und haben Fensteröffnungen (mit Ausnahme gegen Osten).

Auf den Ecken des Thurmvierecks sitzen, den Uebergang in's Achteck vermittelnd, mächtige Thurmpfeiler, kunstvoll verziert. Sie sind mittelst der um das ganze Achteck laufenden Gallerie verbunden. Der südwestliche führt durch eine bedeckte Thüre auf die Gallerie des Achtecks.

An der Stelle des nordwestlichen Thurmpfeilers steigt das ungemein zierliche sechseckige Treppenthürmchen mit lichten, rautenförmigen Fenstern in die Höhe. Man gelangt durch dasselbe auf die westliche und nördliche Gallerie des achteckigen Thurmgeschoßes. Dieses hat nur ein Stockwerk und auf jeder Seite ein großes zweitheiliges Spitzbogenfenster. Das Innere desselben ist zum Glockenhaus gestaltet.

Zur zierlichen Pyramide des Thurms selbst kommt man durch das vorhin erwähnte Treppenthürmchen mit zwei spitzbogigen Thüren, die eine gegen Osten, die andere gegen Westen, welche auf den Umgang und den Fuß des Helms führen. Diese Pyramide, schlank und fein, steigt eben so keck als sicher in den edelsten Verhältnissen in die Höhe und zeigt die reinsten Formen, so daß sich eine große Mannigfaltigkeit der interessantesten Muster bemerklich macht. Im Innern der Pyramide läuft eine steinerne Wendeltreppe bis zur Spitze hinauf. Bald kommt man zu dem achtseitigen Umgang, der von einem breiten Gesims getragen wird. Ueber dieser Gallerie laufen die acht Rippen der Pyramide in die von einem schönen Gesims bekrönte äußerste Spitze zusammen, auf der eine prachtvolle Kreuzblume ihre Blätter gen Himmel ausbreitet und die aufwärts strebende Bewegung des Thurms zum feierlichen Abschlusse bringt. Das Ganze erscheint gleichsam als eine Belebung des todten Steins und reißt unwillkürlich zur Bewunderung, zum Staunen hin.

Der ganze Bau ist aus körnigem Sandstein aufgeführt. Er gehört dem Styl nach der Spätzeit der gothischen Bauweise bei uns an; dieß geht hervor aus dem Streben nach Reichthum und Zierlichkeit der Formen, mit denen spielend die kühnsten und mannigfachsten Zusammenstellungen vorgenommen sind; aus dem weichen und sanften Schwung der Linien, den häufigen Uebereckstellungen der Pfeiler, der Schweifung von Gliedern, die ihrer Natur nach geradlinig sein sollten. Durchweg herrscht in diesen Ausbildungen eine geistreiche und glückliche Kombinationsgabe, eine bemerkenswerthe Reinheit, eine ernste und strenge Konsequenz der Durchführung, ein einheitlicher Guß des Ganzen, eine Schärfe und Entschiedenheit der Profilirung, eine kunstgeübte Sicherheit der Technik, eine Sauberkeit und Genauigkeit der Arbeit, eine Solidität und Dauerhaftigkeit, die der Frauenkirche eine der ehrenvollsten Stellen unter den Bauten der germanischen Kunstperiode in unserem Vaterlande einräumen. Die Thurmspitze, sowohl konstruktiven als ästhetischen Gesetzen nach ein bewunderungswürdiges Meisterwerk, gehört zu den schönsten in ganz Deutschland. Wenn nun das früher lange Zeit vernachläßigte Gebäude erst in den letzten Jahren hie und da ausgebessert wurde, so wird eine durchgreifende Reparatur, die ihm zugedacht ist, seine Schönheiten und seinen Schmuck erst wieder recht an's Licht stellen und Eßlingen wird auch hierin seinen Kunstsinn bewähren.

Nach der Reformation — der nach Eßlingen berufene Ambrosius Blarer hielt 1531 die erste evangelische Predigt in der heutigen Stadtkirche — hatte diese Kirche keinen eigenen Geistlichen mehr, obgleich von jeher bestimmte Gottesdienste darin gehalten wurden seit dem 1. Juni 1811; hielten auch die Katholiken ihre Gottesdienste in diesem Tempel.

In neuerer Zeit aber dient die Frauenkirche den Evangelischen jeden Sonntag wieder zu gottesdienstlichen Zwecken.

Die Stadtkirche — die Kirche zum h. Dionysius — ist ebenfalls sehenswerth. Sie steht, wie wir schon sahen, frei und stößt an den Marktplatz. Die Länge des Gebäudes beträgt im Licht 236′, wovon auf den Chor, der ein Kreuzgewölbe und gemalte Fenster hat, 73′ kommen. Auf 12 achteckigen Pfeilern ruhen die Arkaden des Mittelschiffs, das 68′ hoch ist. Die beiden Abseiten sind etwa halb so hoch. Aus dem Schiff führen einige Stufen auf den mittlern Raum zwischen jenem und dem Chor, auf die sogen. Tenne, in welcher sich eine auf vier Säulen ruhende Emporkirche befindet. Aus der Tenne führen einige Stufen auf den Chor, in dem ein gemalter Hochaltar steht. Auch das steinerne Sakramenthäuschen von äußerst kunstreicher Arbeit, das in zierlichen Gliedern, Pyramiden, Säulchen 2c. beinah bis an das hohe Chorgewölbe aufsteigt, findet sich hier und ist sehr interessant. Zu beiden Seiten der Kirche, und zwar der Tenne, erheben sich zwei Thürme mit hölzernen und überdachten Verbindungsbrücken, die jedoch zur Verschönerung nicht großartig beitragen. —

Welch ein großer Zug junger Leute aber hier ganz geordnet in die Kirche eilt! Das sind Seminaristen. Hier befindet sich nämlich eine Anstalt zur Bildung von Volksschullehrern, ein Seminar. In diesem erhalten Jünglinge von 16—18 Jahren den nöthigen Unterricht, der sie befähigen soll zur einstigen Erziehung und Bildung der Kinder. Diese Jünglinge werden streng zur Ordnung, Pünktlichkeit und zu all denjenigen Tugenden angehalten, die den Lehrer der Jugend besonders zieren sollen. Der Unterricht selbst erstreckt sich auf allgemeine Fächer, auf Erziehungskunde und praktische Methodik und auf Musik. Seit 1811 bestehend, hat dieses Seminar weitaus die größte Zahl Lehrer an die vaterländischen Schulen gesandt. Ganz in der Nähe steht das Seminargebäude (am westlichen Ende der Stadt), das im Jahr 1844 neu aufgeführt wurde. Die Zahl der Zöglinge beträgt durchschnittlich achtzig.

Außer diesen beiden Kirchen gab es in Eßlingen früher noch verschiedene andere, die ich nur nennen will; es war vorhanden die Paulskirche, die jetzt für die gottesdienstlichen Zwecke der Katholiken hergestellt werden wird; das Gebäude hat eine herrliche architektonische Anlage und liegt am westlichen Ende der Stadt; ferner die Barfüßer- oder Franziskaner-, auch hintere Kirche genannt, eine ehemalige Klosterkirche, bis 1840 zum Gottesdienst benützt, jetzt nur noch in Trümmern zu sehen, die ein vorwurfsvolles Denkmal der Impietät gegen ehrwürdige Monumente des Alterthums bilden; die Spitalkirche, ebenfalls gänzlich abgetragen; die Kirche des Klosters zum h. Kreuz, über deren Stätte jetzt der Dampfwagen dahin rollt; sodann hatte Eßlingen eine große Zahl Kapellen: die Allerheiligen-Kapelle, in der sich jetzt das Stadt- und Spitalarchiv befindet; die St. Agnes-Kapelle; die Aegidien-Kapelle, jetzt zum Theater eingerichtet; die Nikolaus-Kapelle, auf einem Pfeiler der innern Brücke, jetzt die Werkstatt eines Feuerarbeiters; die St. Jakobs-Kapelle in der Vorstadt, jetzt ein Pferdestall. Auch außerhalb der Stadt standen einige nunmehr abgebrochene Kapellen.

Wenn man diese große Zahl von Kirchen und Kapellen in Betracht zieht, die vordem in Eßlingen zum Gottesdienst benützt wurden, so wird wohl der Schluß gezogen werden können, daß hier ein reges religiöses Leben geherrscht haben müsse; gewiß ist, daß sich Eßlingen ehemals unter allen Städten des jetzigen Württemberg durch seinen Reichthum an Gebäuden für gottesdienstliche Zwecke ausgezeichnet hat.

5.

Wir betrachten Eßlingen nunmehr in Bezug auf seinen ungemein lebhaften Gewerbebetrieb. Die großartigsten industriellen Unternehmungen finden sich hier; Fabriken aller Art wurden an den durch Wasserkraft ausgezeichneten Stellen gegründet und bis heute mit Umsicht und immer größerer Ausdehnung betrieben. Sehen wir uns ein wenig in dieser Richtung um!

Wenn schon in älteren Zeiten die hiesige Industrie von Bedeutung war, so hatten doch die ungünstigen Verhältnisse zu Ende des vorigen Jahrhunderts einen Verfall herbeigeführt, aus welchem die Gewerbsthätigkeit erst nach dem Eintritt der Friedensjahre sich zu heben angefangen, bald aber durch die Erweiterung des Markts in Folge der Zollvereinigung zu einer vorher nie gekannten Blüthe sich aufgeschwungen hat, so daß Eßlingen in industrieller Beziehung wohl die erste Stelle unter den Städten Württembergs einnehmen wird.

Wir gehen von der Maille aus immer östlich, und unweit des Wasserhauses gelangen wir zu einer der hervorragendsten Unternehmungen im Gebiete der Metallbearbeitung, nämlich zu der umfangreichen Blechwaarenlackier- und Metallwaarenfabrik und Gießerei von C. Deffner. Dieses Werk ging hervor aus einer durch einen Herrenhuter aus Neuwied im Jahr 1809 gegründeten kleinen Lackierwerkstätte, die seit 1819 im alleinigen Besitz des gegenwärtigen Hauses sich nach und nach erweiterte und zu einem der ersten im südlichen Deutschland sich erhob. Die sehr zweckmäßig eingerichteten Fabrikgebäude enthalten zwei Fallhämmer, drei Walzenständer, 15 Drehbänke, eine Farbreibmaschine, eine Gießerei, verschiedene Pressen und mehrere Werkstätten der Flaschner, Schlosser, Schleifer, Lackierer, Maler, Verzierer ꝛc. Die Fabrik beschäftigt wohl 200 Personen mit einem Arbeitslohne von etwa 80,000 fl. jährlich, welche in der Stadt in Umlauf kommen. Ihre Erzeugnisse sind lackierte Blechwaaren aller Art, Waaren aus Messing, Tomback, silberplattirtem Kupfer, gewalzten Metallwaaren zc. zc. Die Bleche werden aus Rheinpreußen und Rheinbayern, das rohe Kupfer aus Rußland und Schweden, Zink aus Preußen und Tyrol bezogen. Der Absatz geht durch ganz Deutschland, nach der Schweiz und in andere europäische Länder, besonders aber nach Amerika.

Ziehen wir uns wieder mehr in die Nähe der Stadt, so kommen wir in eine Fabrik, die in anderer Richtung nicht minder großartig ist, als die vorhin genannte: es ist die Tuchfabrik der Gebrüder Hartmann, die gegenwärtig ebenfalls zu den ersten des südwestlichen Deutschlands gehört. Sie beschäftigt theils in, theils außerhalb der Fabrik über 400 Arbeiter und setzt jährlich wohl eine halbe Million Gulden um. Gegenstände der Fabrikation sind: Tücher, Halbtücher, Biber in feinen Qualitäten zc.; sie werden im Zollvereinsgebiete und in der Schweiz abgesetzt. Die mit dem Geschäft verbundene Spinnerei arbeitet mit 3000 Spindeln und zählt sieben Assortiments. — Nicht unbedeutend ist aber auch die Tuchbereitung von neun einzelnen Tuchmachermeistern mit vier Tuchscheerern, die 40 bis 50 Personen in Thätigkeit setzen. —

Die Spinnerei und Färberei von Merkel und Wolf mit etwa 500 Arbeitern gehört ebenfalls zu den bedeutenderen Unternehmungen und liefert Spinnereien von wollenem Kammgarn, als Web-, Stick-, Strick-, Posamentiergarn zc. An dieses Werk ist anzureihen die Linnen- und Baumwollenweberei von Schöllkopf und Grünzweig, ein blühendes Geschäft, das hier und in der Umgegend eine namhafte Zahl Webstühle lebendig erhält. — Allein wie vermöcht' ich die einzelnen Betriebe alle zu nennen? Und wozu sollt' ich aufzählen alles das, was Eßlingens gediegene und durchgebildete Gewerbswelt leistet in Hervorbringung gefärbter Waaren, ausgezeichneter Schmuckgegenstände in Gold, schöner Handschuhe, feiner Holzwaaren und sonstiger Produkte, die in das Bereich der gesteigerten Industrie einschlagen? Schon auf unseren Wanderungen durch die Stadt haben wir hier den Hammer schallen, dort die Räder rauschen, hier die Feilen rasseln, dort das Walzwerk knarren hören, haben allwärts fleißige Hände und rastlose Arbeiter bemerkt.

Nur zweier Unternehmungen, die einzig in ihrer Art sind, muß noch erwähnt werden: der Fabrikation des Eßlinger Champagners und der wahrhaft großartigen Maschinen- und Reparatur-Werkstätte.

Erstere wird von Keßler und Genossen betrieben. Begründet wurde dieses Geschäft von G. C. von Keßler im Jahr 1826. Dieser unternehmende Geist trug das in der Weinhandlung der Wittwe Clicquot-Ponsardin in Rheims beobachtete Verfahren in Bereitung moussirender Weine über auf das vaterländische Weinerzeugniß, und troß der starken Konkurrenz, welche durch den glücklichen Erfolg im In- und Ausland hervorgerufen wurde, erweiterte sich der Betrieb so sehr, daß seit dem Jahre 1834 alljährlich durchschnittlich 80,000 Flaschen gezogen werden konnten. Von diesen beliebten Schaumweinen werden wohl 20,000 Flaschen im Zollvereinsgebiet, die übrigen aber in den entferntesten Ländern des Nordens und des Orients verschlossen; durch ganz Europa, ja weit über Europa hinaus ist dieser Wein berühmt und gesucht, und es wurde wohl manchmal schon Eßlinger Champagner für ächten getrunken! Auch nicht moussirende rothe Weine werden in guten Jahren vorzugsweise aus Klevnertrauben gekeltert und nach der in der Bourgogne und Champagne üblichen Weise behandelt. Da die Keßler'sche Weinhandlnng es verschmäht, durch franzöfische Etiketten zu täuschen, so sind ihre Erzeugnisse vorzugsweise geeignet, den vaterländischen Weinen die Anerkennung des Auslandes zu verschaffen und sie allwärts zu empfehlen. Zugleich wirkt aber dieses Geschäft auch aufmunternd für die Verbesserung des württembergischen Weinbaus; denn es bezahlt für die edeln Traubensorten Preise, welche die gewöhnlichen Herbstpreise um das Drei- und Vierfache übersteigen. Für die Stadt selbst ist dieses Etablissement durch den vermehrten Verkehr wichtig, welcher durch Beifuhr des Weinmosts, durch verschriebene Betriebsbedürfnisse und durch Versendung der Weine herbeigeführt wird.

Den großartigsten und weitaus bedeutendsten Geschäftsbetrieb ruft aber die hiesige M a s c h i n e n w e r k s t ä t t e hervor, ein Unternehmen, das, jedenfalls einzig in seiner Art in unserem Schwaben, sich einer herrlichen Blüthe erfreut.

Am nordwestlichen Ausgang der Stadt haben wir längst die lange Doppelreihe von Gebäuden mit einzelnen Querflügeln bemerkt, auf der einen Seite vom Neckar, auf der andern von der Eisenbahn begrenzt. Theilweise zwei Stockwerke hoch, sind die Fabrikgebäude größtentheils von Ziegelsteinen aufgeführt und im Innern bald von Gallerien, bald von mächtigen Balkengerüsten durchschnitten. Ein lebhaftes, vielfach gebrochenes Getöse dringt schon von ferne her an unser Ohr; wir hören ein fast betäubendes Hämmern und Klopfen. Aus den Schornsteinen qualmen dunkle Rauchsäulen. Bruchstücke von Lokomotiven, Waggons, Kesseln, Cylindern, ganze Reihen von Rädern, Lager von Schienen, gewaltige Krahnen rc. verkündigen endlich, daß wir uns vor einer jener gewaltigen Werkstätten menschlicher Industrie befinden, welche das gegenwärtige Geschlecht errichtet hat, um die Kräfte der Natur sich dienstbar zu machen, den schwachen Arm des Sterblichen mit Riesenkraft auszurüsten und weite Räume mit der Geschwindigkeit eines Pfeils zu durchfliegen.

Und diese Maschinenfabrik wurde im Jahr 1846 von einer Aktiengesellschaft auf Anregung des noch an der Spitze stehenden ebenso intelligenten, als gewandten Direktors E. v. Keßler gegründet. Ursprünglich sollten 300 Arbeiter in derselben thätig sein. Anfangs unterstützte die Regierung die Unternehmer durch einen nicht unbedeutenden Zuschuß. Aber der Aufschwung der Werkstätte war so überraschend, daß sich schon im Jahr 1855 die Arbeiterzahl verdoppelt hatte. Die Gebäude, die heute einen Flächenraum von zehn Morgen einnehmen, mußten erweitert, das Aktienkapital vergrößert werden, dagegen wurde das Staatsanlehen völlig abgetragen, und das Arbeiterpersonal ist zur Zeit nahe an 1200 Mann angewachsen. Das jetzige Aktienkapital das sich unter 31 Aktionäre vertheilt, beträgt 1,150,000 fl.

Ganz gelegen kam dem Unternehmen die nahe Wasserkraft. Ein vom Neckar abgeleiteter Kanal führt unter den Gebäuden durch und setzt drei Turbinen in Umschwung, welche geschickt benützt die bewegende Kraft nach allen Seiten hin thätig machen. Bei sehr großem Wassermangel wird aber auch Dampf zu Hülfe genommen. Sämmtliche Schmiedefeuer und Oefen sind durch Röhrenleitung mit Ventilatoren versehen. Eine Wasserleitung erstreckt sich durch die ganze Schmiede bis in die Gießerei, um bei ausbrechender Feuersgefahr sogleich Hülfe zur Hand zu haben. Sämmtliche Arbeitslokale stehen unter einander im Zusammenhange. Eine Eisenbahn zieht der ganzen Länge nach durch die verschiedenen Abtheilungen und Höfe der Fabrik. Jeder einzelne Geschäftszweig ist seinem besondern Werkführer untergeordnet.

Treten wir aber endlich ein in diese Räume. Wir folgen einem kundigen Führer. Wie sich da „tausend fleißige Hände regen“ und rastlos thätig jede Minute benützen! Gewiß, wenn irgendwo, so werden hier „in feurigem Bewegen alle Kräfte kund.“

Wir befinden uns an der Südostseite in der Montirungswerkstätte, einem Gebäude von etwa 145 Fuß Länge und 60 Fuß Breite, an das sich nordwestlich noch ein fast ebenso großes Lokal anschließt. Hier setzen sie die Lokomotiven zusammen. Oben auf die Gallerie wurde die Maschinenschlosserei verwiesen. Eine doppelte Reihe von Schraubstöcken, mehrere Bohrmaschinen und zwei Krahnen, die sich mit Leichtigkeit hin- und herschieben lassen und zur Emporhebung der Lokomotiven dienen, haben hier oben ihren Platz gefunden. 212 Arbeiter sind in dieser Abtheilung beschäftigt. Durch ein Zwischengemach, die Werkzeugschmiede mit zwei Feuern und acht Arbeitern, treten wir sofort, immer die Richtung nach Nordosten beibehaltend, in die Metalldreherei mit zwei Stockwerken, jedes eben so groß wie die vorige Werkstätte: 170 Männer warten hier des aufgetragenen Geschäftes, und 76 Drehbänke, 15 Hobel-, 10 Feil-, 24 Bohr-, 8 Schraubenschneid-, 3 Frais- und eine Centrirmaschine reihen sich an einander. Mit bewundernswürdiger Regelmäßigkeit und Stetigkeit verrichtet jede dieser Maschinen ihr Werk; gehorsam fügt sich selbst das schwere Material der Lokomotiv-Achsen und Räder dem unwiderstehlichen Drucke des Drehstahls. Im zweiten Stock werden gewöhnlich die kleineren Dreharbeiten vorgenommen. — Ein heißer Luftzug weht uns entgegen. Wir stehen unter dem Eingang zur Schmiede. Sie ist etwa 180 Fuß lang und 50 Fuß breit. Oefen rechts und links und in der Mitte, 40 Feuer mit 140 Arbeitern, Einsatzöfen, wo die Maschinentheile gehärtet, zwei Flammöfen, wo die Radreifen gebogen werden, ein Fallhammer, eine Schraubenschneidmaschine und drei Schleifereien sind hier mit zweckmäßiger Benützung des

Raums angebracht: Das benöthigte Schmiedeisen beziehen sie aus Wasseralfingen, Königsbronn, Albbruck ꝛc., das Masseleisen meistens aus Nassau und Schottland; zur Feuerung dienen Steinkohlen aus Ruhrort, auch Bexbach, und Holzkohlen vom Welzheimer Walde. — An die Schmiede reiht sich die Gießerei, räumlich eben so groß wie jene; hier werden die hieher einschlägigen Maschinentheile erzeugt. Zahlreiche Formereien, drei große Krahnen, zwei Kupolöfen, drei Trockenöfen und an dem einen Ende vier weitere Oefen für die wichtige Messinggießerei nehmen 80 Arbeiter in Anspruch. Doch sieh, dort fließt die glühende Eisenmasse heraus. Hei, wie die Flammen sprühen! Die Hitze wirkt beinah versengend. Und wie die kräftigen Gestalten trotz Schweiß und Hitze die Elemente zu beherrschen wissen! — Auch in der Schlosser- und Tenderwerkstätte, gegen 250 Fuß lang, brennen acht Feuer. Verschiedene Bohr-, Loch- und Schneidemaschinen, Dressirbänke, eine hydraulische Presse von 3000 Centnern Druckkraft nehmen unsere Aufmerksamkeit in Anspruch. Oben auf der Gallerie ist eine Reihe von Schraubstöcken für die gewöhnlichen gröberen Schlosserarbeiten bestimmt. An den Tendern sind 50, in der Schlosserei 120 Arbeiter angestellt.

Wir sind in einen nach der Eisenbahn hin offenen Hof gelangt; die Reihe der Gebäude ist durch ihn unterbrochen. Ein mächtiger Krahn steigt empor, und eine große Schiebbühne hat zum Zweck, Lokomotive, Waggons ꝛc. herein zu bugsiren; sie steht zugleich mit der großen Brückenwage von 500 Centnern Tragkraft in Verbindung.

Indem wir, unsere bisherige Richtung beibehaltend, über den Hof schreiten, stoßen wir auf die Lackierwerkstätte, 60 Fuß lang, und die Schreinerei oder Wagenwerkstätte, 190 Fuß lang. Dort harren allerlei Wagen des Anstrichs; hier laufen in langen Reihen zu beiden Seiten unten und auf der Gallerie 70 Hobelbänke hin, während der mittlere Raum zur Aufschlagung der Wagen vorbehalten ist. Oben werden die Bänke für die erste und zweite Wagenklasse vollständig ausgefertigt, beschlagen und gepolstert. Für die vereinigten Werkstätten sind nach Befund der Umstände 100—150 Mann erforderlich. An ein weiteres Quergebäude am untern Ende der Fabrik, als Magazin für geschnittene Hölzer dienend, lehnen sich in südlicher Richtung zwei Parallelflügel an, die zur Niederlage von Kooks und Holzkohlen dienen, während auf dem äußern, zum Neckar ausgehenden, aufgefüllten Raum große Holzmassen aufgeschichtet sind. An denselben grenzt ein Bassin zum Holzauslohen und jenseits desselben steht gesondert ein Holztrockenofen mit Trockenstube für die Lackierer. Rechts davon soll noch eine Sägmühle gebaut werden.

In der Verlängerung des äußeren Parallelbaues folgen sich die Wohnung des Magaziniers nebst Stallung, das Spritzenhaus mit Feuerwehrgeräthschaften und die Eisen-, Blech- und anderen Magazine, welchen auch ein Querbau eingeräumt ist. Wir gelangen dann in die Region der Kupferschmiede mit acht Feuern und der Kesselschmiede mit 13 Feuern und einem Flammofen. Beide zusammen mit 130 Arbeitern haben eine gleiche Längenausdehnung wie die obengenannten Werkstätten. Dort werden sämmtliche für Lokomotiven nöthige und fertig bezogene Messingrohre mit Kupfermündungen versehen, hier die Bleche geschnitten, gebogen, geformt, genietet ꝛc. Vier Bohr-, zwei Loch-, eine Blechschneid- und eine Blechbiegmaschine unterstützen und fördern die Thätigkeit der Menschen. Ein mißtöniges Knarren und Kreischen und Raspeln verräth uns die Nähe der Sägmühle, ehe wir uns überzeugen, daß eine Holzbohrmaschine, eine kleine und eine große Stemm-, eine Fälz-, eine Schlitz-, eine Bohr- und zwei Holzhobelmaschinen, eine Band-, eine Block- und zwei Zirkelsägen, sämmtlich nach neuester Konstruktion, mit 40—50 Mann, alle zusammen arbeitend, kein ergötzliches Konzert aufführen können, das übrigens die oben arbeitenden Modellschreiner aus erster Hand genießen dürfen. Fürwahr, ein nicht beneidenswerthes Glück!

Unser Rundgang ist vollendet; wir stehen vor dem Verwaltungsgebäude, das nordwestlich an die Montirungswerkstätte stößt und im Erdgeschoß die Geschäftszimmer für den Direktor und für die ihm untergeordneten Beamten, im obern Stock aber die Lokale für die Zeichner enthält. Daß sämmtliche Werkstätten geräumig, hell und gesund sind; daß in allen eine musterhafte Ordnung herrscht: wir haben dieß mit großem Wohlgefallen wahrgenommen.

Die Arbeitszeit dauert Winters wie Sommers zwölf Stunden. Die Arbeiter selbst sind bezüglich ihres Verdienstes sehr verschieden gestellt; daß aber ein thätiger und geschickter Mann sein reichliches Auskommen hier sich verschaffen kann, mag daraus ersichtlich sein, daß nicht wenige Arbeiter wöchentlich 30—35 fl. verdienen, eine Summe, mit der es sich gewiß sehr anständig leben läßt. Zudem werden die Leute hier sehr human behandelt; weitaus die meisten sehen wohl und kräftig aus; heitere Geselligkeit wissen sie ebenfalls zu pflegen; haben sie doch einen eigenen Liederkranz, Vulkania, mit eigener Bibliothek gegründet, der um einen Theil der Arbeiter ein freundliches Band schlingt und einen sittigenden Einfluß auf das ganze Etablissement ausübt.

Die Maschinenfabrik ist fast ausschließlich für den Eisenbahnbetrieb thätig und liefert jährlich 50—60 Lokomotive und 400—600 Wagen verschiedener Konstruktion. Nicht Württemberg allein ist es, welches hier solche Geschäftigkeit hervorruft;

es waren und sind vielmehr sehr zahlreich die Bestellungen für andere deutsche Bahnen, für Oestreich, die Schweiz, selbst für Frankreich und Dänemark. Eßlinger Lokomotiven begrüßen alle Meere, welche Europa umgeben; kürzlich wurde die 435. vollendet. Und daß an kein Rasten der Fabrik zu denken ist, dafür geben die zur Zeit festen Bestellungen für vier Millionen Gulden den unzweideutigsten Beweis.

Auch nach Ulm entsandte die hiesige Fabrik etwa 200 Arbeiter, die der östreichischen Dampfschifffahrtsgesellschaft eiserne Waarenboote fertigt; zudem hat diese Filiale der gewaltigen Eßlinger Werkstätte die Lieferung von Brücken für Bayern übernommen.

Neben der Maschinenfabrik befindet sich die Anstalt zur Reparatur der schadhaft gewordenen Wagen, Lokomotive u. s. w., die auf Staatskosten betrieben wird und ein nothwendiges Anhängsel des Eisenbahnbetriebs ist. Immerhin finden in derselben 130 Arbeiter vollauf Beschäftigung.

Daß nun durch diese beiden gewerblichen Unternehmungen auf Eßlingens soziales und kommerzielles Leben ein bedeutender Einfluß geübt wird, läßt sich leicht einsehen. Aber gerade diese Gewerke und die schon früher genannten sichern der Stadt den Ruhm, in industrieller Richtung obenan zu stehen unter allen Städten Württembergs.

6.

Wenn wir eben dem Fortschritt der Gewerbsthätigkeit in der hiesigen Stadt und dem ausgezeichnet günstigen Erfolg des Gewerbebetriebs unsere Huldigung darbrachten, so dürfen wir einen andern Theil der arbeitenden Klasse — ich meine die Weingärtner und Ackerbautreibenden — in seiner Lebendigkeit und Rührigkeit wohl auch eines Blickes würdigen.

Sie verdienen es wohl, diese Leute, die vom frühen Morgen bis in die späte Nacht hinein oft mit fast erdrückender Anstrengung den Boden bauen, um ihm sein Erträgniß abzugewinnen, sie verdienen es wohl, sage ich, daß wir sie näher kennen lernen.

Was zunächst den Ackerbau*) betrifft, so ist die Zahl der den Privaten zugehörigen Güterstücke verhältnißmäßig sehr beschränkt und in sehr kleine Parzellen vertheilt; der Anbau derselben ist aber in hohem Grade sorgfältig und zeugt von größtem Fleiße. Der Boden selber ist im Ganzen sehr ergiebig; in seltener Ueppigkeit prangt weithin durch das Thal verschiedenartige Pflanzung. Was auch von emsiger Hand dem Erdreich anvertraut wird: es keimt und grünt und wächst zur Freude des Besitzers so schön und voll, daß freudig das Herz ihm wallet, wenn sein Auge sich weidet am reichlichen Ertrage seines Grundstücks. Und nicht das kleinste Plätzchen bleibt unangebaut. Es finden sich nirgends öde Stellen im ganzen Gebiete der Stadt. Sogar die Rüderner Heide, vor wenigen Jahren noch öde Hornviehweide, ist jetzt, mit Ausnahme einiger sumpfiger Plätze bei der Katharinenlinde, ganz angebaut und in Obstgärten verwandelt; die oberste Höhe ist Ackerland. Was aber insbesondere zur Steigerung des Ertrags der Bodenstücke beiträgt, das ist der aufgehobene Flurzwang; frei kann jeder Eigenthümer mit seinem Besitzthum schalten, benützen kann er es nach Gutdünken, darum auch fortwährende Abwechslung im Anbau der Gelände. Der Pflug geht nur in den Thalgütern; an den Bergabhängen wird auch das Getreideland von Menschenhänden gartenmäßig angebaut. Uebrigens ist der Getreidebau sehr beschränkt und für das örtliche Bedürfniß bei weitem nicht hinreichend.

Die Hauptthätigkeit richtet sich auf Weinbau und Obst-

---

*) Theilweise nach der O.A.-Beschreibung.

kultur. Im Weinberg ist fast zu jeder Jahres- und Tageszeit der unermüdliche Weingärtner unverdrossen rührig. Mit jedem Frühling erstehen neue Hoffnungen in seiner Brust; mit jedem neuen Lenze beginnt er guten Muths und gottvertrauend seine kraftverzehrende, mühevolle Arbeit, wenn auch viele Jahre hindurch jedwede Hoffnung ihm zu Schanden ging und jeder Lohn für sauren Schweiß ihm ausgeblieben. Das ist der Muth des Gottvertrauens, der unsre Winzer neu belebt, wenn die Natur sich neu verjüngt und hell die Sonne auf die Berge scheint und Leben in die fast erstorbnen Reben haucht. Dann zieht es jeden mit Gewalt hinaus und fröhlich hebt sich Aug' und Herz zu Gott empor, und altgewohnte Thätigkeit beginnt voll Lust im neuen Gleise wieder.

Weit über tausend Morgen Weinbergland wird mit der größten Sorgfalt hier gepflegt. Die Ebershalde, die Neckarhalde zwischen Eßlingen und Mettingen und der südliche Abhang des Oehlenberges (Ailenbergs) gegen Untertürkheim: das sind die besten Lagen. Die Weinberge der Neckarhalde haben wir vom Thurm der Frauenkirche aus gesehen; haben gesehen, wie jäh' die Wege an der Halde sich hinaufziehen. Je weiter man auf jenem Wege voran geht, desto schöner wird die Aussicht und die Ansicht von der Stadt. Die Rebgelände selbst sind mit Silvanern und mit Trollingern und andern Traubensorten bepflanzt. Man rechnet ungefähr 4000 Stöcke auf den Morgen; bei reichlichem Gedeihen der Trauben kann man vom Morgen fünf bis sechs württemb. Eimer Weinmost erhalten. Die Weinerzeugung ist mithin hierorts von Bedeutung, und die Sorten sind von ganz besonderer Güte. Der Handel mit Wein ist natürlich von nicht geringerem Belang.

Aber nicht bloß in seinem Weinberg ist der Winzer thätig; noch andre Zweige seines Wirkens hat er zu bedenken. Vor allem ist's die Obstkultur, die ihn in Anspruch nimmt. Nicht leicht wird anderswo der Baumzucht solche Aufmerksamkeit geschenkt, nicht leicht wird sie mit solcher Umsicht und Sachkenntniß betrieben, wie hier und in den Filialien; sie ist ein wichtiger Erwerbszweig und dazu ein ergiebiger. Wenn man bedenkt, daß beispielsweise 1840 nur für Kirschen 20,000 Gulden, für Obstmost, den man hier ganz gut zu bereiten versteht, 43,000 Gulden gelöst wurden, so wird man nicht mehr daran zweifeln, daß es sich wohl der Mühe lohnt, die Bäume sorgsam zu pflegen. Schlägt der Ertrag der Obstbäume auch nur wenig ein, so darf der Baumgutbesitzer nicht umsonst dem Herbst entgegengehen. Die hiesigen klimatischen und Bodenverhältnisse scheinen ganz besonders das Gedeihen aller Arten von Stein- und Kernobst und eine reiche Ernte zu begünstigen.

Endlich ist es noch der ausgedehnte Handel mit Obstbaumstämmchen, der mit einen Hebel bildet zum Emporkommen der unermüdet fleißigen Bewohner unsrer Stadt. Schon vor Jahrhunderten erhielten die Eßlinger zu Obstpflanzungen dadurch eine Aufmunterung, daß der Senat jedem Bürger erlaubte, auf die zahlreichen Allmandplätze Bäume zu setzen; sodann knüpfte derselbe die Genehmigung, ein Haus erbauen zu dürfen, an die Bedingung, wenigstens fünf Obstbäume auf die Allmand zu pflanzen. So entstanden die Obstwälder, die man allerwärts um die Stadt herum bemerkt und die zur Blüthezeit den schönsten Schmuck des Thales bilden. Aber zu jenen Pflanzungen war eine sehr große Zahl junger Bäume erforderlich; der Ankauf derselben war mit bedeutenden Kosten verknüpft; deßhalb wurden schon sehr früh, besonders von Weingärtnern, Versuche gemacht, diese Bäume selbst zu erzeugen, was auch vollkommen gelang; nach kurzer Zeit konnte nicht nur der eigene Bedarf gedeckt werden, sondern es hatte der

Wetteifer, die schönsten Bäume zu ziehen, bald auch die Folge, daß mehr Bäume, als man nöthig hatte, gepflanzt wurden. Dieser Ueberfluß wurde zu Markt gebracht, und es fanden sich bald viele Käufer aus der Nachbarschaft ein, ja es vermehrte sich die Nachfrage von Jahr zu Jahr so sehr, daß seit fünfzig Jahren selbst Bayern, Baden, Hessen und die Schweiz eine große Zahl dieser Bäume beziehen. Von Ende Februar bis April findet jeden Mittwoch und Samstag ein Baummarkt statt. Während dieser Zeit werden wohl 50,000 bis 60,000 Stämme verkauft. Lange Zeit beschäftigten sich viele Zwischenhändler mit dem Ankauf und Wiederverkauf dieser Bäume. In neuester Zeit finden es aber die Käufer vortheilhafter, ihren Einkauf in Eßlingen selbst zu besorgen, wodurch sie die Bäume frisch, schön und zu mäßigeren Preisen erhalten. An die Stelle der anfänglich rauheren Gattungen traten allmälig edlere Sorten: der Luikenapfel, der Weißling, Breitling, der rothe und gelbe Stettiner, der Schnabelapfel, die grüne Reinette; die Brat-, Wadel-, Knaus- und Gaishirtlensbirne. Nicht minder werden Steinobstbäume: Kirschen, Zwetschgen, Pflaumen, Aprikosen, Pfirsiche gepflanzt und in den Handel gebracht. Diese Bäumchen werden gewöhnlich in den Weinbergen gezogen, wo die aus dem Land oder Beet genommenen Stämmchen unterhalb der Wasserfurchen gesetzt, nach drei bis vier Jahren gepfropft und nach weiteren drei bis vier Jahren als versetzbare Bäume zu Markt gebracht werden. Im Allgemeinen darf man annehmen, daß auf dem Eßlinger Baummarkt alljährlich eine Summe von 12—15000 Gulden umgesetzt wird.

Von bedeutendem Belang ist auch der Gartenbau, begünstigt durch die Bedürfnisse der namhaften Bevölkerung Eßlingens selbst, sowie durch die starke Konsumtion der nahen Residenz. —

Daß Weingärtner und Güterbesitzer Eßlingens sich rastlos umthun, um sich empor zu bringen oder wenigstens ihren Lebensunterhalt zu erraffen, wird aus dem Bisherigen zu ersehen sein. Mög' es diesen emsigen Menschen stets vergönnt sein, reichlichen Lohn für ihre Thätigkeit zu ernten.

7.

Noch wäre Manches von Eßlingen zu sagen; seine reichen Stiftungen, sein großes Stiftungsvermögen (welches $18^{55}/_{56}$ eine Einnahme von 152,359 Gulden gewährte, welche Summe aber doch um über 5000 Gulden zur Bestreitung der Ausgaben nicht zureichte), sein Besitzthum an Waldungen da und dort, seine Armenversorgungsanstalten und namentlich sein Bildungs- und Erziehungswesen wäre zu schildern; aber, wir sehen uns nunmehr in der nächsten Umgebung der Stadt um. Diese bietet des Schönen gar mancherlei und es könnte uns fast schwer werden, das Schönste herauszuwählen. Besuchen wir erst Kenneburg und das Jägerhaus, zwei herrliche Punkte.

Nach Kenneburg brauchen wir nicht einmal eine halbe Stunde. Bald haben wir die Stadt im Rücken. Der Weg ist angenehm und zieht sich leicht hinauf. Je mehr wir in die Höhe kommen, desto mehr öffnet sich die Rundschau. Schon winkt das freundliche Badhaus uns zu. Wir schreiten rasch voran und in kurzer Frist ist das wunderschön gelegene Badgebäude erreicht. Wie still und freundlich es hier ist! Ueppige Fruchtfelder, herrliche Weinberge, weithin sich ziehende Obstwälder und in nächster Nähe die hübschen Gartenanlagen: das Alles wirkt auf das Auge nur angenehm. Und schweift es dann weiter hinaus, so wird ihm die reizendste Aussicht zu Theil. Besonders fallen die vielen zerstreut liegenden Häuser auf, die bald näher, bald etwas weiter entfernt sich zeigen. Sie bilden die sogenannten Filialien, welche die Stadt beinahe rings umgeben; nur die Südseite macht eine Ausnahme.

Und der prächtige Wilhelmsbrunnen! Aus zwölf Röhren ergießt er mit großer Kraft sein beinahe chemisch-reines Wasser, das seine Heilkraft schon an manchem Leidenden bewährte; denn gerade dieses Wasser wird in das nur einige hundert Schritte, in edlem Styl und doch einfach erbaute Kurhaus geleitet, so daß in die geräumigen Wannen fortwährend das klarste, frischeste Wasser fließt. Wird es nicht für die Bäder und Douchen benützt, so gelangt es in jenen Springbrunnen dort, der einen dicken Strahl hoch empor treibt und ein Bassin unterhalb der Terrasse füllt.

Diese Anstalt ist ein Kaltwasserbad, welches im Jahr 1840 gegründet wurde. In neuerer Zeit hat man eine Heilanstalt für Nerven- und Geisteskranke damit verbunden.

Sechs Badkabinette, in welchen sowohl kalte als warme und künstliche Wannenbäder aller Art abgegeben werden, und drei Douchen von verschiedener Stärke, deren eine zwei Zoll Wasserstrahl im Durchmesser hat, lassen nichts zu wünschen übrig. Neben dem Gebrauch der Badekur wirkt auch die liebliche Umgegend, in welcher die angenehmsten Spaziergänge gemacht werden können, wohlthätig auf die Kranken, die hier insbesondere einer sehr gesunden, erfrischenden Luft sich zu erfreuen haben.

Drunten im Thale rauscht ganz vergnüglich der Hainbach; den müssen wir überschreiten und dann geht es wieder die Höhe hinauf! Schon hat der Weiler Liebersbronn seine Häuser gezeigt; diesen durchziehen wir bis zum östlichen Ende desselben. Auf der Höhe des Hügelzugs steht das Eßlinger Jägerhaus, der höchste Punkt des ganzen Bezirks. Wir befinden uns hier 1458 par. Fuß über der Meeresfläche. Und welchen Genuß bietet diese Stelle! Rings eine bezaubernde Fernsicht! Die Wächter der Alp treten höchst imposant hervor, und in einer langen Linie zieht sich die schon oft gesehene Gebirgskette weit gegen Südosten. Die Filder und das Land zwischen Neckar und Alp liegen nicht allzu fern. Der Schurwald dehnt sich in vollem Schmucke aus und seine waldbekränzten Höhen erfreuen das Auge. Zu Füßen aber liegen die zerstreuten Gehöfte, und es bilden diese hingesäten Wohnungen, deren jede ein Gartenland hinter sich hat, einen ganz eigenen Anblick. Unwillkürlich beschleicht den Fremden das Gefühl des Behaglichseins unter diesen einsam lebenden Menschen.

Das Jägerhaus selbst ist die Wohnung des Försters, der die Waldungen der Stadtgemeinde in schützende Obhut zu nehmen hat.

Den Rückweg nehmen wir durch Wiflingshausen. Ein Wald von Obstbäumen gibt uns reichlichen Schatten. Nach kurzer Frist sind wir wieder in der Stadt angekommen.

Noch eine Wanderung werde zum Schlusse von uns unternommen! Wir gehen wohlgemuth die Vorstadt Beutau hinauf. Kaum haben wir die Stadt im Rücken, so beginnt schon der Weiler „Hohenacker“, der aus einzelnen Häusern besteht, die sich ziemlich weit hinaufziehen. Bald sind wir auf der Höhe angelangt. Da zeigen sich die netten Gebäude des Weilers Sulzgries. Wie sie malerisch in den Obstwäldern versteckt liegen, diese Häuser! Die freundlichen, einladenden Wohnungen sind in den Thälern und auf den Berghöhen zerstreut. Um jede dehnt sich mehr oder weniger umfangreich Garten- und Obstland aus. Ihre Insaßen sind Weingärtner und Obstzüchter. Alle diese Weiler, die sich noch entfernter dort auf den äußersten

Höhen zeigen, machen mit Eßlingen Eine ungetheilte Gemeinde aus, haben mit der Stadt gemeinschaftliche Markung, sind obgleich mit eigenen Kirchen versehen, doch nach Eßlingen eingepfarrt, ja die Kinder dieser „Filialisten" müssen sogar in der Stadt den Konfirmandenunterricht besuchen.

In alten Zeiten waren sie nach Weidegerechtigkeiten in Hirtenschaften eingetheilt. Wann diese „Bürger vor den Thoren" — wie sie hießen — das Bürgerrecht erhielten, ist nicht anzugeben. Alle diese Filialien gehörten zu dem sog. Eßlinger Gebiet.

Wir sind immer noch in Sulzgries. Dort steht ganz frei die helle und geräumige, 1838 neu erbaute Kirche für Hohen- und Krummenacker, Sulzgries und Rüdern. Das Aussehen dieses Baues ist jedoch nicht sehr kirchlich. Hinter demselben liegt der Begräbnißplatz.

Links und rechts von unserem Weg lugt verstohlen ein Haus um das andere hervor. In unbedeutender Ferne zeigt sich ein Schloß: es ist das Landhaus Serach, äußerst reizend auf einer Anhöhe liegend, im Schweizergeschmack eingerichtet uud von schönen Gartenalagen umgeben.

Aber jetzt beginnt ein anderer Weiler: wir sind in Rüdern, eine Stunde von der Stadt entfernt. Der Ort liegt auf der Höhe des Rückens zwischen dem Guckenthal (Uhlbachthal) und dem Leutenbach, der in der Nähe entspringt. Wir gehen durch einen anmuthigen Obstgarten mit regellos zerstreuten Häusergruppen. Könnt' es irgendwo einen lieblicheren Spaziergang geben? Ein ungemein ergiebiger Boden, der den Fleiß seiner Bebauer durch die reichsten Ernten unter dem Schutze des Himmels belohnt; eine heilsame, wohlthuend erfrischende Luft; stete Veränderung der Scenerie; dabei stille, schlichte Menschen von einfachen Sitten, an Arbeit und an Entbehrung gewöhnt und dennoch zufrieden und dennoch gefällig und zuvorkommend gegen Nachbarn und Freunde nicht nur, sondern auch gegen Fremde: sollte dieß Alles den Freund der Natur nicht verlocken, hieher zu kommen, wo noch die Einfalt waltet und der Friede haust und die Genügsamkeit eine Zufluchtsstätte gefunden?

Den mit Reben bepflanzten Ausläufer dort drüben heißen sie Oehlenberg oder Ailenberg; das Gewächs desselben zählen sie — wie wir schon hörten — zu dem besten der Gegend. Dorthin sollten wir eigentlich jetzt uns wenden. Eine schöne, ja überraschende Aussicht in's Neckarthal würde die Mühe reichlich lohnen; auch würden wir jenen Wartthurm, ein Ueberbleibsel eines „Lusthäuschens", in Folge testamentarischer Verfügung des Stadtammanns Jost Burkhardt 1574 „zu dessen Gedächtniß und gemeiner Stadt zu besonderer Zier" erbaut, besehen können, der weithin sein Haupt sichtbar macht. Aber es möchte der „Ailenberger Schlurker" durch uns aufgeweckt werden, der doch des Schlafes bei Tage nicht entbehren kann, weil er in mitternächtlicher Stunde „schlurkenden" Ganges vom Thurm aus die Runde durch die Weinberge machen muß, um früh schon die Hoffnungen der Weingärtner auf einen günstigen, ja gesegneten „Herbst" rege zu machen. Denn — so geht bei den Pfarrkindern Eßlingens die Sage — vernimmt man den „Schlurker", treibt er recht toll sein gespenstisch Wesen, so steht ein reicher Weinsegen in Aussicht. — Aber wir lassen den Wartthurm bei Seite! Wünschen wollen wir jedoch und zwar aus vollem Herzen, daß der Schlurker alljährlich gewaltiglich schlurke und so die betriebsamen Winzer mit süßen Hoffnungen stärke.

Und nun hinauf zu der Linde, die dort oben sich zeigt. Es ist die Katharinenlinde. Sie steht fast auf dem höchsten Punkte (1444 par. oder 1637 württemb. Fuß über dem Meere) der ganzen Gegend. Und warum gibt man der Linde diesen

Namen? Schon früher, als wir uns in der Geschichte Eßlingens ein wenig umsahen, hörten wir den Grund hievon. Aber noch eine andere Sage weiß zu berichten, weßhalb dieses Bäumchen jenen Namen trägt. Unter dieser Linde soll nämlich die heilige Katharina begraben sein. Diese Heilige lebte zur Zeit der Christenverfolgungen. Auch sie sollte ihren Glauben mit ihrem Blute besiegeln: sie wurde zum Feuertode verurtheilt. Schon stand das unschuldige Opfer auf dem Richtplatz und die Menge harrte des Augenblicks, da die Glaubensstarke den Flammen übergeben werden würde. Aber ein furchtbares Gewitter brach aus. Ein Blitz fuhr hernieder und verzehrte den Scheiterhaufen. Entsetzen ergriff die hartherzigen Richter und die blutgierigen Horden. Alle flohen, verfolgt von den Schauern des Gesehenen. Niemand wagte es, fürderhin Hand an die göttlich und sichtbar beschützte Unschuld zu legen. Bis an ihr Ende lebte die Fromme nun, freudig und unermüdet die christliche Lehre verbreitend, gottgesegnet und überall segenspendend. Zum Andenken an ihre Rettung pflanzte man diese Linde. Katharina selbst soll aber aus Dankbarkeit für diese wunderbare Gotteshülfe das Krankenhaus in Eßlingen gestiftet haben. —

Wir sind auf der traulichen Stätte angekommen und die Linde, die weithin schauende, ist erreicht. Und wie lohnend ist dieser Punkt! Das herrlichste Panorama hat sich uns erschlossen. Wie nahe der Berg mit der Friedenskapelle! Die ganze Gegend ein heimisches Land! Es wird uns so recht behaglich zu Muth; es „heimelt" uns wonniglich an! Wohin wir auch das Auge wenden mögen: überall findet es liebe, bekannte Erscheinungen. Fürwahr, eine Fernsicht sondergleichen! Bis zum Hohenzollern hinauf breitet sich das Land vor uns aus. Je länger wir das Auge weiden an all diesen Herrlichkeiten, desto reichere Fülle des Schönen wird uns zu Theil. Wie doch die treue Natur mit ihren ewig neuen Wundern die

Herzen beseligt! Sollten wir erst noch aufzählen, was wir sei's näher, sei's ferner, erspähen? Da und dort thaten wir dieß zur Genüge. Darum möge dieser Augenblick einzig dem zaubersüßen Genusse des Schauens geweiht sein!

Wie lange wir uns auch diesem Genusse hingeben: dennoch will er es uns immer zu kurz sein. Und trotzdem müssen wir endlich auch diese Stätte verlassen. Der Weg führt uns über die baumreiche Stadtheide und dann die Neckarhalde hinab, Auch hier wieder Reize die Fülle. Drunten im Thale das liebliche Schlößchen Weil und an den Gehängen der Park, den wir vor wenigen Stunden durchwanderten, und dann die Dörfer zur Rechten und Linken des Flusses! Die ganze Neckarhalde bepflanzt mit den köstlichsten Reben! Endlich — fesselt uns wieder die Stadt, die wir von hier aus ganz übersehen können. Gäb' es ein schöneres Land, d'rauf Menschen sich ansiedeln können? Fürwahr es ist ein schmucker Garten, den die Natur hier geschaffen. Fast möchten wir die Glücklichen beneiden, denen solch lieblicher Wohnsitz geworden. —

Wie schnell wir Eßlingen wieder erreichten! Erreichten, um endlich weiter zu wandern und der Stadt noch ein Lebewohl zu sagen.

* * *

Und was rufen wir ihr beim Scheiden zum Abschiedsgruße noch zu? Welche Wünsche senden wir in das mit den erlesensten Gaben der Natur und mit seltenen Schätzen des Alterthums reichlich bedachte Eßlingen zurück? Es ist des Dichters Wort, in das wir einstimmen:

„Zeig' immer stolz dein Prachtgelände,
Die schmucken Werke deiner Hände,
Dein Thal vom Segen Gottes voll,
Und deine grauen Alterthümer,
Der Burg und der Kapellen Trümmer,
Die Kindeskind noch schauen soll!"

Ludwigsburg.

Das freundliche Ludwigsburg ist die jüngste unter den Städten Württembergs.

Und gerade über diese ehemalige Rivalin der „stolzesten“ Stadt unseres Landes sind die widersprechendsten Urtheile, die entgegengesetztesten Ansichten in Umlauf. Während die Einen die Reize der „Stillen“ nicht genug bewundern können, bürden die Andern der „Todten“ Alles auf, was irgend den Wanderer unangenehm, ja was ihn nur widrig berühren kann. Somit bildet die „Gute“ unbewußt ein leibhaftiges Räthsel. Möcht' es sich wohl der Mühe lohnen, die Lösung dieses Räthsels zu versuchen? Aber ob dieser Versuch günstig ausfällt? Je nun, wir wagen's, das Räthsel näher ins Auge zu fassen; wir wagen's, zur Lösung desselben zum mindesten ein Scherflein beizutragen.

1.

Wir befinden uns auf dem Bahnhof der zweiten Residenzstadt. Zwei Züge, der eine von Süden, der andere von Norden, kommen angefahren. Die Zahl der Aussteigenden wird größer und größer. Und alle eilen der „Verlassenen“ zu.

Und diese Stadt, die solch zahlreicher Besuche sich zu erfreuen hat, wär' eine einsame, eine vergessene? Gehen wir langsamen Schrittes der „Freundlichen" zu und lassen wir alle Gäste und Fremde vorauseilen! Zwischen Gärten zieht sich der Weg vom Bahnhof aus in die Stadt. Etliche Schritte noch, und wir stehen vor einem großen, viereckigen freien Platze, der von zwei Seiten durch Gebäude begrenzt, gegen Norden und Westen aber von etwa vier Fuß hohen steinernen Pfeilern, die mit eisernen Ketten verbunden sind, abgesperrt ist. Sonder Bedenken betreten wir dieses Viereck, das sich uns im schönsten Festgewande zeigt. Auch die umgrenzenden Häuser erscheinen ganz schmuck. Das große Gebäude, dessen beide Flügel in einem rechten Winkel zusammenhängen, ist das Arsenal oder Zeughaus, der freie Raum selber der Arsenalplatz. Sehen wir uns zunächst auf diesem um! Ganz nahe bei dem Häuschen, das der Schildwache zum Schutze vor Regen und Unwetter dient, steht das Bild des Herzogs Friedrich Eugen; am obern Ende des nördlichen Flügels findet sich die Bildsäule des Herzogs Karl. Aus Werksteinen (Sandstein) gehauen, folgen sich die Statuen verschiedener Götter und Halbgötter. Wir begegnen da einem ruhenden und einem kampfbereiten Herkules, dann dem Saturn, Merkur, Pluto, Vulkan und endlich dem obersten Gotte Jupiter, der an seinen Attributen am ehesten zu erkennen sein wird. Auch ein Cyclope schaut trotzig in die Welt hinein. Alte Geschütze sind da und dort aufgestellt; Kanonen und Mörser und große Haufen in Pyramidenform aufgepflanzter Kugeln mögen auf die Bedeutung dieses Baues noch ganz besonders hinweisen. Das ganze Gebäude ist zwei Stockwerke hoch und massiv. Der eine Haupttheil desselben hat ein großes Thor; über demselben steht die Inschrift: „Pacem arma firmant*).“ Der oberhalb dieser Inschrift verschlungene Namenszug des ersten württembergischen Königs nennt auch ihren Urheber. Der andere Flügel hat dagegen zwei große Thore; über dem einen steht geschrieben, daß er im Jahr 1762 erbaut, über dem andern, daß er im Jahr 1801 völlig ausgebessert (und auch erweitert) wurde; über dem einen erblickt man das Landeswappen in der Form, die ihm der verstorbene König Friedrich gab, über dem andern aber wieder den schon vorhin bemerkten Namenszug dieses Fürsten. Während die längere Seite des Arsenalplatzes von ganz gewöhnlichen steinernen Pfeilern begrenzt ist, stehen am nördlichen Ende desselben sechs große Postamente, auf denen aus Stein gehauene Siegeszeichen (Trophäen) aller Art ruhen.

Verfügen wir uns nun in das Zeughaus selber! Ein Sachkundiger nimmt sich unserer freundlich an. Zuerst führt er uns im Erdgeschoß herum. Durch das Thor des südlichen Baues gelangen wir in eine Halle; sie dient zur Aufstellung neuer Geschütze. Aber eine Menge blanker, gelbschillernder Kanonen treffen wir in dem langen Raume des östlichen Flügels! Schwere Geschütze von jeglicher Form starren mit ihren Mündungen furchtbar uns an. Wie mögen sie donnernd verheeren und grimmig vernichten, wenn sie in voller Thätigkeit sind! Wie mögen sie Grausen und Schrecken, Jammer und Elend verbreiten, wenn sie in offener Schlacht toben und wüthen! Unser Führer bemerkt nebenbei, daß an dieser furchtbaren Waffengattung die wesentlichsten Erfindungen, die Verbesserungen und Fortschritte, sowie die verschiedensten Systeme dieser Geschütze dem Sachkenner klar vor's Auge treten. An den Wänden hängen noch einzelne alte Waffen: Helme, Har-

*) Die Waffen befestigen den Frieden.

nische, Schilde &c. Auch die Statue Herzogs Karl, deren Inschrift sagt, daß er der Gründer dieses Zeughauses gewesen, und eine Bronze-Büste des Königs Friedrich sind in diesem Raume den beiden Thoren gegenüber aufgestellt. Es seien, sagt unser Geleitsmann, vordem noch weit mehr Kanonen, Pulver- und Kugelwagen und ähnliche, zu einem Ausmarsche nöthige Fahrzeuge hier zu sehen gewesen; allein seit die Bundesfestung Ulm ihrer Vollendung zugehe, habe eine bedeutende Zahl dieser Kriegsgeräthschaften dorthin abgegeben werden müssen. Aber trotzdem stehen in großer Anzahl die Sechs- und Zwölfpfünder-Kanonen, Sieben- und Zehnpfünder-Haubitzen, die Mörser und ähnliche Schießwaffen wohlgeordnet beisammen. Und während die langgestreckten gezogenen und ungezogenen Kanonen sich brüsten mit ihrer verheerenden Gewalt, öffnen die Haubitzen und noch weit mehr die Mörser den verderbendräuenden Schlund, um jene Geschwätzigen zum Schweigen zu bringen. Unser Geleitsmann aber erklärt uns freundlich, woher es rühre, daß man diesen „kürzeren und längeren Schlangen" den Namen „Pfünder" beilege, und wir erfahren, daß diese Benennung den Gewichtern der Sandsteine, die man voreinst durch diese Waffen unter die Feinde schleuderte, ihre Entstehung verdanke. So warf z. B. eine Siebenpfünders-Haubitze Sandsteinkugeln von sieben Pfund Gewicht mit furchtbarem Knalle unter die kämpfenden Massen. Aber die Sandsteinkugeln sind bekanntlich schon lange von metallenen verdrängt, und diese wiegen bedeutend schwerer, als jene; so werden z. B. aus Siebenpfünder-Haubitzen Kugeln von 23 Pfund Schwere hinausgejagt. Wir sind während dieser Erklärung in einen andern Theil des Hauses gelangt. Unser Führer ging mit uns auf den Gewehrboden; er fügt noch hinzu, daß alle diese Kanonen in Ludwigsburg selbst, in der sogenannten Stückgießerei, verfertigt werden.

Aber da stehen wir ja mitten unter Kriegsgeräthschaften aller Art. Und wie schön es geordnet, wie blank es gehalten ist! Es überrascht dieser Anblick nicht wenig. Da findet sich eine Anzahl von Schießwaffen jeglicher Gattung, alte und neue, große und kleine; dort hängt drohend Schwert an Schwert, jedes harrend der kunstgeübten Hand, die es aus langer Kerkerhaft befreien soll; hier sind Musketen, Karabiner, Pistolen, dort aber Lanzen und Säbel und was der Krieger sonst zur Vertheidigung oder zum Angriffe braucht, mit bewundernswürdiger Zierlichkeit und mit wohlthuender Ordnung vereinigt. Säulen mit Trophäen aus Flintenläufen unterbrechen da und dort die Reihen. Fahnen und Standarten aus den früheren Feldzügen schmücken die Wände. Hier sind Säbel zu einer strahlenden Sonne, Bajonette zu einem Stern, Gewehre zu Pfeilern vereint. Da blinken Rosen und Arabesken, dort flattert eine zerfetzte Fahne; da ist die Rüstung eines Ritters, dort ruhen die Waffen berühmter Personen. Tausend Gewehre sind in diesem Waffensaale an Gestellen und Gerüsten zusammengeschaart, und diese künstlerische Anordnung erfreut das staunende Auge. Was sich Merkwürdiges in den ehemaligen Zeughäusern des Landes fand, wurde hier, in dem einzigen Arsenal Württembergs, untergebracht. Und wie schön sich das württembergische Wappen dort ausnimmt! Es ist gebildet aus Gewehrhahnen und Batterien. Ebenso schön fällt in die Augen das Bild des Königs Wilhelm, mit Wappen und Fahnen umgeben. Die Wölbungen, welche die Säulen verbinden, bestehen aus ehernen Kürassen. Aber troß aller Kunst in der Vertheilung und Aufstellung dieser Kriegsgeräthe, troß alles militärischen Geschmacks, der hier sich kund gibt, kann man sich in diesem Waffengeblitze des Gedankens, wozu diese todtbringenden Werkzeuge bestimmt seien, schlechterdings nicht erwehren, und ein geheimer Schauer überläuft den Besucher, wenn der gefällige Führer sagt, daß in den letzten Jahren riesenhafte Fortschritte in der Verbesserung dieser mörderischen Geräthe gemacht worden seien. Möge deßhalb die Haft dieser Waffen eine lange, eine nie endende sein! — Auch unter dem Dachwerk sind noch Vorräthe die Fülle: Handwaffen für Reiter, Faschinenmesser, Säbel, Handbeile, Degen, Säbel für Pionniere, zweischneidig, oder auf einer Seite scharf, auf der andern eine Säge bildend, auch allerlei ältere Waffen. Zu diesen gesellen sich die freundlichen Geräthe des Friedens, die Kochapparate und ähnliche. Und ehe wir vom Arsenal uns weiter begeben, zeigt man uns noch die ganz instruktive Sammlung von Modellen. Wie reich sie ausgestattet ist! Diese kleinen, zierlichen Geschosse wecken den Wunsch, solch ein kleines Kanönchen mitnehmen zu dürfen. Sie sind im verjüngten Maßstabe ausgeführt, diese Modelle, und was wir vorhin im Großen vor uns hatten, das steht hier verkleinert, aber mit allen Einzelnheiten wieder vor uns. Auch Modelle von Maschinen: eine russische Bohrmaschine, Bohrmodelle anderer Art, Gießöfen, Abschneidemaschinen für die Schildzapfen und Aehnliches; ferner viele Gewehre ausländischer Fabrikation und bei fremden Heeren in Gebrauch, endlich Geschützausrüstungsmodelle manchfacher Art: dieß Alles mag einen Einblick geben in die Thätigkeit und Rührigkeit Derer, die hier zu befehlen und zu ordnen, die hier zu schaffen und die Befehle auszuführen haben. Wenn auch das hiesige Arsenal die Großartigkeit und den Reichthum besonders an alten Waffen nicht aufzuweisen vermag, wie man sie sonst wohl in Zeughäusern größerer Staaten finden kann, so wird doch jeder Besucher durch die systematische Behandlung des in der Neuzeit Gegebenen und durch die schöne Anordnung des Ganzen überrascht. Hinter dem Arsenal sind neu aufgebaut die Werkstätten für Wagner und Schmiede und Schreiner und Sattler. Dort werden die Ausbesserungen der Waffen und der Geräthe besorgt, dort werden neue Vorräthe beschafft. Und Magazinsgebäude aller Art sind ein nothwendiges Anhängsel zum Zeughause. In ihnen findet sich besonders das Lederwerk aufbewahrt. Aber auch Pulver- und Munitionswagen gewannen dort friedlichen Raum.

Ludwigsburg ist — schon das Arsenal weist nachdrücklich darauf hin — eine Militärstadt oder — wie man gemeinhin zu sagen pflegt — eine Garnisonsstadt.

Auch das große, ganz neue, massiv erbaute Haus dort oben, das uns mit seinen drei Stockwerken die Stirne bietet, beweist diesen Satz. Und dieses Haus ist ein Theil einer Kaserne für die Reiterei. Wir gehen derselben zu. In welche lange, breite Straße wir nun gekommen sind! Sie gestattet den Blick durch einen Theil der Stadt. Schnurgerade erstreckt sie sich von Westen nach Osten, von einem Ende der Residenz bis zum andern. Es ist die Poststraße. Doch nicht diese, sondern die Kaserne wollen wir ja besichtigen.

Wir betreten zuerst ihren unteren Theil, die Stallungen. Wie bequem und praktisch sie eingerichtet sind! Und die große Zahl der schönen, wohlbestellten Pferde! Es mögen derselben wohl über fünfzig in diesem langen Stalle sich finden. Im folgenden Stalle stehen eben so viele und eben so muthige Thiere. Und dieses sind noch lange nicht alle Stallungen für dieses Regiment. Hinter dem Neubau kommt die seitherige alte Kaserne, die neben jenem auch fürderhin in Benützung bleibt, und in dieser vierflügeligen Kaserne, die ein vollständiges Straßenviertel einnimmt, sind rings zu ebener Erde nur Stallungen. Wenn wir erfahren, daß ein Reiterregiment aus vier Schwadronen, jede mit 109 Reitern und eben so vielen Pferden besteht; wenn wir hören, daß jedes Pferd täglich anderthalb Vierling Haber, sieben Pfund Heu und fünf Pfund Stroh zu seiner Verpflegung erhält; so können wir es gelegentlich selbst berechnen, wie hoch sich die Auslage nur für die Pferde eines solchen Reiterregiments in einem Jahre belaufen mag. Und welch ein Werth in diesen Thieren selber steckt! Darum werden sie aber auch mit größter Aufmerksamkeit und ungemeiner Vorsicht behandelt. Eine Ordnung sondergleichen herrscht in Bezug auf ihre Fütterung, Säuberung, Bewegung, Dressur rc.

Kämen wir eines Mittags hieher, so würden wir nur staunen müssen über das ganz absonderliche Leben im Stalle. Die Reiter füttern und putzen die Rosse täglich um Mittag wohl anderthalb Stunden lang. Der Eine singt, der Andere pfeift; der Eine schmeichelt seinem „Gaule," der Andere ruft ihn mit zornigem Worte zur Ordnung. Hier zanken sich Zwei um einige Halme Streu, dort loben sich andere Zwei mit gewichtiger Miene die stattlichen Pferde. Und wie sie sich schütteln, wie sie schnauben und stampfen, die Rosse! Ob wohl die Lobeserhebung über ihre Vorzüge sie so muthig macht?

Und welche Reinlichkeit! Schon der gepflasterte Fußboden ist wie gewaschen. Und erst die Pferde! Jeder Mann muß während der „Stallzeit," also über Mittag, von seinem Dienstpferd zwölf „Striche," je einen Fuß lang und einen Zoll breit, herunterputzen. Das geschieht also: den weißen Staub, welcher mit der Kartätsche vom Pferde geputzt wird, streicht man in den Striegel und klopft ihn aus diesem in Strichen auf den Boden. Daß hiezu viele Uebung und nicht wenig Kraft gehört, wird leicht einzusehen sein, denn von reinlich gehaltenen Thieren alle Tage so viel Staub herunter zu bringen, ist besonders im Winter keine kleine Mühe. Wenn es sich aber der Eine oder der Andere beigehen ließe, seine Striche aus Kalk oder ähnlichen Dingen zu bilden, so könnte das scharfe Auge des „scharfen“ Unteroffiziers nur allzu frühe dieses sträfliche Beginnen entdecken, und der Betrüger möchte nicht übel „geschlaucht“ werden. Daß endlich den allerliebsten Thieren zu keiner Stunde etwas gebricht, dafür hat die „Stallwache“ zu sorgen. Und Tag für Tag und Nacht für Nacht wird solche Pflege jahraus jahrein geübt.

Und wie das Pferd des Manns ein Musterbild freundlicher Reinlichkeit ist, so muß auch Alles, was zur Ausrüstung des Kriegsmanns gehört, blank und glänzend erscheinen. Mit unnachsichtlicher Strenge wird hier die Ordnung gehandhabt. Man spricht nicht umsonst von „militärischer“ Ordnung und Pünktlichkeit. Und vermöchte man wohl eine solch große Zahl junger Leute zusammen zu halten, wenn nicht in erster Linie Ordnung und Botmäßigkeit ohne jeglichen Einwand regierte? Also militärische Zucht, militärischer Geist läßt sich gar leicht im Stalle, wie in den Wohnungen dieser Soldaten erkennen. Betreten wir eines der Gelasse, das dem Reiter zum Aufenthalt dient! An der Thüre hängt das Verzeichniß der Namen derer, die darin „liegen“. Der Zimmerkommandant hat seinen Namen zierlich und mit Nachdruck unten beigefügt. Eine ansehnliche Zahl Bettstellen mit Heu- und Haarmatratzen und Teppichen versehen, dienen zum Nachtlager. Unter jeder Bettstelle steht ein Kistchen; es enthält die Habseligkeiten seines Besitzers. An den Wänden hängen die Waffen der Mannschaft; oben auf einem breiten an den Wänden befestigten Brette stehen und liegen noch andere Ausrüstungsgegenstände. Dort am günstigsten Platze ist auch ein Schreibtisch aufgestellt; der Fourier oder der Zimmerkommandant arbeitet an dieser Stelle. Immer wird „geputzt" und gescheuert; kein Stäubchen soll zu sehen sein! Darum ist hier keine Minute der Ruhe geweiht, und über Langeweile können unsere Reiter gewiß nicht klagen. Wir verlassen dieses Gemach, indem wir seinen jungen Bewohnern noch Glück wünschen. —

Aber horch! es wird ein Signal für die Mannschaft geblasen. Alles rüstet sich. Sie eilen hinunter gespornt und bewaffnet! Die Stallthore öffnen sich. Jeder Reiter führt sein liebes Thier am Zügel heraus! Man rückt aus. Nun können wir bequem die Stärke eines Regiments bemessen, die ganze Ausrüstung eines Reiters betrachten. Wie kühn der Käppi sitzt! Wie verwegen diese Reisigen da droben sich brüsten! Wie stolz die Pferde sich tragen! Gewiß, ein Reiter zu Pferd ist ein schmucker Soldat! Pistole oder Karabiner, ein Säbel mit farbiger Quaste, welche zugleich die „Schwadron" bezeichnet, eine Lanze mit flatterndem Fähnchen: was bedarf er mehr zum Angriff des Feindes? Doch heute denkt man entfernt nicht an solches Manöver. Ringsum ist Friede, und dieser Ausritt ist nur ein Theil vom „Soldatenleben im Frieden". Wieder ertönt ein Signal! Man kommandirt! Alles stellt sich in Reih' und Glied, Alles steht nun in Ordnung. An der Spitze des Ganzen harren die kräftigen Musiker nur des Kommandoworts. Jetzt beginnt die Trompetermusik. Der Zug setzt sich in Bewegung! Der Kommandant des ganzen Regiments, der Obrist und der Obristlieutenant, reiten voran. Wie lang die Reihe schon ist! Und immer kommen die Letzten des Zuges noch nicht! Die ganze Poststraße wird ihrer Länge nach von dem Regiment eingenommen. Von fernher hören wir nur noch den Marsch der tüchtig geschulten Trompeter. Endlich erscheint der Schluß des Regiments: der Unterarzt und sein „Kollega", der Pferdearzt, sie sind die Letzten vom schönen, ja glänzenden Zuge. — Und wir? Wir ziehen den Reitern nicht nach; wir haben heute noch Anderes zu thun! —

Zunächst betrachten wir uns ein stattliches Haus, das nur wenige Schritte vom Arsenalplatz entfernt ist. Nicht als ob wir uns in dem Bäckerhause wollten ein Schöpplein munden lassen, was zu Zeiten auch nöthig ist: nein, wir besehen uns dieses Haus, weil es auch zu den „Schillerhäusern" zählt. Als Schiller nämlich im Jahr 1793 sein Vaterland besuchte, kam er im September des genannten Jahrs nach Ludwigsburg und wohnte bis März 1794 in diesem Hause; hier wurde ihm auch sein erstes Kind, ein Sohn, geboren. So lange Schiller hier verweilte, besuchte er neben Anderen auch manchmal seinen ehemaligen Lehrer Jahn, und machte sich dann die Freude, dem alten Manne die Mühe des Unterrichts auf einige Stunden abzunehmen. Daß die Schüler in diesen Stunden doppelt Ohr waren, dafür könnten ganz besondere Zeugnisse mitgetheilt werden. Und wie mag der große Dichter sich wieder so recht heimisch gefühlt haben auf der Stätte, wo er als Knabe mit Jugendgenossen, die ihm sein ganzes Leben hindurch treu verbunden blieben, die heitersten Spiele spielte! Hat er doch hier von seinem neunten bis zu seinem vierzehnten Jahre (1768 bis 17. Januar 1773) die damalige lateinische Schule besucht! Somit nimmt Ludwigsburg in Bezug auf Schillers Leben keine unwichtige Stelle ein. — Ich denke, wir werden noch einmal Gelegenheit haben, von diesem erhabenen Sänger, von „Friedrich dem Großen aus Schwaben", zu sprechen. Deßhalb verlassen wir unser Schillerhaus und gehen einige Schritte weiter, biegen dann links in die Marktstraße ein und, siehe da! wir stehen auf dem Marktplatz der „guten" Stadt.

Das ist fürwahr ein großer, geräumiger und schöner freier Platz! Er bildet ein längliches Viereck, dessen längere Seiten 375 Fuß, dessen kürzern aber 275 Fuß lang sind. Die Arkaden (bedeckte Gänge), die um denselben herumführen, sind in den Erdgeschoßen der Häuser angebracht. In der Mitte des Platzes steht ein vierröhriger Brunnen mit einem lebensgroßen Standbild des Herzogs Eberhard Ludwig, des Gründers der Stadt. Er wendet sein Angesicht gegen die Hauptkirche der hiesigen Gemeinde, gegen die Stadtkirche, die jedoch durch ihr Aeußeres gerade keinen überraschenden Eindruck macht. Dieser gegenüber, gegen Osten, steht eine kleinere Kirche; sie ist den evangelischen Mitgliedern der Garnisonsgemeinde zu ihrem Gottesdienste angewiesen. Links und rechts ziehen sich an beiden Kirchen gepflasterte Straßen hin, wie überhaupt der ganze Platz gepflastert ist. Hier befinden wir uns $901,_{3}$ par. Fuß über dem Meere; hier kreuzen sich der Meridian, welcher $26^{0}51'15,_{40}''$ östlich vom ersten Meridian, und der Parallelkreis, welcher $48^{0}53'52,_{04}''$ nördlich vom Aequator liegt.

Wozu dieser schöne, möglichst reinlich gehaltene Platz verwendet wird, das könnten uns — schlößen wir's nicht aus seinem Namen — die vielen Buden sagen, die eben zur „Maimesse" hier aufgeschlagen sind. In mehreren „Gängen" können wir allerlei Waaren ausgelegt sehen. Allein das Gedränge ist kein gewaltiges, und die finstern Blicke der Budenbewohner scheinen der Unzufriedenheit über die gemachten Geschäfte Ausdruck zu geben. Sehnsüchtig harren diese „fahrenden" Krämer und Kaufleute und Fabrikanten der Käufer von Stunde zu Stunde.

Aber sie sind leicht zu zählen, die waarenbedürftigen Herren und Damen der Stadt. Sie ergehen sich einzig, so scheint es, die Messebesucher, und wollen nur sehen und vielleicht auch gesehen werden. Aber dort geht es lebendiger zu als bei den bisher begangenen „Ständen". Was man in jener Bude wohl feil bietet? Ein lieblicher Duft ganz eigener Art entströmt derselben. Eilen wir, zu sehen, was in ihr vorgeht! — Sie holen sich frischgebackene „Waffeln", die herrlich zu munden scheinen und ein „längst gefühltes Bedürfniß" befriedigen. Wollen wir uns nicht auch zum Spasse ein solches Marktgebäcke kaufen? Wandeln wir lieber noch ein wenig unter den vielberühmten Arkaden! Es seien, so meldet dort eine freundliche Stimme, besonders der erste und letzte Tag dieser Messe die Erntetage der heute fast müßigen Verkäufer; an diesen Tagen ströme das Landvolk herbei und hole sich seine Bedürfnisse; da werde tüchtig gemarktet und lustig gekauft. Aber nicht bloß zu „kramen" und die Käufer zu bereichern, komme der Landmann an solchen Tagen hieher; da gelte es auch, sich sehen zu lassen im bäuerlichen „Staat". Im Sonntagsgewande erscheine der Bewohner des nahen Strohgäus und der Mann, der den Geländen des Neckarthals den labenden Rebensaft abgewinnt. Die sittigen Töchter aber schauen sich überall um, ihren Bedarf an Kleidung und andern Nothwendigkeiten zu decken. Verwundert blicke dann der Gründer der Stadt von seinem Postamente herunter und scheine sichtlich erfreut ob solch lautem Getriebe, und der bunten Menge entbiete der Hohe seinen gnädigen Gruß. — Lebhaft ist's auf dem Marktplatz aber besonders an denjenigen Tagen, an denen der sogenannte „Wochenmarkt" abgehalten wird, und das geschieht allwöchentlich dreimal. Jeden Tag aber geht es äußerst beweglich her auf diesem weiten Platze, wenn sich die Schuljugend während ihrer Erholungszeit lustig herumtummelt oder zum Spiele sich einfindet. Denn ganz in der Nähe haben wir die städtischen Unterrichtsanstalten. Würden wir uns noch eine kleine Zeit verweilen, so könnten wir die rührige, allezeit fröhliche Jugend in ihrer Freude und Lustbarkeit selber beobachten. Wie heute noch der rüstige Knabe sich auf den Straßen herumtreibt, so mag es wohl auch vor Zeiten gewesen sein, und gewiß werden Schiller, Justinus Kerner, Mörike, Strauß, Vischer, Hofer und so mancher von denjenigen Geistern, die sich auf den verschiedenen Gebieten menschlichen Wissens und Könnens die höchst mögliche Stufe errangen, in jenen Tagen, da sie in den hiesigen Schulen den ersten Strahl der Wissenschaften sahen, da sie dort in jenem Eckhause — die lateinische und Realschule finden sich in den oberen, die Knabenschule in den unteren Räumen desselben — mit den Schätzen der Alten vertraut wurden, nicht minder vergnügt und nicht minder laut die Erholungsminuten durchlebt und durchjubelt haben!

Nun, wir gönnen der vielgeplagten und vielbeschäftigten Jugend die Freuden der Erholung, das Vergnügen der sogenannten Viertelstunde. Doch gedenken wir nicht, Augenzeuge dieser Fröhlichkeit und Jugendlust zu sein. Versetzen wir uns lieber einen Augenblick lang in die Vergangenheit zurück und hören wir, was sich in den Tagen des Herzogs Karl Eugen auf diesem Marktplatz von Zeit zu Zeit zutrug.

„Ein wiederholter Aufenthalt in Venedig hatte diesem Fürsten eine nachhaltige Vorliebe für den südländisch bunten Zeitvertreib eingeflößt. Er hatte denselben nach Ludwigsburg verpflanzt, wo alljährlich ein Schwarm von Fremden aus der Nähe und Ferne zusammenströmte, um neben andern Ergötzlichkeiten auch das Carnevalsvergnügen mit zu genießen. Und gerade hier, auf dem Marktplatze, wurden die sogenannten venetianischen Messen abgehalten. Der große Platz war zeltartig mit Tüchern bedeckt. Mochte nun auch Vieles von den Scenen des venetianischen Faschings fehlen: soweit diese und jene Vorzüge der Adriastadt — der Markusplatz, die Piazetta, die prachtvolle Palasteinfassung der Kanäle mit ihren Gondeln — durch fürstliche Verschwendung ersetzt werden konnten, war es vollauf geschehen. Da gab es Bälle, Konzerte, militärische Paraden, Festinjagden, französische Schauspiele und italische Opern. Und wenn überdieß die Witterung solche Carnevalsfreuden, deren Schauplatz im Freien war, begünstigte, so war die ganze große Menge Fremder und Einheimischer dabei thätig, sei es in der Rolle von Mitspielern, sei es in der von Zuschauern. Da waren Buden aufgeschlagen, in welchen Herren und Damen vom Hofe allerlei Galanteriewaaren feilboten oder Glückstöpfe hielten, oder als Wahrsager und Zigeunerinnen Orakelsprüche verkündigten, oder als Händler mit Südfrüchten und Liqueurs oder als Waffelbäckerinnen ihre Waaren anpriesen, oder als fahrende Musikanten zum Klange der Drehorgeln französische Liedchen absangen. Alle erschienen entweder in vollständigem, ihren verschiedenen Rollen passenden Maskenanzug, oder trugen sie wenigstens den Domino und vor dem Gesicht die venetianische Halbmaske. Zu letzterer mußte sich Jung und Alt, wer überhaupt den Schauplatz betreten wollte, bequemen; denn das Ganze sollte ja eine „venetianische Messe“ vorstellen. Und es war auch wirklich eine höchst belebte Scene. Da wurde gelacht und gescherzt, intriguirt und satyrisirt; da rauschte und wogte es in scheinbar zwanglosestem Durcheinander von Sammt und Seide. Französische Aktricen und italische Balletänzerinnen schlüpften durch das Gewühl und verriethen durch freies, neckisches Gebahren, daß sie sich hier so recht eigentlich in ihrem Element befinden, weit mehr als die einheimischen Größen und

Nichtgrößen, die den deutschen Ernst doch nicht so ganz abstreifen konnten. So sah man an diesen Carnevalsagen ein buntes Gewühl von Masken. Die tollsten Aufzüge und Spiele wurden aufgeführt, worunter nicht das stärkste ein riesenhafter Heiducke des Herzogs war, der in die Maske eines Wickelkindes gekleidet, in einer Wiege herumgeführt und mit Brei von einer Amme, die ein Zwerg war, gespeist wurde. Der Herzog selber nahm während dieser „lustigen" Tage seinen Aufenthalt im Oberamteigebäude, um den Marktplatz mit seinem Getriebe besser überschauen zu können. Daß es überhaupt an Zuschauern nicht fehlte, läßt sich leicht denken. Haufen müßigen Volkes fanden sich ein, denn der rauschende Wirbel des Carnevals wirkte betäubend auf alle Neugierigen. Und alle wollten von dem wunderlichen Treiben doch auch ihr bescheidenes Theil haben. Mochten die Meisten auch nicht viel davon verstehen, am wenigsten von den französischen Redensarten, die da umliefen, so begriffen sie doch, daß es die Vornehmen und ihr Anhang gewaltig gut hätten. Kein Wunder, wenn zu solchen Zeiten ein ungewöhnlich frühzeitiger Frühling unbeachtet blieb! Kein Wunder, wenn sich Ludwigsburgs Kinder da nicht sonderlich um das Grünen und Knospen und Sprossen ringsum bekümmerten!"

Die Poststraße nimmt uns wieder auf. Wir müssen abermals ihre Breite und Länge, ihre Regelmäßigkeit und Reinlichkeit bewundern. Mögen wir auch die blinkenden Schaufenster und den hinter ihnen prangenden Reichthum der Königsstraße in Stuttgart vermissen; fehlt dieser freundlichen, lichten Straße das rastlose Jagen und Rennen, das „tolle" Treiben und Drängen der glücklichen Königsstadt; sind es nur zweistockige, meist leicht gebaute Häuser, die zur Rechten und Linken in geradester Richtung die Straße begrenzen: dennoch hat sie etwas Anziehendes, Einnehmendes; dennoch athmet sich's leicht in der frischen, gesunden Luft, deren sich Ludwigsburg überhaupt erfreut. Doch hier kreuzt sich die Poststraße mit der längsten und breitesten Straße der ganzen Stadt, mit der Stuttgarterstraße; hier lockt uns die schönste Kastanienallee in ihren labenden Schatten. Abgegrenzt ist die Allee von der Straße durch etwa vier Fuß hohe steinerne Pfeiler, die, ähnlich wie beim Arsenalplatz, durch starke eiserne Ketten verbunden sind. Nirgends wird ein Wohnort in Württemberg solche Schönheit aufweisen können! Hätte die Stadt keinen anderen Schmuck, sie würde schon durch ihre Alleen viele der Annehmlichkeiten zu bieten vermögen! Denn nicht nur in diesem Theile Ludwigsburgs finden sich solche Baumgänge; wir werden auf unserer Wanderung immer wieder in lieblichbeschattete Straßen gelangen und mit Bewunderung die duftenden Bäume betrachten. Wir verweilen hier aber nicht allzulang. Ziehen wir uns lieber in der Fortsetzung der Poststraße, in der „Schorndorferstraße", eine Strecke weit östlich. Ein nicht unbeträchtlicher Stadttheil öffnet sich uns. Jene Gebäude zur Rechten gehören zum Arbeitshause. Dorthin zu kommen, lüstet's uns keineswegs und wir wenden mit Grausen den Blick von einem solch „nothwendigen Uebel". Viel lieber verweilt das Auge auf den majestätischen Kastanienbäumen, denen wir unsre Bewunderung nicht versagen können. Sind sie nicht herrlich, nicht prachtvoll geschmückt mit ihren pyramidenförmigen, ganz aufrecht stehenden Blüthensträußen? Und diese stolzen Kronen! Das sind mit ihren Blüthen vollkommene Frühlingsboten, die der Schöpfer der Welt nach dem großen Ostermorgen der Natur seinen Menschenkindern so liebreich und gnadenvoll aufstellte. Zahllose Blüthen mit lieblichen Farben sind die hellleuchtenden Kerzen der prangenden Riesen. Wen müßte nicht solche Schönheit zur tiefsten Bewunderung hinreißen! Der Himmel so blau, die Erde so schön: wer fühlte sich da nicht gehoben, beseligt!

Und wohin wir das Auge wenden, immer wieder begegnet es der überraschenden Ueppigkeit thurmhoher Kastanien und Linden! Wer nur einmal einen solch lichten Maientag in Ludwigsburg verlebte, muß innig befriedigt, muß gerührt von dannen ziehen! Gewiß die Bewohner der Stadt sind um solcher Schönheiten willen zu beneiden! Bestreiten wir es denselben nimmermehr, daß Ludwigsburg eine der schönsten und regelmäßigsten Städte nicht blos in Schwaben, sondern in ganz Deutschland ist!

Und nun zum Schlosse! Das gewaltige eiserne Thor ist geöffnet; wir können ohne besonderes Nachsuchen eintreten.

2.

Herrliche Obstbaumalleen ziehen sich mitten durch den „Schloßgarten". Oben grenzt er an die Schorndorferstraße, unten an die südliche Façade des Schlosses, im Westen an die schöne Allee, die sich längs der Stuttgart-Heilbronnerstraße hinzieht und im Osten an die sogenannte hintere Schloßstraße. Im Westen und Osten grüßen die schönsten Kastanienalleen. Und jetzt stehen wir vor einem schönen See, in dessen Mitte ein Springquell die Leute ergötzt. Der ganze Schloßgarten ist in vier große Rasenstücke getheilt. In der Mitte eines jeden derselben findet sich eine kleine Erhöhung; auf jeder steht eine kolossale Vase, die rings mit Blumenwerk umgeben ist. Blumenpflanzungen schmücken besonders den unteren, gegen das Schloß gelegenen Theil dieses Gartens. An verschiedenen Stellen laden Bänke den Müden zur Ruhe ein.

Vor uns liegt das großartige Schloß, das unbestritten

zu den größesten und solidesten, ja zu den prachtvollsten von ganz Deutschland gehört.

Weithin dehnt sich die Ludwigsburger Residenz aus, die nach und nach sechszehn verschiedene Gebäude in sich aufnahm. Zwischen das neue „Corps de Logis", vor dem wir eben jetzt stehen, und das alte, das wir bald sehen werden, haben sich der Pagen- und Cavalierbau, der Rittersaal, die Familien- und Gemäldegallerie gedrängt und so die beiden Hauptpaläste vereinigt. Zwei Kapellen, das Theater und das Festingebäude lagern sich an den Cavalierbau und die Gallerien. Das Ganze ist im Rococcostyl aufgeführt und aus allen seinen Zügen erkennt man den Geschmack der Zeit Ludwigs XIV. von Frankreich. Der Eindruck des Schlosses bleibt im Allgemeinen massenhaft und überwältigend, mag auch das Einzelne hie und da weniger imposant erscheinen. Während an den später entstandenen Theilen die korinthische Säulenverzierung vorherrscht, stellt sich der erstgebaute Theil durch seine eigenthümlichen Formen und Löwenköpfe als Jagdschloß dar.

Wandeln wir durch diesen Gang hinunter in den innern Schloßhof! Welche Ausdehnung er einnimmt! Er ist 560 Fuß lang und 220 Fuß breit. Das untere Ende desselben wird durch das alte „Corps de Logis" begrenzt. Zu beiden Seiten (östlich und westlich) dehnen sich die vorhin genannten Bauten aus. Mitten im Hofe steht der Schloßbrunnen mit geschmackvoller Brunnensäule, an deren Fuße vier bronzene Löwen stehen; auf ihrer Spitze breitet aber ein Adler mit einer kleinen vergoldeten Königskrone die Flügel aus.

Wenden wir uns von dieser Stelle gegen die Hauptstraße der Stadt, so gelangen wir in den vordern Schloßhof, der vordem zum Paradeplatz bestimmt war. Das Hauptportal führt auf diesen Platz. Links von dem Eingang aus befindet sich die

Schloßwache; rechts von ihm aber erhebt sich ein Bau, der zum obern (südlichen) Hauptpalaste gehört und die Gemächer enthält, die voreinst der erste König unseres Landes während der Sommermonate bewohnte. Vor diesem Bau breitet sich eine Fläche aus, die sich zum lieblichen Gärtchen gestaltete.

Ungeachtet der Mannigfaltigkeit dieser einzelnen Gebäude, welche den Beschauer von jeder Seite neue Schönheiten entdecken läßt, herrscht doch eine bewunderungswürdige Uebereinstimmung und Regelmäßigkeit im Ganzen, und schon das Aeußere verräth eine der schönsten Fürstenwohnungen Deutschlands.

Aber noch mehr bestätigt das Innere des Schlosses dieses Urtheil. Würden wir, wenn wir die 452 Gelasse desselben durchwanderten, auch da und dort uns eines wehmüthigen Gefühls nicht erwehren können, so würden wir doch überall den Stempel der Großartigkeit dem Einzelnen wie dem Ganzen aufgeprägt finden. Allein wir stehen von einer solchen genauen Einsicht gern ab und lassen uns nur die interessantesten Theile des Fürstenhauses zeigen; wir begehen nur die merkwürdigeren Gelasse desselben.

Sehen wir zuerst das alte „Corps de Logis“ an! Es ist das erste, also das älteste Gebäude des Schlosses. Der italienische Baumeister Retti begann den Bau 1704 und vollendete ihn 1710. Die Verzierungen dieses prächtigen Palastes an Thüren, Fenstern und Gesimsen sind sehr zahlreich, aber das Ganze ist nicht überladen. Gegen Norden hat man die reizendste Aussicht in's naheliegende Neckarthal. Und in nächster Nähe erblicken wir das niedliche Favoritschlößchen. Nicht übersehen dürfen wir in diesem Bau den schönen Jagdpavillon, der im glänzendsten Rococcostyle erbaut ist.

Zu beiden Seiten sind zwei Pavillons angebaut. In

diesen, sowie im Parterre des Corps de Logis befinden sich die Gelasse, welche den Regierungsbehörden eingeräumt sind. Eine breite steinerne Terrasse, mit steinernem Geländer versehen, ist hinter dem Corps de Logis angebracht. Die oberen Gelasse dieses ältesten Theils des Schlosses bergen das Schönste, was man von eingelegter Arbeit an Plafonds, Wänden, Fußböden und Thüren sehen kann. Besondere Aufmerksamkeit verdienen aber die herrlichen Deckengemälde von Guibal in den Gängen und in einigen Zimmern, Corridors, sowie die prachtvollen Stukkaturarbeiten, die überall angebracht sind.

Wir gelangen in den Rittersaal. Heute dient er zur Abhaltung der Schwurgerichtssitzungen. Nicht leicht wird sich ein schönerer Saal zu diesem Zweck irgendwo finden. Er ist sehr geschmackvoll eingerichtet und läßt in keiner Beziehung etwas zu wünschen übrig. Aber wir eilen hinaus aus diesem Saale. Man führt uns in die Gemäldegallerie. Schade, daß die schönsten und werthvollsten Stücke nach Stuttgart übersiedeln mußten! Nur noch wenige Gemälde blieben hier aufbewahrt. Aber auch diese wenigen sind sehenswerth, und gewähren dem Sachkenner hohen Genuß.

Man zeigt uns jetzt den Thronsaal, der uns an den Geber unserer Verfassung, an König Wilhelm erinnert. Hier wurde von dem hochherzigen Fürsten dieß kostbare Grundgesetz Württembergs beschworen, nachdem am 25. Sept. 1819 die Konstitution im Festinsaale unterzeichnet worden war.

Oft genug werden wir durch Porträte des verstorbenen Königs Friedrich an diesen selber gemahnt, und der Purpur, der ihn fast auf allen diesen Abbildungen umgibt, die Krone, die ihm zur Seite steht, der Scepter, der nirgends fehlt: sie lassen uns immer wieder das Gewicht erkennen, das Friedrich auf seine neue Würde legte, lassen uns den Pomp ahnen, mit dem er es liebte, sich zu umkleiden, lassen uns die Kraft verspüren, die mit der erhöhten Macht ihn beseelte.

Wir stehen im neuen Corps de Logis, das wir zuerst im Schloßgarten von außen gesehen haben. Es wurde 1724 bis 1733 von dem Baumeister Frisoni aufgeführt. Die Vorderseite gegen den Garten hat einen halbrunden Vorsprung und in diesem befindet sich der herrliche Speisesaal. Rechts und links an ihn stoßen die Gemächer, die König Friedrich und seine Gemahlin, die Königin Mathilde, bewohnten. Die Möbel und all die Geräthe in diesen Räumen versetzen uns in die Vergangenheit und mit nicht geringer Anhänglichkeit und Begeisterung mag der ältere Ludwigsburger hier jener Zeiten gedenken, da in diesem Theile des Schlosses das rührigste Leben sich kundgab. Manche Thräne der Dankbarkeit fiel wohl schon auf die zierlichen Stickereien, die diese Möbel theilweise schmücken. Sind sie doch von der Hand der größten Wohlthäterin Ludwigsburgs, der verewigten Königin Mathilde, gefertigt!

Die Thüre wird geöffnet. Vor uns liegt das schönste Gärtchen. Es war der Lieblingsaufenthalt des vielgenannten Königs Friedrich. Und er wählte nicht übel! Da blüht es und duftet es lieblich und süß. Dort drüben plätschert ein Springquell. Hier sieht man hinunter in den vorderen Schloßhof. Dort führt ein Weg in den Schloßgarten. Hier winkt ein Laubdach zum Ruhesitz. Alles so einfach und dennoch so schön!

Doch wir kehren zurück und besuchen auch jenes Gemach, in welchem Napoleon I. einmal übernachtete.

Aber welch ein großer Saal nimmt uns auf! Es ist die Familien-Gallerie, die wir nun langsam und bedächtig durchschreiten. Alle Regenten Württembergs, von Eberhard I. bis auf König Friedrich, sind lebensgroß gemalt. Auch die Bilder der Fürstinnen, deren Sohn den Thron der Väter bestieg, finden sich hier. Läßt sich bei diesen Bildern nicht ganz leicht ein Rückblick auf jedes für Württemberg bedeutsame Ereigniß wagen?

Nun folgen wir unserem Führer noch in die prächtige, reichvergoldete Hofkapelle, die gegenwärtig für den katholischen Gottesdienst bestimmt ist. Ihre Wandungen bestehen aus Gypsmarmor. Die Decke ist von Carlone gemalt. Das Altarblatt ist eine Kopie nach Albrecht Dürer. Gewiß, sie macht einen erhebenden Eindruck, diese Kirche, besonders von unserem Standpunkt, von dem Kirchenstuhle der Regentenfamilie aus. Dort hängt auch ein bemerkenswerthes Kunstwerk; es ist ein Ecce homo in Mosaikarbeit, vom Papste dem Herzog Karl geschenkt. Auch ein Heiligenbild, die heil. Jungfrau, in Gobelin, darf nicht übersehen werden. —

Und nun ein paar Stufen hinab! Ein Schauer der Wehmuth durchbebt uns! Wir stehen in der fürstlichen Familiengruft! Sarg reiht sich an Sarg. Hier hausen Moder, Verwesung! Mitten unter allen Todten liegt der gebieterische Karl; dort ruht der Gründer der Stadt, der Erbauer des Schlosses und dieses Grabgewölbes — Eberhard, mit seiner Liebe und Reue; hier Alexander mit seinem Ruhm und seinen weitaussehenden Planen; dort der fromme Ludwig, hier der milde Friedrich Eugen und dort sein Sohn, der eiserne König Friedrich! Noch trennt sie eine Scheidewand. Gesondert liegen die katholischen und protestantischen Fürsten. — Noch nicht lange ist es, seit diese Gruft zum Empfang einer milden, frommen Fürstin geöffnet wurde — dort schläft sie sanft den Todesschlaf, die Gemahlin des Grafen Wilhelm von Württemberg, die Prinzessin Theodolinde von Leuchtenberg.

Aber wir suchen viel lieber wieder frisches Leben, frischen Hauch der Lüfte! Deßhalb steigen wir hinauf an das freundliche Licht des Tages. Aus den Trümmern der Verwesung führt uns der alte Geleitsmann in den Tempel der Kunst. Genien der Künste gaukeln vor unsern Augen hin und her. Das Theater bildet eine Lyra, auf der, wie auf der wirklichen, Töne des Entzückens, Töne der Verzweiflung ehemals dahinrauschten. In seinem reichverzierten Innern mag dieses Theater auf drei Gallerien und im Parterre wohl gegen tausend Personen fassen.

Doch die Wunderwerke in diesen Hallen vermögen nur beim Schein der Lampen und in der Entfernung durch trügende Täuschung hinzureißen. Ganz andere Wunderwerke, die nicht erst der Kerzen, nicht eines künstlichen Zaubers bedürfen, die ihren Zauber in sich selbst tragen, erwarten uns draußen in der nächsten Umgebung des Königshauses. Darum hinaus in's Freie!

Zwar hätten wir uns noch in den Schloßkeller begeben sollen, um dort das große Faß zu sehen, das als ein curioses Meisterstück der Böttcherkunst wohl in Augenschein genommen zu werden verdiente. Es soll 365 württemb. Eimer halten und ist ein bedeutender Rivale des berühmten Fasses im Schlosse zu Heidelberg. Allein wir lassen die genannte Seltenheit in ungestörter Ruhe und gehen durch den hintern Schloßhof in die herrlichen „Parkanlagen“. Das Thor in dieselben steht offen; der Eintritt ist unverwehrt. Die gespannte Luft in den Sälen, die Oede und Stille des großen Baues, der gewaltige Gegensatz zwischen dem Einst und dem Jetzt: dieß Alles weckt eine trübe Stimmung und mit einer gewissen Beklemmung betrachtet man den da und dort sichtlichen Zerfall dieser irdischen Herrlichkeiten. Darum fühlt sich das Herz im Freien viel leichter.

Aber auch hier, in den Anlagen, könnt' uns fast ein ähnliches Gefühl beschleichen: denn auch in ihnen ist Manches, ja

Vieles ganz anders geworden, als es vor Zeiten gewesen. Doch bieten sie immer noch Reize verschiedener Art, und wenn der Mai verjüngend die Gaue betritt, so wacht auch in diesem Bezirke, in dem die Natur mit der Kunst sich vermählte, das Leben, die Kraft wieder auf, und blühend und duftend, lockend und girrend begrüßt den Besucher die Fülle der Wunder. Wie zittert der Sonnenstrahl dort in den Wassern der geschwätzigen Fontaine! Wie schauen sie hoch auf den stillen spiegelglatten See herab, die riesigen Bäume, deren Wipfel so stolz in den Lüften sich wiegen! Welch magisches Dunkel umgibt uns in den Alleen, Gebüschen und Blumenbeeten! Wie laden die Sitze so freundlich die Freundlichen ein, zu ruhen und zu rasten, zu lauschen und immer auf's Neue zu hören, was rings sich gestaltet! Auch jener Spielplan mit Carrousel und mit Schaukel sehnt sich nach jugendlich kühnen und kecken Genossen, die wieder wie vormals sich möchten ergötzen mit allerlei Spielen. Und die Gestalten am epheubekränzten Gärtnershause möchten sich viel lieber das Tummeln und Kämpfen der fröhlichen Jugend besehen, als in einsamer Stille vergangener Tage gedenken. Mögen auch da und dort Kinder und Alte die schönen Räume durchwandeln: ach, es ist nicht das Leben und Treiben früherer Zeit! — Doch dort schaut ein thurmartiger Bau herüber zu uns. Eilen wir ihm zu! Ha, eine Ritterburg erhebt sich kühn auf dem senkrechten Felsen. Epheuumrankt steigt sie hoch empor, diese künstliche Ruine. Rüstungen aller Art dienen zu ihrem Schmucke. Ein freier Raum nimmt uns auf. Welche Tiefe und welch ein Ausblick! Ganz in der Nähe rauscht das Wasser vom Felsen hinab in den See; es bildet einen lieblichen „Wasserfall“. Drunten im unteren Theile der Anlagen ziehen kleinere Wasserfälle und Brücken und Wäldchen und Häuschen das Auge auf sich. Ganz nahe präsentirt sich das Schloß unserem Blick.

Wenden wir uns zur Rechten (nach Norden), so lacht uns das Favoritschlößchen abermals entgegen, und wenn wir uns weiter nach rechts ziehen, so liegen tief unten eine Insel, ein See und Gebüschwerk, und saftiges Grün erquickt das Auge. Die Ferne zeigt Weinberge, fruchtbares Land und Dörfer und halbverfallene Schlösser.

Aber wir wollen die Emichsburg — so wird sie benannt — von innen auch kennen lernen. Wieder sind es Waffen der Vorzeit, Helme und Schilde und Schwerter, Rüstungen riesiger Ritter, die zu näherer Betrachtung einladen. König Friedrich ließ die meisten derselben von seinem Stammschloß hieher bringen. Sie mögen einen Begriff von der Bewaffnung der Kämpfer des Mittelalters geben. — Horch welch schmelzende Töne! Sie entstammen jener Aeolsharfe, die so ganz unscheinbar in jener Oeffnung sich findet. Fürwahr eine süße Ueberraschung! Und nun steigen wir in die Tiefe hinab. Kaum erhellt hie und da ein Lichtstrahl den finstern Gang. Man hört das Geplätscher des Wasserfalls. Immer tiefer geht es hinunter. Aber welche Gestalten sitzen auf einmal vor uns? Es ist der Ritter Emich mit seinem Beichtiger, beide in täuschender Gestalt. In voller Rüstung, mit sinnendem Ernst hält der Graf im unterirdischen Gemache sich auf. An seiner Väter Tische sitzt er mit seinem Hauskaplan. Dieser scheint dem theuren Beichtkinde mit dem Rathe des Weisen beizustehen. Was sie sich aber zu sagen haben, worüber die Beiden sich etwa besprechen: dieß zu erlauschen ist nicht unsre Sache. Geheimnisse großer Herren gehören ja nicht auf den Markt. Deßhalb wollen wir die Beiden auch nicht länger in ihrer Vertraulichkeit stören; ihr scharfer Blick verräth ohnehin, daß sie sich mit solchen neugierigen Besuchern nicht gern befassen. Wir betrachten viel lieber die Schwerter und Degen, die Pistolen und Büchsen, die Mordgewehre und Kriegswaffen aller Art, die in großer Zahl hier unten zierlich geordnet sind. Welchen Helden mögen sie, die jetzt friedlich zusammengestellten, voreinst als Wehr und Rüstung gedient haben? Wer sagt uns dieses? Vielleicht der fromme Mann, der dort voll Andacht vor seinem Predigtbuch sitzt? „Ja, ja," bemerkt unser Führer, „der könnt' es gewiß; denn das ist der Peter von Amiens, der den ersten der Kreuzzüge veranlaßte." Aber wollten wir ihn auch fragen: der glühende Eiferer um das h. Grab verzöge doch keine Miene; er mag nichts mehr wissen von jenen absonderlichen Zeiten, sondern vertieft sich einzig in fromme Gedanken und pflegt der stillen Beschauung. Und daß er recht eifrig in seinem Foliobande liest, das zeigen uns Spuren genug. Wollten wir darum noch länger ihn stören in seiner Andacht? Nimmermehr! Hätten wir es doch selber nicht gern, wenn sich der Blick der Neugier in unser Kämmerlein wagte, dort unser göttliches Thun zu begaffen. Darum verlassen wir eilig die Stätte. Doch jenen beiden Herren wünschen wir noch zum Abschied fröhliche Unterhaltung. Und daran wird es gewiß nicht fehlen, besonders wenn sich der fromme Einsiedler in nächtlicher Stunde zu ihnen gesellt. Und nun sputen wir uns, den lichtblauen Himmel wieder zu schauen. — Nebenbei nur noch eine Bemerkung! Dieser Graf Emich soll ums Jahr 1130 n. Chr. gelebt haben und der Stammvater der württembergischen Regenten sein. Nach Konrad von Württemberg (1090) erscheinen die Grafen Ludwig I. und Emich, wahrscheinlich Söhne des ersteren, und diesem Emich nach wurde die künstliche Ruine genannt.

Wir wurden fast ganz mit unsern Gedanken in die entflohene Ritterzeit versetzt. Sahen wir sie nicht vor uns stehen, gewappnet und bewehrt, die Träger jener fehdelustigen Zeit?

Wähnten wir uns nicht auf einmal in ein Burgverließ gebracht? Hörten wir nicht über uns ein lustig Getriebe, ein lautes Getümmel? Hat nicht Waffengeklirr uns erschreckt? — Doch nun schnell in die Wirklichkeit zurück! Da lacht uns ja die Sonne ins Antlitz. Und wenn auch noch Embleme aller Art uns möchten zurückziehen ins Reich der Vergangenheit: wir haben den höchsten Punkt der Emichsburg erstiegen, der uns zur Umschau einladet und eine herrliche Fernsicht bietet. Darum wollen wir auf dieser Zinne im entzückenden Hochgenuß ungestörten Beschauens schwelgen. Die ewig junge Natur, die diesen Fürstensitz umgibt, das Neckarthal, das die Fülle Korns und Weins erzeugt, die blauen Berge, die vom ätherklaren Duft umflossen sind, der Strom selbst, dessen Wellen zu uns herüberblitzen: Alles verkündigt voll Frühlingslust, welch herrlich Land es sei, das liebe Schwaben. Dorf reiht sich an Dorf, Städtchen an Städtchen. Lachende Felder, freundliche Gegenden prangen im Schmucke des Frühlings. Ringsum

„Weiche Hügel hingestreckt,
Dicht mit Baum und Strauch bebeckt
Und von Wäldern übersäumet,
Drob ein Maienhimmel träumet.

Reifen mag in Höh'n und Schlucht
Hier es wohl an Wunderfrucht,
Tönen in den Laubgehängen
Mag's von fremden Vogelsängen."

Weilen wir darum noch länger hier oben! Ausgebreitet liegen die Anlagen vor uns; die Natur wetteifert mit der Kunst; verschlungene Wege, murmelnde Wasser, duftendes Gesträuch, lockender Vogelruf, friedliche Thierchen, fröhliche Menschen: Alles vereinigt sich hier zum lieblichen Ganzen. Die Stadt selbst können wir theilweise übersehen; die bunte Mischung von

Gärten, Alleen, Wäldern gewährt das anmuthigste Panorama. Wahrlich, ein schöner Standpunkt! — Zur Linken zeigt sich der Asperg. Dort erhebt sich das Favoritschlößchen mit seinen vier Thürmen wieder; gegen Norden und Nordost aber sind es die Ausläufer der Löwensteiner, Murrhardter und Welzheimer Berge, die den Horizont begrenzen.

„Ach, das Bleiben auf den Höh'n,
Ach das Ziehen ist so schön!
Soll ich wandern, soll ich weilen?
Soll ich ruhen, soll ich eilen?"

Wir eilen hinab in die unteren Anlagen.

Dort führen bequeme Staffeln den Wanderer hinab. Schon sind wir unten. Hier ist ein Ruheplätzchen, das wir wohl nirgends besser finden könnten. Setzen wir uns auf diese Bank! Vor uns liegt der See, dessen Wasser den Felsen bespült, auf den die Ruine gebaut ist. Nur das Getöse des rauschenden Wasserfalls unterbricht die feierliche Stille. Und in dieses Geplätscher mischt sich der wemüthig süße Ton jener einfachen musikalischen Instrumente, die wir vorhin da und dort aufgestellt sahen. Hoch über die Bäume blickt der hundert Fuß hohe Thurm in die Tiefe herab. Und dort, wo der See den Fels begrenzt, ist jenes Gemach, darin wir die beiden Gestalten am humpenbesetzten Tische gesehen.

Was die Kunst den Reizen des Thälchens beigefügt hat, ist freilich zum Theil dem Zahne der Zeit verfallen, und Manches, was früher die Reize der Anlagen wesentlich erhöhte, wurde theils abgetragen, theils der Vergänglichkeit Raub. Würde der Schöpfer dieser heute noch anmuthigen, ja romantischen Stätte, König Friedrich, sein Werk wieder sehen, er würde sich höchlich verwundern darüber, wie Alles so ganz anders geworden. Trotzdem bilden diese Anlagen noch immer einen Sammelpunkt des Schönen und Lieblichen, und wer nur einmal im Leben Ludwigsburg betritt, der sollte es ja nicht versäumen, hieher zu eilen, um sich am einsamen Plätzchen zu laben und zu ergötzen; eine feierlich heilige Stimmung würde des Ruhenden sich bemächtigen und segnen dürft' er die Stunde, die hier ihm zerränne.

In früheren Tagen war es freilich hier und überhaupt in den Anlagen nicht so stille, wie heute. Wir haben schon einmal der Zeit gedacht, da Herzog Karl Eugen seine Sommerresidenz in Ludwigburg nahm. Versetzen wir uns noch einmal in jene Tage! Justinus Kerner, auch einer der Söhne Ludwigsburgs, gibt uns von denselben ein getreues Bild. In dieser Zeit — so erzählt unser Gewährsmann — füllten sich die weiten Straßen, Linden- und Kastanienalleen mit Hofleuten in seidenen Fräcken, Haarbeuteln und Degen und mit den herzoglichen Militärs in glänzenden Uniformen und Grenadierkappen, gegen welche die andern Bewohner in bescheidenen Civilröcken verschwanden. Das prachtvolle Schloß mit seinen weiten Plätzen und Gärten, der nahe Park mit dem Favoritschlößchen, die schattenreichen Alleen von Linden und Kastanienbäumen, die in weiten Reihen auf die Stadt zuliefen und selbst in der Stadt die schönsten Schattengänge voll Blüthen und Duft bildeten, der große, weite Marktplatz mit seinen Arkaden waren oft der Schauplatz der Vergnügungen dieses weltlustigen Fürsten, Schauplätze von Festen, die, gedenkt man ihrer in jetziger Zeit, einem nur wie bunte Träume erscheinen. So fanden in der dem Schlosse gegenüberliegenden Favorite die ungeheuersten Feuerwerke mit einem Aufwande statt, der dem am Hofe von Versailles gleichkam. Da schuf der Herzog oft im Winter, in den sein Geburtstag fiel, Zaubergärten, ähnlich denen, die in den Erzählungen von „Tausend und eine Nacht" vorkommen. Er ließ in der Mitte des Herbstes über die schönsten Orangengärten von tausend Fuß in der Länge und hundert Fuß in der Breite ein ungeheures Gebäude von Glas errichten, das sie vor der Einwirkung des Winters schützte. In dessen Wänden verbreiteten zahllose Oefen Wärme. Das ganze Gewölbe des großen Gebäudes trug das schönste Grün, und es hing so in der Luft, daß man keinen einzigen Pfosten bemerkte. Da bogen sich Orangenbäume unter dem Gewichte ihrer Früchte. Da ging man durch Weingärten voll Trauben wie im Herbst, und Obstbäume boten ihre reichen Früchte dar. Andere Orangenbäume wölbten sich zu Lauben. Der ganze Garten bildete ein frisches Blätterwerk. Mehr als dreißig Bassins spritzten ihre kühlen Wasser, und hunderttausend Glaslampen, die nach oben einen prachtvollen Sternenhimmel bildeten, beleuchteten nach unten die schönsten Blumenbeete. In diesem Zaubergarten wurden dann die großartigsten Spiele, dramatische Darstellungen und Ballete und Tonstücke von den größeren Meistern damaliger Zeit aufgeführt.

In den oberen Anlagen, da, wo wir das eirunde, mit kräftigen Thränenweiden rings umpflanzte Bassin, in dessen Mitte ein Springbrunnen ist, gesehen haben, ließ Herzog Karl mit unsäglichen Kosten und in großer Eile ein ungeheures Opernhaus zu seinen großen Opern und Festzügen erbauen. Ganze Regimenter zu Pferd konnten über die Bühne ziehen, und es ist bekannt, daß dieses wohl das größte Opernhaus in Deutschland war. In seinem innern Raume war es völlig mit Spiegelgläsern ausgekleidet; alle Wände, alle Logen mit ihren Säulen waren von Spiegelgläsern. Man kann sich den Effekt eines solchen Hauses im Glanze der vielen hundert Lichter wohl kaum denken. Trat man hinein, so sah man sich, wenn auch im Dämmerlichte, viel hundertmal wieder und man glaubte, auf einmal das ganze Theater von seinem eigenen Ich bevölkert zu sehen. Oft drang nach dem Zuge der Wolken von außen wieder ein heller Sonnenstrahl durch die Ritzen und Spalten der Thüren und Läden; dann wiederstrahlte das Haus oft in Farben des Regenbogens oder entstand sonst eine magische Beleuchtung. Dabei fanden sich noch aus alter Zeit halbzertrümmerte Bilder von Ritterrossen, Elephanten und Löwen umher; Gestalten, an denen die Jugend sich ganz besonders ergötzte.

Im Jahr 1802 wurde dieses Riesengebäude seiner Größe und Baufälligkeit wegen völlig abgebrochen, und jetzt plätschert das Wasser des „oberen Anlagensees" an der Stelle, wo voreinst das Opernhaus stand. —

3.

Keine Störung unterbricht die trauliche Stille dieser lieblichen Stätte. Wollten wir nun nicht gerade hier die Geschichte der jugendlichen Stadt an uns vorübergehen lassen? Gewiß kein besseres Plätzchen fände sich hiezu. Beginnen wir also!

So jung es auch sein mag, dennoch knüpft sich an Ludwigsburg ein inhaltreich schweres Stück württembergischer Geschichte. Wurden doch von hier aus oft auf Jahrzehnte hinaus die Geschicke des Landes geregelt! Entrollten sich doch hier die denkwürdigsten, leider oft thränenschweren Ereignisse! Und der stumme, aber trotzdem beredte Zeuge hievon ist das Schloß. Mit ihm hängt auch die ganze Geschichte der Stadt auf's engste zusammen. Wir müssen demnach die Entstehung des Schlosses allererst kennen.

Noch im Jahr 1697 standen da, wo jetzt die Stadt sich ausbreitet, drei Höfe: der Erlach-, Fuchs- und Schafhof. Der erstere lag da, wo das alte Corps de Logis steht. Sie gehörten dem Kloster Bebenhausen. Ob sie die Ueberreste eines Ortes gewesen: wir lassen diese Vermuthung ununtersucht. Soviel dürfte aber doch bemerkt werden, daß wohl schon die Römer an dieser Gegend eine Freude gehabt haben mögen; der „Römerhügel", das „Römerkastell" weisen unzweideutig darauf hin. Auf dem Erlachhof ließ nun 1697 der damals 21jährige Herzog Eberhard Ludwig einige Zimmer für sich einrichten, bald aber ein Jagdschloß erbauen, dem er 1705 den Namen „Ludwigsburg" gab. Rings war es mit Wäldern umgeben und der ermüdete Jäger suchte in diesem Schlößchen Erholung, wenn er vom anstrengenden Waidwerk erschöpft war. Das waldbedeckte Keuper- und Lettenkohlenplateau lockte den jagdliebenden Fürsten häufig in sein „Ludwigsburg" und eine launenhafte Vorliebe für seine Schöpfung beseelte ihn. Als sodann Zerwürfnisse in seinem häuslichen Leben — ein unseliges, der Geschichte anheimgefallenes Verhältniß — entstanden, als Unwille gegen Stuttgart und Unzufriedenheit mit den Landständen sein Herz erfüllten, faßte er den Entschluß, eine zweite Residenz zu gründen. Man begann im Jahr 1706. Der Bau wurde auf Kosten des Landes unternommen. Das Kirchengut mußte den Boden zur neuen Stadt hergeben; Städte und Aemter des Herzogthums wurden befehligt, hier Häuser nach Vorschrift auf ihre Kosten zu bauen, und diese Häuser verschenkte der Fürst sodann an seine Lieblinge. Auch die Räthe, Beamten und Diener des Herzogs mußten sich entschließen, diese neue Anlage durch Bauten zu vergrößern. Allen denjenigen aber, die hier sich ansiedelten, wurden die größtmöglichen Freiheiten gewährt: sie durften 30 Jahre lang keine Steuern und Abgaben zahlen, erhielten die Baumaterialien geschenkt und wurden mit besonderer Auszeichnung behandelt.

Der Herzog betrieb diese Angelegenheit mit solchem Ernst, daß im Jahr 1718 der neue Wohnplatz zur dritten Hauptstadt und zur Residenz des Landes erklärt wurde. Die meisten Behörden Stuttgarts wurden hieher verlegt und die Einwohnerzahl stieg so rasch, daß sie zu Lebzeiten dieses Regenten auf 6000 anwuchs. Das alte Corps de Logis wurde binnen sechs Jahren vollendet; es war der Sitz des Fürsten. In den nächsten sechs Jahren (bis 1716) waren die beiden langen Flügel erstanden und — wie schon früher bemerkt worden — von 1724 bis 1733, dem Todesjahr Eberhard Ludwigs, wurde der südlichste Theil des Schlosses aufgeführt. Kaum war der erste Hauptpalast wohnlich eingerichtet und die Häuser in den schnurgeraden Straßen leicht hingebaut, so machte sich das Residenzleben nach allen Seiten breit; zur Gründung der Markung wurde vom Kirchengut Grund und Boden eingetauscht; die nächstliegenden Ortschaften gaben Theile von ihren Markungen ab; die Kirchenkassen des Landes lieferten Beiträge zur Erbauung einer Kirche. Und diese wurde endlich eingeweiht am 18. Septbr. 1726.

Obgleich Eberhard Ludwig verordnete, daß seine Nachfolger die angefangene großartig angelegte Stadt nicht unausgebaut liegen lassen, auch die Beamten und Landesbehörden nicht hinausziehen sollen, so verlegte doch 1734 Herzog Karl Alexander Hof und Kanzlei zurück nach Stuttgart. In Einem Jahre sank die Zahl der Einwohner auf 3200 herab. Nicht lange jedoch hatte Alexander die Zügel Württembergs in der Hand. Der 12. Mai des Jahres 1737 legte ihn als den Dritten in die Familiengruft zu Ludwigsburg.

Als aber im Jahr 1744 der prachtliebende Herzog Karl Eugen in seinem 16. Lebensjahr volljährig erklärt wurde, begann für die neue Stadt eine günstige Periode. Ludwigsburg wurde der Sitz des Hofes und der Regierung. Bedeutende Vergrößerungen wurden unternommen, ein ganz neuer — der südliche — Stadttheil, die sogenannte Karlsstadt, gegründet, die Straßen gepflastert, Fabriken verschiedener Art errichtet, die Stadtmauer aufgeführt, und durch Gewährung mannigfacher Freiheiten die Leute zur Ansiedlung herbeigelockt. Trotz dieser Vorliebe Karls für das Werk seines Ahnen schwankte das Gedeihen desselben von Zeit zu Zeit; denn mit der Gunst des Fürsten floh auch der Wohlstand der Bürger.

Welche Lustbarkeiten, welche Genüsse, welche Festlichkeiten der Fürstensitz damals geboten; welche Verschwendung aber auch damals geherrscht: wir haben Einzelnes davon berichtet.

Hatte sich Ludwigsburg während der Regierung des Herzogs Karl sichtlich gehoben und vortheilhaft verändert, so brach der zweiten Residenz doch die glücklichste Zeit unter Herzog Friedrich an. Er verlebte den Sommer regelmäßig in Ludwigsburg. Verschönerungen in jeder Richtung durfte die blühende Stadt alljährlich erfahren. Die Karlsstadt wurde unter ihm vollendet, die Anlagen theils ganz neu hergestellt, theils mit neuen Reizen geschmückt. Und wo man das Schloß von außen betrachten mag, immer wieder mahnt der Namenszug des strengen, gewaltigen Herrn, der 1806 sich die Königskrone auf's Haupt setzte, an sein Walten und Wirken im Großen und Kleinen, immer wieder sagt er, daß es Friedrich gewesen, der dieser Residenz ihren Glanz, ihre imposante Schönheit verliehen.

Unter ihm, dem damaligen Kurfürsten, beherbergte aber auch das Schloß einen unerwarteten hohen Gast — Napoleon I. Am 2. Oktober 1805 zog er in Ludwigsburg ein. Die ganze Stadt war festlich beleuchtet. Hundert Kanonenschüsse verkündeten der harrenden Menge die Ankunft des siegreichen

chen Feldherrn. Friedrich selbst geleitete ihn unter dem Donner der Kanonen, unter Trommelgewirbel und Glockengeläute ins Schloß. Noch lange verweilte das Volk auf den Straßen, theils um den Schatten des weltberühmten Siegers, in dessen Händen das Schicksal Europa's abermals lag, nur durch die Fenster des Schlosses zu sehen, theils um die prächtigen und seltsamen Uniformen seines Gefolges anzustarren.

Tags darauf, nach einer glanzvollen Cour hatten die beiden Fürsten eine zweistündige Unterredung. Wir stunden im Schloß in jener Fensternische, wo damals über das folgenreichste Ereigniß verhandelt, wo über das ganze Geschick unseres Landes entschieden wurde. „Für oder wider mich!" rief der Weltenbezwinger dem Kurfürsten zu, der eine Bedenklichkeit um die andere vorbrachte. Doch Friedrich mußte an Frankreich sich anschließen. Zugleich aber löste sich auch die alte, vielhundertjährige Verfassung Württembergs.

Dieser Aufenthalt Napoleons verflicht auch für immer den Namen „Ludwigsburg" mit der Weltgeschichte; von hier aus wurde die Kriegserklärung gegen Oestreich erlassen.

Ein Jahrzehnt später sollte der zweiten Residenz ein noch höherer Besuch als der eben berührte zu Theil werden. Kaiser Franz von Oesterreich und Kaiser Alexander von Rußland zogen am 2. Juni 1815 unter solenner Begleitung in Ludwigsburg ein. Mit leichtem Herzen, mit reger Theilnahme, mit freudestrahlendem Blicke jauchzte das Volk den „Befreiern Europa's" entgegen.

Mit dem Tode des Königs Friedrich hörte zwar Manches in Ludwigsburg auf, was vordem zu seinem Glanze beitrug, ja, es verlor sogar Vieles. Doch brachte ihm der Aufenthalt der Königin Wittwe, Charlotte Mathilde, die durch ihr segensreiches Wirken und ihre Leutseligkeit allgemeine Verehrung bei den Bewohnern genoß, in manchen Beziehungen des Guten gar viel; heute noch nimmt fast in jedem Hause das Bildniß dieser Königin den Ehrenplatz ein. Thränen folgten ihrem Sarge, Segen ihrem Andenken nach.

Zudem öffnete der milde Nachfolger Friedrichs, der hochherzige König Wilhelm, der Stadt viele Quellen des Wohlstandes. Und wenn sie trotzdem zu ringen hat um den ehrlichen Erwerb, so steht sie doch unter den Städten des Landes in erster Reihe nicht nur in Bezug auf die Zahl ihrer Einwohner (etwa 11,000 Personen, darunter ein Drittel Militär), sondern insbedere in Bezug auf Annehmlichkeiten aller Art, auf Schönheit der Lage und Lieblichkeit ihrer ganzen Erscheinung und in Bezug auf Bildung und Rührigkeit ihrer Insaßen.

Noch einiges Andere möge hier eingeschaltet werden.

In der ersten Zeit waren die Bewohner Ludwigsburgs — es zählte derselben im Jahr 1720 nur 686, während im Jahr 1724 schon 1456 und 1730 sogar 4224 Menschen hier lebten — „todt und lebendig“ nach Oßweil eingepfarrt. Zur Stadtkirche wurde am 25. August 1718 der Grundstein gelegt und am 18. September 1726 ging die Einweihung derselben unter großer Feierlichkeit vor sich. Die beiden Thürme wurden erst 1730 vollendet. Am 16. Mai 1716 wurde das erste Kind hier getauft. Im Jahr 1719 wurde der Gottesacker angelegt. Wie sehr die Einwohnerzahl schwankte, mag daraus hervorgehen, daß im Jahr 1765 hier 4835, im Jahr 1766 aber 8815 Personen gezählt wurden; und während im Jahr 1775 die Bevölkerung auf 11,607 Personen gestiegen war, fiel sie 1780 auf 6435. Diese Schwankungen hatten ihren Grund einzig in der Anwesenheit oder Abwesenheit des Hofs und der damit verbundenen größeren oder kleineren Garnison.

Was noch die Lage der Stadt betrifft, so breitet sie sich

auf einem flachen Bergrücken aus, der vom Salon — wir kommen noch dorthin — gegen das Stuttgarter Thor und gegen den Marktplatz bis zum Heilbronner Thor hinzieht. Am südwestlichen Ende der Stadt beginnt eine weitausgerundete Mulde, die sich bald zu einem Thälchen ausbildet, das an der westlichen Seite hinzieht und bis zur nordwestlichen Ecke und am Schloß vorüber bis nach Neckarweihingen sich fortsetzt, um dort in das Neckarthal einzumünden. Demnach ist der südliche Theil der Stadt am höchsten gelegen und von ihm aus senkt sich das Terrain allmälig gegen Norden, so zwar, daß, je mehr man sich dem nördlichen Ende nähert, der Fall zunimmt und endlich ziemlich steil gegen das Thälchen abfällt. Auch der westliche Theil der Stadt senkt sich gegen dieses Thälchen. Diese Lage der Stadt gestattet den Winden freien Zugang und die Luftströmungen sind oft ziemlich fühlbar. Wenn somit die Luft nicht so mild ist, als in Stuttgart, so ist sie dagegen um so reiner und frischer und um so gesunder; gewiß ein nicht unbedeutender Vorzug der Stadt! —

4.

Wohin wir uns jetzt wenden? Dahin, „wo sie so sanft ruhen, alle die Seligen.“ Zwischen Gärten ist der nächste Weg dahin gebahnt, nachdem wir die Anlagen verlassen, auch noch das sogenannte Rosengärtchen bei der Gärtnerswohnung gesehen haben. Schon stehen wir an der Ringmauer des Friedhofs. Einzelne Kreuze reichen über dieselbe hinaus, und Trauerweiden und Cypressen mahnen Vorübergehende leis und ernst an die lieben Entschlafenen, an das Ende des eigenen Schaffens und Wirkens.

Wir treten hinein in das Todtenfeld. Dort, jenem **Grab**-

monumente schreiten wir zu, das in der Mitte des Friedhofs steht. König Friedrich ließ es dem treuen Minister und geliebten Freunde, dem Grafen v. Zeppelin, errichten. Ueber dem Grabe erhebt sich eine Rotunde mit einer Kuppel und einem Portikus von vier Säulen. Oben steht die Inschrift: „Dem vorangegangenen Freunde“, über dem Eingang selber aber lesen wir die Worte: „Die der Tod getrennt, vereinigt das Grab.“ Den Eingang verschließt ein eisernes Gitterthor. Das tempelartige Grabmal erhält sein Licht von oben. Die inneren Wände bestanden aus blauem Anhydrit. In den Nischen stehen eiserne Kandelaber. Zu dem Kenotaphium (leeren Grabmal) von schwarzem Marmor führen Granitstufen. Eine Figur, die trauernde Freundschaft vorstellend, stützt sich auf den Sarg. Diese Figur ist von Dannecker aus Marmor gemeiselt. Dem Eingang gegenüber erblicken wir das Brustbild des Grafen, von Scheffauer in Basrelief ebenfalls aus Marmor gefertigt. Im Gewölbe selber, auf dem der Tempel steht, ruht der Leichnam des „vorangegangenen Freundes“ in einem Sarge von Mahagoni. Das ganze Monument ist nach einem Plan von Thouret gebaut. Es bildet nicht blos ein ehrendes Gedenkzeichen eines gewaltigen Fürsten an seinen ergebensten Diener, sondern auch eine der Sehenswürdigkeiten der „guten Stadt.“

Oft hat König Friedrich hier in dieser Todtenhalle Thränen vergossen über den ihm unersetzlichen Verlust eines Mannes, der ihm in Freud und Leid ein unzertrennlicher Gefährte war, der als treuer Freund des Regenten hochherzig und uneigennützig nicht nur das Wohl des Ganzen, sondern auch das seines fürstlichen Gönners in treuem deutschem Herzen bis zum Tode bewahrte und festhielt.

Wollten wir noch länger hier verweilen? Noch andere Grabdenkmale ziehen die Aufmerksamkeit auf sich. Hat doch der berühmte Künstler Isopi derselben etliche gemeiselt, die heute noch bewundert werden! In Trauergewänder gehüllt, sehen wir Leidtragende die Stätte besuchen, drin ihre Theuren den Todesschlaf schlafen. Andere richten die Gräber und zieren sie mit den Blumen des Mai's; sie wollen Leben sehen auch auf dem Grabe. Noch Andere sitzen in schattiger Laube und starren mit verweintem Auge auf den unbarmherzigen, kalten Hügel hinab, der ihnen ihr Liebstes verschließt. Dort eilt eine Mutter hin auf die Stelle, wo ihre Lieblinge ruhen, denen schon lange, lang der schaurige Tod das treue Auge gebrochen; sie kann sich von ihnen nicht trennen! — Gestalten im rosigen Schmucke der Jugend gehen nicht vorüber am Friedhof; sie kommen zum Grabe des Freundes, der Freundin. Und wieder naht dort ein munteres Mädchen im lieblichen Kleide der Unschuld; es sucht seinen Großvater gar und eilt jetzt zum Grab seiner Schwesterchen! Die Liebe, die ächte, göttlichflammende Liebe stirbt niemals! —

5.

Das regste Leben umgibt uns wieder; wir sehen einen Theil der Infanterie ausrücken. Das sind Rekruten. Man führt sie herüber in die Allee, damit sie die Bildung eines Soldaten erhalten. Wollen wir dem „Exercitium" einige Minuten zusehen? — Die kaum vor etlichen Wochen zum Militär ausgehobenen jungen Bursche üben in diesen schattigen Gängen Soldatenbrauch und Kriegerwerk. In kleineren Rotten werden sie von Unteroffizieren gehörig geschult. Die Mannschaft ist vertheilt und mehr oder minder geschäftig. Und wie scharf sie kommandiren, die „Obermänner und Rottenmeister!" Und welch finstere Miene sie annehmen, die kaum erst Soldaten gewordenen Jünglinge! Aber hier will es nicht recht vorangehen mit dem regelrechten Gang und der soldatischen Haltung. Fast will es scheinen, als wüßten Einzelne nicht das Rechts von dem Links zu unterscheiden, darum wird aber der Exerziermeister auch bedeutend „falsch“ ob solcher „Dummheit.“ Und seinem „Falschsein“ macht er in etlichen derben Ausdrücken Luft. Dort hinten bildet sogar ein einziger Mann eine Abtheilung! Wie das wohl kommt? Wenn wir denselben nur eine Minute beobachten, werden wir diese Frage leicht beantworten können! Wird doch diesem „Manne“ solch Wesen und Treiben so schwer! — Aber ziehen wir weiter in der blüthengeschmückten Allee! Eine Abtheilung sagt uns das heutige Pensum von allen. —

Vor uns liegt der kleine Exercierplatz. Ein großes Viereck bildend, ist er auf allen Seiten von den reichsten Alleen begrenzt. Ein ungemein geräumiger Platz! Und dennoch „der kleine“ genannt? Auf ihm werden größere und zusammengesetztere militärische Uebungen einzelner oder auch aller Waffengattungen vorgenommen. Hieher „rückt man auch aus,“ wenn der oberste Kriegsherr, der König, Musterung hält über seine Soldaten. Dann erscheinen hier Kanoniere, Reiter und Fußgänger. — Allen dient dieser Platz, wenn es gilt, sich im Schmucke zu zeigen. Allen dient dieser Platz, wenn es gilt, im Großen zu exercieren.

Ludwigsburg ist ja ein Hauptgarnisonsplatz für das württembergische aktive Militär, deßhalb bedarf es solcher Räume. Und sie fehlen ihm nirgends. (Der bedeutendste derselben liegt übrigens außerhalb der Stadt und heißt der „große“ Exercierplatz.) Als Militärstadt ist es im ganzen Lande bekannt; als solche ist es auch theilweise in Verruf gekommen; denn — sagen die Leute voll Vorurtheil — wo das Militär sich so großartig ausbreitet, kann der Bürgersmann nimmermehr leben. „Kommet und sehet!“ rufen wir heute den Bedenklichen,

Furchtsamen zu. Das aber ist nur zu gewiß, daß wohl nirgends in Württemberg ein geeigneterer Punkt zu finden ist für den Aufenthalt unserer Soldaten. In der Regel „liegen" hier zwei Regimenter Infanterie, zwei Regimenter Cavallerie, der Generalstab und die ganze Artillerie mit Ausnahme des in Ulm liegenden Festungsbataillons. Die Zahl der hiesigen Gesammtmannschaft wechselt je nach der Einberufung zwischen 2500 und 3000. Leicht einzusehen ist, daß diese Menge Soldaten in den verschiedenartigsten Richtungen die Gewerbsthätigkeit in Anspruch nimmt; darum heißt es landauf und landab, Ludwigsburg „lebe nur von Soldaten." Als ob andere Städte nicht auch ihre Abhängigkeit in irgend einer Beziehung zu fühlen hätten! Und wir gönnen der Stadt diese Einnahmequelle von Herzen. Wegen der Soldaten finden sich aber hier auch so viele Kasernen und so viele zu militärischen Zwecken gebaute Häuser. Ja, die neueste Zeit rief sogar noch Neubauten und früherhin unbekannte Einrichtungen hervor.

Gewöhnlich hat ein Infanterist anderthalb bis zwei Jahre „präsent" zu sein; der Kanonier und der Reiter aber müssen dritthalb bis drei Jahre hier verweilen. Nach Vollendung dieser Zeit, die den Leuten manchmal gar lang und beschwerlich vorkömmt, erhält der geschulte Soldat seinen Urlaub auf unbestimmte Zeit, und nur zu Manövern, oder bei sonstigen außerordentlichen Ereignissen muß er noch einmal „einrücken", ehe er den „Abschied" erhält. Und dies ersehnte Papier wird ihm nach sechsjähriger Dienstzeit verabfolgt. Dann gehört er als ein „gedienter" Mann der Landwehr an, die aber nie zu besonderen Uebungen einberufen, auch erst im Kriege zur Waffenführung und Vaterlandsrettung beordert wird.

Das „Soldatenleben im Frieden" ist, wir haben uns ja schon mehrmals davon überzeugt, ein gar mühsames und vielgestaltiges. Je nach der Waffengattung hat der Soldat mehr oder weniger Mühe und Arbeit. Am leichtesten übt sich der Infanterist; er hat nur sich und seine Muskete in bestmöglichem Zustand zu halten und seinen Wachdienst treu zu versehen. Schwerer hat es der Cavallerist; sein Roß, sein treues Thier, macht ihm gar viel zu thun. Aber am anstrengendsten ist wohl der Dienst eines Artilleristen; wie schwer sind nicht die gewaltigen Geschütze zu regieren, zu laden, zu lenken! Da gibt es der Kunstgriffe und der Stellungen so viele, daß man nur staunen muß, sieht man die Artillerie im „Feuer exerzieren." Wenn nun einerseits zugegeben werden muß, daß den „ausgehobenen" Kriegern das Leben in der Garnison meist nicht sehr gefällt; wenn man den Wunsch der größeren Zahl derselben, lieber daheim als in der Stadt Ludwigsburg „zu liegen", gerade nicht auffallend finden kann, so wird andererseits doch wieder mit vollem Rechte behauptet werden dürfen, daß nicht wenigen aus der Mannschaft das Leben unter dem Militär von unberechenbarem Werthe werden kann. Und wenn der Urlaub endlich die „Geschulten" nach Hause zurückkehren läßt, sehen sie nicht mit einem gewissen Stolze auf ihre Kameraden herab? Brüsten sich nicht noch im späten Alter die ehemaligen Soldaten damit, daß sie voreinst auch beim „Militär gestanden?" Und wenn wir hören, daß während der Wintermonate die besseren, geistig begabteren „Gemeinen" in diesem oder jenem Fache Unterricht erhalten, daß besonders die Unteroffiziere ausgebildet werden, daß ihnen in geordnetem Vortrage diese oder jene Wissenschaft zugänglich gemacht wird, ohne daß ihnen irgend eine Auslage hiefür zugemuthet würde: müssen wir dann nicht diese Vortheile für den Einzelnen rühmend anerkennen und der freundlichen Fürsorge der Vorgesetzten dieser Leute dankend erwähnen? — Gewiß, es wird für Hunderte das Leben in der Garnison eine wohlthätige „Fortbildungsschule“, die nicht bloß äußere Zucht und Gewandtheit, sondern auch innere Erhebung und geistige Ausbildung bezweckt und erreicht. Ja, Mancher kann hier als Hans noch hereinholen, was er als Hänschen versäumte. Mancher hat sich schon durch seine militärische Ausbildung und durch gewissenhafte Benützung der hier so freigebig gebotenen Hülfsmittel eine Stellung im Leben errungen, deren er nimmermehr wäre gewachsen gewesen, hätte ihn nicht ein gütig Geschick dem „Regiment“ eingereiht.

Wenn nun die Zahl der Soldaten des hiesigen Garnisonsplatzes eine so große ist, kann es dann noch befremden, daß man allerwärts Angehörigen des Militärs begegnet? Und dieses Verhältniß verleiht, wie es nicht anders sein kann, der ganzen Stadt auch ein besonderes Gepräge, einen eigenthümlichen Charakter, der einem Ankömmling, einem nicht heimisch werdenden Passanten allerdings befremdlich erscheinen kann. Wer aber nur einmal sich hier zurechtfinden konnte, und wer es liebt, in der Stille zu leben und dem wirren Geräusch zu entfliehen, wer die Natur mit ihren kostbaren Reizen und göttlichen Wundern höher schätzt, als übertünchten Schimmer und glänzende Hohlheit: der wird in Ludwigsburgs Mauern sich ebenso glücklich fühlen, als er's nur irgendwo sein kann in Schwaben; der wird im Gegentheil stets wieder gerne hieher zurückkehren, wenn ihn Beruf oder Pflicht in den Strudel des lärmenden Menschengetriebes geworfen. Und hier, in dieser Stille —

Da flüchten die Gedanken
Sich weit durch Raum und Zeit,
Entzieh'n sich kühn den Schranken
Der engen Endlichkeit.

6.

Wir gehen über den kleinen Exerzierplatz hinüber in jene Lindenallee, die am jenseitigen Ende dieses Platzes sich hinzieht. Noch sind die schönen Bäume nur schwach belaubt; sie blühen sehr spät und sind, so zu sagen, Nachzügler in der Entwicklung. In geringer Entfernung öffnet sich ein Thor. Die Stadtmauer, die an anderen Stellen meist entfernt worden ist, läßt sich erblicken. Die Gärten, die uns zur Linken liegen, waren alle zu Bauplätzen bestimmt und wäre die Stadt dem ursprünglichen Plane gemäß ausgebaut, sie hätte einen Umfang und eine Größe, wie keine ihrer Schwestern im Lande. Wir suchen zu jenem offenen Thore hinaus zu kommen. Immer geht es durch Linden- und Kastanienalleen. Und jetzt, außerhalb des Thors, stehen wir vor einem niedlichen Lustwäldchen: es ist der Salon. Er liegt im Süden und Südosten der Stadt und nimmt eine Fläche von 78 Morgen ein. Wenn wir zunächst in dem schönen Gange zwischen den breitbewipfelten Bäumen bis zum höchsten Punkte dieser Anhöhe fortschlendern, so wird der höchste Punkt bald erreicht. Unser Weg führt durch ein Rasenstück, das ein längliches Viereck bildet und auf allen Seiten von hohem Gebüschwerk umgrenzt ist. Das sei die „grüne Bettlade", sagt uns der Knabe dort. Und was sagen wir zu solcher Schlafstelle? Zum Kissen die Erde, zur Decke das Himmelsgewölbe, zum Schlaftrunk den Thau, zur Nachtmusik den Eulenruf, zum Morgengruß den Vogelsang: ob das nicht ganz poetisch wäre! Und Raum hätte man zur Genüge; man könnte sich legen und strecken und wälzen auf diesem kunstlosen Lager, wie's nur beliebte. — Dort stehen auch einige Häuser; sie bilden zusammen den Aufenthaltsort verschiedener junger Leute, die hier ihre Schule machen, eine zweite Heimath finden sollen. An dieser

Erziehungsanstalt „Salon“ zieht die Hauptstraße nach Stuttgart vorüber.

Noch eine kleine Strecke weit gehen wir abwärts. Der Wald öffnet sich; wir sind an die angrenzenden Felder gekommen. Setzen wir uns auf diese Bank! Jetzt soll das Auge sich seinen Genuß erbeuten! Mag es hinausschweifen, so weit es nur kann! Ist das nicht eine herrliche Stelle? Und die Aussicht, wie ist sie so labend, so belebend! Neuffen und Teck und andere Berge der fernziehenden Alp sind in wundersam glänzendes Blau gehüllt. Die Solitüde macht sich leicht kenntlich! Der rothe Berg mit seiner Kapelle grüßt ebenfalls freundlich herüber. Die Ausläufer des Schurwalds und die Schlußberge des Welzheimer Waldes sind nicht weit entfernt. Und innerhalb dieser Hügel und Berge ein fruchtbarer Kessel, besät mit Dörfern und Höfen, bekannt als das Paradies unseres Landes! Wem hier das Herz nicht aufginge!

Gewiß, es ist dieß Plätzchen ein trautes und liebes! Und diese Stille ringsum! Säuselt nicht eben der Friede des Himmels und seine Seligkeit tief in das Herz hinein?

Wir scheiden nicht eilig von dieser Stelle; es ergötzt sich das Herz an den Wundern der trauten Natur, es schwelgt das trunkene Auge im Anschauen des lieblich bunten Schmuckes der Wiesen und Felder, der Höhen und Tiefen. Fürwahr —

So weit das Auge schaut und schaut:
Nicht kann sich's satt erschauen!
So weit der Aether licht erblaut:
Doch endet nicht sein Blauen!

Allüberall ein Segensmeer —
O wer es ganz ermäße!
Die Liebe wandelt drüber her —
O wer sie nie vergäße! —

Und nun in den Wald, um drin zu „lustwandeln". Schon von unserem jetzigen Standpunkt aus führen verschiedene Gänge hinaus auf die Straße, die wieder zu beiden Seiten mit mächtigen Linden geschmückt ist. Aber wir ziehen uns links in den Wald hinein. Bäume allerlei Art finden sich hier; Nadel- und Laubholz wechseln mit einander. Immer durchschneidet ein Weg den andern; jeder bietet wieder etwas Neues. Hier ist nur niedriges Gebüschwerk; dort aber heben die schlanken Tannen ihr Haupt hoch über die Kleinen empor. Und wie künstlich dieser Bogengang gepflanzt ist! Schade, tausendmal schade, daß er so sehr von dem „Zahn der Zeit" zerfressen wird! Nehmen wir uns doch recht zusammen, uns in diesen Irrgängen zurecht zu finden! Da betreten wir einen freien Raum fast mitten im Hain; er bildet einen vollständigen Kreis und seine Begrenzung sind kleinere Bäume. Vor Zeiten, als noch die Residenzherrlichkeit Ludwigsburg beglückte, soll hier ein Theater gewesen sein. Was heute entweder zerfallen ist, oder was dem Gesetz der Nützlichkeit auch hier weichen mußte, stand damals in zauberhafter Pracht und nicht leicht dürfte irgendwo ein solches Lustwäldchen zu finden gewesen sein. — Aber welch nette Stelle ladet uns hier zum Verweilen ein! Auf jener Bank könnten wir abermals rasten. Doch viel lieber gehen wir um die Tännchen herum, die so dicht im Kreise gepflanzt sind, daß das ganze Rondel einen undurchdringlichen Tannenwald bildet. Und von allen Seiten führen gleich schöne Wege zu diesem Punkte, dessen Schönheit wohl jeden Besucher ergötzt. Von hier aus bemerken wir das östliche Ende des Salons. Lenken wir unsere Schritte dorthin! Wieder die herrlichste Fernsicht! Die Welzheimer und Murrhardter Berge mit ihren Ausläufern, der Stocksberg, der Lichtenberg und auch der Wunnenstein treten in unsern Gesichtskreis. Ja in der weitesten Ferne gegen Norden erhebt sich sogar der

Melibokus, ein Höhenpunkt des Odenwaldes. Näher aber sind es die freundlichen Gefilde, die größeren und kleineren Wohnplätze geschäftiger Menschen, auf denen das Auge länger verweilt.

Und jetzt noch einmal den „Salon" seiner ganzen Länge nach durchzogen! Wie herrlich es hier sich ergeht! Wie glücklich, wer hier sorgenbefreiten Herzens lustwandeln kann! Gäb' es irgendwo schönere Spaziergänge? Aber der Salon hat auch schon häufig Festlichkeiten dieser und jener Art in sich abhalten sehen; besonders ist er den Kinderfesten gewogen und bei solchen entfaltet er all seine Pracht und wetteifert mit der freudigen Jugend in Lust und in Fröhlichkeit. Dann ist es nicht so still und so einsam im Wäldchen; Jubel und Sang ertönen ringsum; es hüpfen die Knaben und Mädchen lustig von Spielplatz zu Spielplatz, und gar verwunderlich schauen die munteren Eichhörnchen von ihrem hohen Wohnsitz herab auf das lachende, scherzende, spielende Völklein. Auch die Alten bleiben an solchen Festtagen in keinerlei Richtung unthätig; scheinen sie doch im Getümmel der Jugend sich wieder verjüngen zu wollen!

Ist das verkannte Ludwigsburg nicht zu beneiden um diesen kostbaren Schatz unter seinen zahlreichen Schätzen und Schönheiten? Und wollten wir noch eine Rundschau halten und das herrlichste Panorama genießen, so könnten wir den alten, unweit vom Bahnhof liegenden Römerhügel, die sog. „Belleremise" besuchen, wo sich dem Auge in einem Umkreis von mehr als 50 Stunden die Fülle der Wunder erschlöße.

7.

Die zweitausend Schritte lange Stuttgarter Straße nimmt uns auf. Sie zieht sich von Süden nach Norden in gerader Linie abwärts. Die Karlsstadt mit dem großen Karlsplatz, auf dessen Mitte eine Spitzsäule steht, die Poststraße, der sogenannte Kaffeeberg, das Schloß zur Rechten und sonstige Einzelnheiten zeigen sich im Vorübergehen abermals. Noch einige Schritte weiter und wir stehen vor der Werkstätte des weltberühmten Orgelbauers Walcker. Sollten wir nicht bei dem unübertroffenen Künstler einsprechen? Treten wir ein in das umfangreiche Haus, dessen Aeußeres schon die Blicke der Fremden auf sich lenkt.

Ein schlichter, freundlicher Mann kommt uns entgegen, und erfreut begrüßen wir in ihm den Begründer des großartigen Geschäfts. Er bietet sich uns selbst zum Führer an. Machen wir sonder Säumen Gebrauch von seiner Güte!

Allererst erfahren wir von dem berühmten Künstler, daß auch in seinem Betriebe der Dampf als Geschäftsförderer angewendet wird. Eine Maschine mit einer Stärke von drei Pferdekräften leistet gewichtigen Vorschub. In den obern und untern, in den näheren und entfernteren Räumen des weitläufigen Gebäudes werden Maschinen durch Dampfkraft getrieben.

Wir kommen zunächst — bemerkt der gefällige Führer — in ein Lokal, in welchem mit Hülfe einer Cirkulationssäge ganz schmale und lange Stäbe geschnitten und zugerichtet werden. Man braucht diese Stäbe zu den sogenannten Abstrakten. Von den Tasten (Claves) der Manual- und Pedal-Claviatur ziehen sich bekanntlich Verbindungen bis zur Windlade, so daß die Ventile der letzteren mit den Tasten in engstem Zusammenhang stehen, welcher durch solche feine, etwa einen halben Zoll breite Brettchen, also durch die Abstrakten, so wie durch Winkel und Wellen und Wellenarme vermittelt wird. Aber auch eine Schweifsäge arbeitet hier; Verzierungen aller

Art werden durch sie in kürzester Frist hergestellt, sofern die Säge so gestellt werden kann, daß die Schnitte genau der Zeichnung auf dem Holze folgen.

Im anstoßenden Gelaß fesselt uns die Bereitung des Materials, aus welchem die zinnernen Pfeifen verfertigt werden. Eben sind zwei Arbeiter mit Gießen beschäftigt. Sie schütten die flüssige Masse in das sog. Gießfach und bewegen dasselbe in möglichster Schnelligkeit über die Gießlade hin. Was eben noch im engsten Raume, in einem eisernen Gefäß beisammen war, liegt jetzt als 22 Fuß lange und etwas über 2 Fuß breite Tafel auf der Gießlade ausgebreitet. Und diese Tafel — so belehrt uns der wackere Meister — ist das sogenannte Probzinn, das aus einer Mischung von Zinn und Blei besteht und zwar so, daß zu vier Theilen Zinn ein Theil Blei gefügt wird. Wohl wird auch anders gemischt, etwa zwei Theile Zinn und ein Theil Blei, oder gar zwei Theile Blei und ein Theil Zinn; allein derartige Verschmelzungen geben schlechte Stoffe zu Pfeifen. Zu den Pfeifen einzelner Register muß sogar reines Zinn genommen werden. Noch erfahren wir, daß hier nur englisches, sog. Lammzinn, verwendet wird, und daß die Dicke einer Tafel eine halbe bis zwei Linien betragen kann, je nachdem das Gießfach gestellt wird. Schon ist die große Tafel erkaltet. Die Arbeiter rollen sie zusammen und beginnen ihre Thätigkeit auf's Neue.

Durch einen schmalen Gang ist der Zinnhobel von der Gießlade getrennt. Diese Maschine ist eben in voller Thätigkeit. Ein scharfes Instrument bewegt sich, durch Dampf gezwungen, über jene Zinntafeln hin und glättet sie und gibt ihnen überall die gleiche und vorgeschriebene Dicke. Die feinsten Späne werden „weggehobelt", und bald glänzt das Metall silberweiß. Gerade die Gleichheit der Stärke solcher Tafeln ist von wesentlicher Bedeutung bezüglich der Erzeugung des Tons. Nur wenn der Pfeifencylinder überall gleich dick ist, wird der Ton der Pfeife ein reiner, schöner, gleicher.

Wir gelangen nun zu den Pfeifenverfertigern. Da stehen wieder die Tafeln von Probezinn. Je nach Bedürfniß schneidet man Stücke ab. Diese werden dann über gewisse Formen gezogen und endlich zusammengelöthet. Pfeifen aller Art sind hier aufgestellt; von der kleinsten bis zur größten haben sie sich traulich zusammengeschaart. An jeder dieser Pfeifen befindet sich unten ein Fuß oder ein Stiefel, durch welchen der Wind den tonbildenden Theilen zugeführt wird. Der Kern und der Körper folgen auf jenen untern Theil. Der Kern dient zur Luftsammlung, um dann in das Labium zu streichen. Der Körper selber ist die Röhre, durch welche der Ton seine bestimmte Größe und Reife erhält. Man unterscheidet Labial- und Zungenpfeifen.

Aber nicht blos zinnerner Pfeifen bedarf der Orgelbauer; er braucht auch hölzerne. Wir treten eben in ein saalähnliches Gemach ein, in welchem sich solche Riesen von Pfeifen finden. Das sind viereckige Säulen, und die größte derselben hat 32 Fuß Länge. Welch tiefen Ton mögen diese hohlen Körper wohl hören lassen! Und welche Windmenge mögen sie wohl verbrauchen! Die hölzernen Pfeifen haben dieselben Theile wie die zinnernen.

Bei beiden Arten der Pfeifen — erläutert unser Führer — kommt noch ihre Größe in Betracht, und zwar sowohl ihre körperliche, als ihre Tongröße. Letztere hängt nicht allein von der körperlichen Größe ab; denn so bald eine offene Pfeife oben mit einem Deckel oder Stöpsel verschlossen (gedeckt) wird, gibt sie einen noch einmal so tiefen Ton an. Bei Labialpfeifen wird nämlich der Ton dadurch erzeugt, daß die durch den

Kernspalt strömende gepreßte Luft die Luftsäule im Pfeifenkörper in Schwingung setzt, wie dieß auch bei Blasinstrumenten der Fall ist. Bei offenen Pfeifen bewegt sich nun die Luft vom Aufschnitt und der oberen Oeffnung des Pfeifenkörpers auf und ab; bei gedeckten hingegen steht die Luftsäule nur einmal mit der äußeren Luft in Verbindung und der Ton wird um eine Oktave tiefer, aber auch etwas schwächer. Eine gedeckte Pfeife von 4 Fuß Länge wird daher die nämliche Tonhöhe angeben, wie eine offene Pfeife von 8 Fuß Länge und gleicher Weite. Uebrigens darf man es hier nicht allzu scharf nehmen.

Die Größe der Pfeifen wird nach Fußen bestimmt; der Pfeifenfuß, der nur als Windleitungsröhre dient, darf aber nicht gerechnet werden. Eine achtfüßige Pfeife klingt noch einmal so hoch als eine sechzehnfüßige, oder 8 Fuß ist die Oktave von 16 Fuß, 4 Fuß die Oktave von 8 Fuß ꝛc. Zur Höhe und Tiefe des Tons trägt aber nicht allein die Länge, sondern auch die Weite der Pfeife bei; es kommt also auch auf ihren kubischen Inhalt an. Deßhalb hat nicht jede Pfeife, die z. B. 8 Fuß lang sein sollte, wirklich diese Länge. — Die Registerzüge enthalten neben der Aufschrift des Namens auch noch die Länge der größten Pfeife. Und nach der Länge der größten Pfeife des Hauptregisters (Principals) wird eine Orgel benannt. Eine Orgel ist also z. B. ein achtfüßiges Werk, wenn die größte Pfeife des genannten Registers acht Fuß lang ist. Jedes einzelne Register umfaßt im Ganzen 56 Pfeifen, die um so kürzer werden, je höher ihr Ton sich gestalten soll.

Nicht minder wichtig als die Pfeifen ist die Windlade einer Orgel. Der Künstler im Orgelbau führt uns zu seinen Windladenmachern. Diese haben die größte Genauigkeit zu beobachten, damit Alles sich recht pünktlich zusammenfüge. Da bemerken wir zuerst den Windkasten, das Behältniß, in welches der Wind durch die Kanäle unmittelbar geleitet wird. Er liegt vor der Windlade und ist eben so lang als diese. Der Wind selbst geht durch die sog. Schleife in den Wind- oder Pfeifenstock. Dieser ist ein etwa zwei Zoll dickes Stück Eichenholz und so breit und lang, daß die Pfeifen, welche er tragen soll, Raum auf ihm haben. Er ist mit starken eisernen Schrauben auf den übrigen Theilen befestigt. Auf der unteren, der Windlade zugekehrten Seite des Pfeifenstocks sind eben so viele Löcher als in der Schleife; diese passen ganz genau auf einander. Auf seiner entgegengesetzten Seite ist für jede Pfeife ein besonderes Loch gebohrt, in welchem sie mit ihrem Fuße steht. Wenn des Raumes wegen eine Pfeife nicht unmittelbar über dem Loche der Windlade und Schleife Platz hat, so bedient man sich sogenannter Laufgräben, die den Wind dahin führen, wo die „verstellte" Pfeife untergebracht ist. Im Windkasten finden sich aber auch die Hauptventile, die den Wind so lange abhalten, als es nöthig ist. An diese Ventile reichen bekanntlich die Abstrakten; drückt man die Taste abwärts, so öffnet sich das Ventil, der Wind dringt ein und die Pfeife spricht an.

Soll die Pfeife tönen, so muß also Wind in sie strömen. „Der Wind ist gleichsam die Seele der Orgel." Wind wird durch Blasebälge beschafft. Auch sie werden hier verfertigt. Wir befinden uns bereits in dem Lokale, wo diese Windbereitungswerkzeuge in Arbeit sind. Man macht theils Span-, theils Falten-, theils Doppel- oder Schöpfbälge. Der Wind wird durch Kanäle in die Windlade geleitet. — Auch Orgelgehäuse, die nothwendige und oft sehr künstlerisch gefertigte Umhüllung der Pfeifen, Abstrakten, Windladen rc. sehen wir in dieser Abtheilung des Hauses zusammenfügen.

Endlich öffnet uns der „Meister in allerlei Orgelwerk"

einen Saal, der größer ist, als manche Dorfkirche: es ist der Orgelsaal. Hier wird die Aufstellung der einzelnen Orgeln vollzogen, wenn Alles hiezu gefertigt ist. Dadurch allein ist es möglich, ein Werk nach jeder Beziehung vollkommen zu gestalten und vollkommen an seinen Bestimmungsort abgehen zu lassen. Die ungemeine Größe und Höhe dieses Saals macht es möglich, auch Werke von dem weitesten Umfang vollständig spielbar zusammen zu setzen. Sind doch schon Orgeln mit 60 und noch mehr Registern hier aufgestellt gewesen.

Wenn wir noch den überaus großen Vorrath an Rohmaterial in's Auge fassen, das in einzelnen Räumlichkeiten dieses ausgedehnten Gebäudes aufgeschichtet liegt, wenn wir auch noch zu ebener Erde in der Werkstätte der Metallarbeiter uns umsehen, so müssen wir bekennen, daß wir hier die umfangreichste und großartigste Anstalt zur Verfertigung von Orgeln vor uns haben; wir müssen aber auch den Mann bewundern, der aus kleinen Anfängen einen solch vielverzweigten Geschäftsbetrieb erstehen lassen konnte. Mehr als fünfzig Personen haben fort und fort vollauf zu thun, um die zahlreichen Aufträge auszuführen. Ja, die Zahl der bestellten Orgelwerke mehrt sich beharrlich so sehr, daß Jahre kaum hinreichen, um allen Wünschen genügen zu können. Und wenn wir vollends erfahren, daß gerade in dieser Werkstätte die bedeutendsten Erfindungen zur Vervollkommnung der Orgeln gemacht worden sind, so wird es uns ganz klar, weßhalb hieher sich diejenigen wenden, welche in Kirchen oder Bethäuser gediegene Orgeln sich wünschen. Kein Wunder, daß weit über Deutschlands Grenzen hinaus der Name Walcker's einen so guten Klang sich erworben! Kein Wunder, daß Werke aus dieser „Orgelfabrik“ in allen Gauen der Erde sich finden! Das größte Werk von Walcker geschaffen, die größte Orgel der Welt überhaupt, steht im Münster in Ulm. Wir werden sie seiner Zeit genauer besehen.

Vergnügt und befriedigt verlassen wir den freundlichen Künstler; ein aufrichtiges Wort des Dankes sei der Zoll für seine Aufopferung.

Lernten wir eben ein bedeutendes gewerbliches Unternehmen Ludwigsburgs kennen, so wissen wir, daß es nicht das einzige ist. Ludwigsburg ist nicht bloße Garnisonsstadt; die Industrie gewinnt hier täglich mehr Boden. Blühen doch Fabriken verschiedener Art innerhalb seiner Mauern. Wir nennen nur eine Pianofortefabrik, zwei Blechwaarenfabriken, eine Rahmenfabrik. Zu diesen kommen noch drei umfangreiche Fabriken, welche Baumwollwaaren und verschiedenerlei andere Zeuge herstellen und eine sehr große Zahl Arbeiter beschäftigen. Und dürften wir die zahlreichen und ausgedehnten Bierbrauereien vergessen, deren „Stoff" weithin verführt wird und äußerst gesucht ist?

Eines der jüngsten aller hiesigen Etablissements ist aber die Gasfabrik. Wir haben das neue Gebäude vor Augen. Diese Fabrik bietet des Interessanten so viel, daß wir's uns nicht versagen können, einen Blick in dieses Anwesen und in die Bereitung des Gases zu thun.

Treten wir ein in das Retortenhaus! Es ist geschmackvoll und massiv erbaut. Seine eiserne Dachrüstung und die Ueberdeckung mit Eisenblech fällt gefällig ins Auge. Das 80 Fuß hohe, achteckige Kamin steigt gewaltig empor. Wir bemerken drei Oefen mit je fünf, drei und einer, zusammen also mit neun Retorten, die aus feuerfestem Thon gefertigt sind. Acht dieser Retorten sind rund, eine ist oval; jede ist acht Fuß lang. Zu Einer Beschickung sind anderthalb Centner Steinkohlen erforderlich, welche sechs Stunden in der Retorte verbleiben. Nach Ablauf dieser Zeit werden die Coaks (Koke) schleunigst herausgenommen und eine neue Beschickung der Retorte findet statt. Das aus den Steinkohlen destillirte Gas steigt durch die Gasleitungsröhren in die auf dem Ofen liegende Vorlage. Jene Röhren tauchen etwa zwei Zoll tief in das Wasser der Vorlage, die zur Hälfte mit dieser Flüssigkeit angefüllt ist. Das Gas selbst gelangt mit dem überflüssigen Theer, der sich zum Theil in der Vorlage ansammelt, durch eine Abführungsröhre in den Kondensator.

Verlassen wir nun das Retortenhaus, so sehen wir rechts und links zwei Nebengebäude, je 40 Fuß lang, 15 bis 17 Fuß tief und 12 Fuß hoch, die ebenfalls massiv erbaut sind und sich unmittelbar an jenes anschließen. Das zur Rechten enthält das Kohlenmagazin und eine kleine Wohnung für den Werkführer der Fabrik. Wir wenden uns aber zum Gebäude zur Linken. Da stoßen wir zuerst auf den im Freien aufgestellten eisernen Kondensator. Ueber den Bodenkasten desselben erheben sich drei aufrechtstehende Doppelröhren, von denen die inneren 15, die äußeren 21 Zoll Durchmesser haben. Durch diese Einrichtung des Kondensators ist es der äußeren Luft gestattet, sowohl an den äußeren als durch die inneren Röhren frei zu strömen, während das Gas in dem Raum zwischen den inneren und äußeren Röhren zirkulirt. Dadurch wurde auf einem möglichst kleinen Raume eine sehr große Abkühlungsfläche hergestellt. Aus dem Kondensator fließt der abgesetzte Theer mit allen darin verdichteten Flüssigkeiten in die Theerzisterne ab. Das Gas selbst gelangt in den ersten Reinigungsapparat (Ammoniakapparat), in welchem es mit Schwefelsäure von seinem Ammoniakgehalt befreit und wo zugleich schwefelsaures Ammoniak gebildet wird, das in seinem rohen Zustande als sehr geschätztes Düngungsmittel, gereinigt aber in Apotheken vielfache Anwendung findet. Nach der ersten Reinigung strömt das Gas in den sogenannten Exhauster. Weil es nämlich hier in Thonretorten, die mehr oder weniger porös sind, erzeugt wird, so wird das Gas zur Verminderung des Drucks in den Retorten durch den Exhauster aus den vorhin genannten Apparaten aufgesogen und durch die folgenden hindurchgedrängt, wodurch zugleich ein Entweichen des Gases verhindert wird. Nach Art der Cylindergebläse konstruirt, wird der Exhauster durch eine kleine Dampfmaschine betrieben, deren Dampfkessel zugleich zur Warmhaltung des Wassers in einigen Apparaten verwendet wird. Das Gas selbst strömt aus dem Exhauster in den Trockenreinigungsapparat, den wir vor uns haben. Er besteht aus zwei viereckigen, gußeisernen Kästen von etwa sechs Fuß im Geviert und vier Fuß Höhe, in denen auf einer Art von Sieben drei Schichten von trocken abgelöschtem Kalk sich befinden, durch welchen das Gas hindurchzieht, und worin es von Kohlensäure und Schwefel gereinigt wird. Nun folgt der Gasmesser, durch den alles produzirte Gas, um gemessen zu werden, wandern muß. In demselben befindet sich eine Art Trommel mit genau bestimmtem Kubikinhalt. Zur Hälfte steht diese Trommel im Wasser. Das hindurchströmende Gas setzt die Trommel in Bewegung und man kennt bei einer einmaligen Umdrehung derselben die Menge des Gases, welche weiter befördert wurde. (In den Gasuhren, welche überall vorhanden sein müssen, wo man Gas brennt, findet sich diese Trommel im Kleinen wieder, und sie setzt dann ein Räderwerk in Bewegung, welches einen oder etliche Zeiger treibt, die auf Zifferblättern den Verbrauch des Gases anzeigen).

Das gemessene Gas wird durch die hier 25 Fuß tiefe Ein-

und Ausströmungszisterne in den Gasbehälter geleitest den man uneigentlich auch Gasometer nennt. Er ist 20 Fuß hoch und 45 Fuß weit und faßt 35,000 Kubikfuß Gas. Der gewaltige Eisenblechcylinder lauft in eisernen Führungsrahmen und ist an seinem unteren Ende zum mindesten einen Fuß tief in das Wasser der Zisterne getaucht, welche 20 Fuß tief ist, 47 Fuß Durchmesser hat und 3500 Eimer Wasser enthält. Die Zisterne selbst ist mit Backsteinen, die durch Traß verbunden sind, wasserdicht gemauert. Wozu aber diese Wassermasse nöthig ist? Einzig und allein dazu, einen vollständigen Abschluß zwischen dem Gas und der athmosphärischen Luft herzustellen. Eine Ausströmungsröhre leitet das Gas in den Druckregulator, der drei Fuß Durchmesser hat und stündlich 5000 Kubikfuß Gas durchlassen kann, welches dann durch die 35,000 Fuß Länge betragenden gußeisernen Leitungsröhren in alle Theile der Stadt geführt und als Leuchtgas verwendet wird

Bemerkenswerth ist, daß eine Abschließung der Verbindung des Gases mit den verschiedenen vorhin genannten Apparaten jederzeit ermöglicht werden kann, so daß es, wäre es wünschenswerth, in den Exhauster strömt, ohne den Ammoniakapparat zu berühren, oder daß es von den Retorten aus mit Umgehung beider Apparate sogleich in die Trockenreinigung gelangen kann. Endlich ist beim Betrieb der Fabrik überall das Augenmerk auf Gewinnung nutzbarer Nebenprodukte und auf möglichste Reduktion der Arbeitskräfte gerichtet worden.

Die vollständige Einrichtung der Gasfabrik, die Art und Weise der Gasgewinnung lernten wir kennen. Noch einige Bemerkungen mögen hier eingeschaltet werden. Die Anwendung des Gases zur Beleuchtung erfolgte vor kaum einem halben Jahrhundert, obgleich die Beobachtung, daß bei der Zerlegung der Steinkohle durch die Hitze brennbares, leuchtendes

Gas auftrete, das gefaßt werden könne, schon im Jahr 1664 gemacht worden ist. Erstmals wurde es im Jahr 1802 in einer großartigen Dampfmaschinenfabrik bei Birmingham zur Beleuchtung verwendet. Als Straßenbeleuchtung dient es seit 1812 in London, seit 1815 in Paris, und heute sieht man die Gasbeleuchtung in allen größeren Städten eingeführt. Und Gas bereitet man aus Steinkohlen, Harzen, Holz, Fetten und Oelen, und man nennt das Gas je nach der Substanz, die zu seiner Darstellung dient, Steinkohlengas, Harzgas Holzgas, Oelgas. — Leuchtgas, zwar eine geringere Art als das künstliche, findet sich — und zwar nicht sehr spärlich — in der Natur. Man hat es immer da beobachtet, wo Stoffe organischen Ursprungs, in den Gebirgsarten enthalten, sich langsam zersetzen. So stammen die berühmten „heiligen"Feuer bei Baku am kaspischen Meere von einem dem Boden entquellenden Gase her; der praktische Sinn der Nordamerikaner hat ähnliche Quellen sogar der Industrie zinsbar gemacht; besonders ist aber der Boden Italiens reich an natürlichem Gase; Parma, Bologna, Barigazzo zeichnen sich in dieser Beziehung aus. —

Wir verlassen diese Fabrik und lesen zum Schlusse noch die Inschrift an einem der Fenster des Retortenhauses, die, Göthe entnommen, auf launige Weise die Bestimmung dieses Bauwesens angibt; denn sie lautet:

Wüßte nicht, was sie Besseres erfinden könnten,
Als wenn die Lichter ohne Putzen brennten.

8.

Endlich dürfte es Zeit sein, auch in der Umgebung der Stadt einen Streifzug zu thun. Enteilen wir deßhalb der „Guten" auf etliche Stunden!

Dem Seegut mit dem Lustschloß Monrepos gilt unser erster Besuch. Wenige Schritte, und wir stehen im Parke, der hier nur durch die Straße von der Stadtmauer geschieden ist. Das Favoritschlößchen hält uns nicht auf; uns interessirt weit mehr die Bevölkerung des Parks. Da hüpfen und spielen gar traulich die Rehe und Hirsche und andere flüchtige Wiederkäuer. Dort weidet bengalisches Wild, hier grasen Kaschmirziegen und tibetanisches Rindvieh. Und wie sie sich's so wohl sein lassen, die leichtfüßigen Thiere! Nicht Furcht noch Scheu hält sie von uns zurück; sie wagen sich in unsre nächste Nähe und blicken uns zutraulich an. — So wandelt es sich angenehm fort, bis uns, nachdem wir den Park verlassen haben, eine schöne Pappelallee aufnimmt.

Eiligen Schrittes kommen wir näher und näher dem Ziele; ja; schon ist's erreicht, das Seegut, das unter Herzog Karl „Seeschloß", unter König Friedrich aber „Monrepos" genannt wurde. Was Herzog Karl unvollendet gelassen, führte der erste König später aus; er erhob dieses Schloß auf einige Zeit zu seinem Lieblingssitze; da entfaltete es sich mit Einem Zauberschlage gleich einem reizenden Eiland auf weitem Ocean. Friedrich suchte und fand hier oft, was der Name des Schlosses besagt — Ruhe, Erholung. Wären wir damals hieher gekommen, wir hätten weit mehr zu schauen gehabt als heute.

Ein gewandter Mann von militärischem Aussehen will uns das Schloß und die Anlagen zeigen.

Gehen wir zuvörderst ins Schloß! Es bildet ein längliches Viereck und liegt ziemlich tief. Darum gewährt es auch keine so reizende Aussicht, wie die Lustschlösser, die wir sonst schon besuchten. Seitwärts schimmert der Spiegel des Sees durch hohe Pappeln. Neben der Auffahrt ruhen zwei kolossale

Löwen, die von Stuttgarter Künstlern gefertigt sind. Das Portal wird von Säulen getragen. Das Gebäude selbst ruht auf Gewölben, über denen eine Gallerie um das ganze Schloß herumläuft, die — wie das Schloß — reich mit Bildwerk verziert ist. An den vier Ecken des massiv gebauten Palastes stehen die Statuen der vier Jahreszeiten in Nischen.

Das Schloß enthält nur neun Zimmer und einen großen Saal, der durch ein gelungenes Deckengemälde von Guibal geschmückt ist. Jedes der Zimmer ist mit vielen Kunstwerken geziert. Die Handarbeiten aber rühren her theils von der Königin Mathilde, theils von der Königin von Westphalen.

Auch hieher kam Napoleon; auch hieher wurden die Alliirten geführt. Und beim Besuche der hohen Verbündeten ging es auf Monrepos ungemein prachtvoll her, sagt unser Führer.

Fahren wir nun über den See hinüber auf die romantisch gelegenen I n s e l c h e n! Wie majestätisch die Schwäne ums Schiffchen herum schwimmen! Die Fahrt ist vollendet. Dort steht eine gothische Kirche mit Thürmchen. Sie wurde von Hohenheim herüber geschafft. Das Lustgehölze wurde unter dem seligen Herrn erst angepflanzt. Der zickzackartige Weg zu dem Kirchlein, das auf einem künstlichgebildeten Felsenberg aufgebaut ist, führt zuerst zu einer Höhle, in welcher man römische Altäre bemerkt. In einem zweiten Gewölbe sah man vordem eine Versammlung der Tempelherren, die ein nächtliches B e h m g e r i c h t hielten. Zwölf Ritter saßen um den Tisch herum, alle mit weißen Mänteln bekleidet, auf denen vorn ein rothes Kreuz angenäht war. Einer derselben hatte vor sich eine Schrift. Auf dem Tische lag ein Schwert und in der Mitte stand ein Kreuz und ein Todtenkopf. An den Wänden hingen Rüstungen. Ein gelbes Licht erleuchtete die Höhle, vor der zwei Knappen Wache hielten. Wer da nicht arg erschrocken wäre, wenn er auf einmal in eine solch schauerliche Versammlung geführt worden wäre? Aber die Vehmrichter flüchteten sich schon längst aus dieser Höhle in ein unbekanntes Land, und wir haben die grausenhaften Gestalten nicht mehr zu fürchten. Gehen wir darum dem Kirchlein zu, um dort an einen freundlicheren Herrn, an einen gnädigeren Richter uns mahnen zu lassen; um dort aber auch die gemalten Fensterscheiben und das schöne Altarblatt — gemalt von Lukas Cranach — näher ins Auge zu fassen.

Aber auch in jenes niedrige Hüttchen, aus Baumrinde und Moos gefertigt, müssen wir eintreten. Dort verweilte vordem ein Einsiedler. Wenn er, so bald Jemand eintrat, seine Brille abnahm; wenn er ernsthaft, ja zornig die Eintretenden maß und sich die Störung schlechterdings nicht gefallen lassen wollte: so dürfen wir uns nicht wundern; aber sie ließen ihn drohen und unwirsch sein, so lang es ihm beliebte, und sahen seine Habseligkeit an. Ein kleiner Altar von Muscheln, ein Tischlein, sein Mooslager und das Glockenseil, mit dem er die Nachbarn zur Andacht rief: das waren all seine Güter. Sobald sich die Thüre hinter ihm schloß, kehrte der Klausner wieder zu seiner Beschäftigung zurück: er las in dem Andachtsbuch, das beständig vor ihm offen lag. Und wie fröhlich mag er gewesen sein, sich der lästigen Neugier enthoben zu wissen. Doch wir verlassen die ehemalige Eremitage.

Ganz in der Nähe erhebt sich das zweite Inselchen; auf ihm befindet sich nichts mehr von Bedeutung; all seine frühere lockende Herrlichkeit ist dahin. Deßhalb mag uns der Schiffer auf unserer Gondel wieder an's Festland setzen!

Durch den Tod Friedrichs wurde Monrepos Eigenthum der Königin Wittwe und nach ihrem Ableben fiel es an die K. Hofdomänenkammer zurück. Die Gebäude, die sich sonst noch hier finden, gehören jetzt größtentheils zu einer ausgezeichneten Meierei. Gerade sind einzelne Ställe geöffnet. Welch schöner Viehschlag! Und diese herrliche Nachzucht! Ein Stück ist schöner, kräftiger als das andere. Nicht zu verwundern ist es, wenn König Wilhelm, der Begünstiger und Beförderer jeglichen Zweiges der Landwirthschaft, häufig hier einspricht und sich um das Kleinste bekümmert. Zugleich gibt aber der fürstliche Herr seinen Landeskindern auf solchen Gütern Gelegenheit, sich mit vernünftiger Betreibung des Landbaus, insbesondere mit der Zucht edler Racen von Pferden, Hornvieh, Schafen und anderem Nutzvieh immer vertrauter zu machen.

Wenn somit auch viele der ehemaligen Schönheiten eingegangen, manche Gebäude — wie das Festingebäude, das reizende Theater — sogar abgebrochen worden sind, so erhebt sich dagegen in wachsendem Umfang ein anderer Bau, der wohl der lohnendste sein mag.

9.

Wir besuchen nunmehr den nahen Hohen-Asperg. Die Feste liegt vor unsern Augen. In kurzer Frist ist die Kuppe des Berges erreicht. Der Weg ist ganz angenehm. Rechts und links liegen die Aecker und Wiesen, die zum Seegut gehören. Ihre Bebauung, ganz den Grundsätzen rationeller Landwirthschaft entsprechend, nimmt unsre Aufmerksamkeit nicht allzu lange in Anspruch. Deßhalb soll uns das Wichtigste aus der Geschichte der Festung unterhalten.

Stadt und Burg Asperg kamen 1308 (unter Eberhard dem Erlauchten) an Württemberg. Der letzte der „Grafen von Asperg", Ulrich III., verkaufte sein Besitzthum an seinen Oheim. Schon das Jahr 1310 sieht den Käufer der Burg in ihren Mauern, damit sie schütze den in die Reichsacht erklärten Flüchtling. Aber er hielt sich nicht sicher und floh zu dem Markgrafen Rudolph von Baden nach Besigheim. Und er that wohl daran; denn 1312 wurde Stadt und Burg Aesperg von dem Reichsherrn gänzlich zerstört. Aber ein neues Aesperg entstieg aus den Trümmern. „Es bestand aus dem Schloß, einem großen Viereck mit einem Hofe, von hohen Thürmen, Vorwerken und einem breiten Graben umgeben", und dem unweit gelegenen Städtchen mit etwas über zwanzig Häusern. „Zwei werfende Geschoße, damit man in Schlösser und Städte Steine werfen könne", ließ Graf Ulrich im Jahr 1450 nach Aesperg bringen. Diese Geschoße waren wahrscheinlich die ersten württembergischen Geschütze.

Von größerer Bedeutung wurde die Festung für Herzog Ulrich, den Schwergeprüften, der an ihr einen sichern Haltpunkt zu haben wähnte. Aber die Besatzung mußte nach langer Gegenwehr der Uebermacht weichen und die Festung fiel 1519 in die Hände der „Bündischen", und erst 1534 räumte die kaiserliche Besatzung den württembergischen Truppen die wiedereroberte Burg. Herzog Ulrich ließ nun 1535 das Städtchen Aesperg abbrechen und die Bewohner desselben siedelten sich am Fuße des Berges an. Mit sehr großem Kostenaufwand wurde eine regelmäßige Festung mit Bastionen und Thürmen angelegt, die den Namen „Hohen-Aesperg" erhielt. „Die noch heute stehenden Umfassungsmauern sind großentheils das Werk Ulrichs". Was zur Ausbesserung, Verstärkung und Erhaltung dieser Festung beitragen konnte, wurde von Ulrich, wenn auch mit großen Opfern, bewerkstelligt. Aber 1547, nach dem unglücklichen Ausgang des schmalkaldischen Krieges, erhielt Aesperg spanische Besatzung, und erst 1553 kam es an Württemberg zurück. Herzog Christoph verwendete auch jetzt bedeutende Summen auf die Wiederherstellung der Festungswerke; in denselben

Sinne handelten seine Nachfolger. Darum vermochte Asperg während des dreißigjährigen Kriegs im Jahr 1635 eine elfmonatliche Belagerung auszuhalten. Trotzdem mußte es endlich den Kaiserlichen eingeräumt werden, die vierzehn volle Jahre die Festung besetzten. Erst 1649 gelangte sie wieder in Württembergs Besitz. Nur noch einmal, im Jahr 1688, kam sie in fremde, in französische Hände. Von jener Zeit an blieb Asperg für den Krieg ohne Bedeutung, obgleich für seine Befestigung das Möglichste geschah. Von jener Zeit an diente es bis zur Stunde als Staatsgefängniß. Und als solches ist es landauf und landab bekannt; ja, es gab Zeiten, in denen der Asperg das Schreckgespenst war, das Jeden drohend angrinste!

Aber wir stehen ja schon am Fuße des berühmten und berüchtigten, abgestutzt- kegelförmigen Berges, der sich, ein Keupergebilde, völlig vereinzelt auf der großen Ludwigsburger Lettenkohlenfläche 1107 par. Fuß (1255_5 württ. Fuß) erhebt. Zwischen Weinbergen zieht sich der schmale Weg aufwärts. Nicht umsonst nennt man diesen steilen Stich das „Schwitzgäßchen“. Wer hätte gedacht, daß man so jähe aufsteigen müßte? Aber noch etliche Schritte und die Hauptschwierigkeiten sind überwunden. Der ebene Weg zieht sich auf der Süd- und Südwestseite des Berges fort. Weinstöcke zieren den Abhang. Die Mauern der Burg und die Wälle sind uns ganz nah. Nun lenken wir in die Fahrstraße ein! Das untere Portal der Festung zeigt sich. Es wurde nach seiner Inschrift im Jahr 1675 von Herzog Wilhelm Ludwig mit zwei Bastionen erbaut. Die ehemaligen Vorwerke sind heute zerfallen und mit Reben bepflanzt. Ein etwa 300 Schritte langer gewölbter, unterirdischer Gang nimmt uns auf. Wie steil der Weg wieder wird! Doch bald ist die steinerne Brücke erreicht. Und wie hier schon die Aussicht so lohnend ist! 80 Fuß tief ist der Graben, über den sie führt. Sie scheidet die Festung von ihrer Umgebung. Ein gewaltiges Thor könnt' uns den Eingang verwehren; allein wir erhalten nach Nennung unserer Namen ungehinderten Einlaß. Ein großer Hof liegt vor uns. Eine prächtige Linde steht auf seiner südlichen Hälfte. Dieser Raum dient zum Exerzierplatz und ist von sechs palastartigen Gebäuden eingeschlossen. Kaum ragen diese Häuser — wenn man vom Fuße des Berges heraufschaut — über den inneren Wall empor. Aber uns fesseln diese Bauten nicht; wir steigen hinauf auf den Wall; uns lockt die reizende Aussicht. Nicht leicht hätten wir einen schöneren und passenderen Punkt hiezu finden können. Mögen wir auch kaum 300 par. Fuß höher stehen, als drunten im Dorf; mögen wir sogar noch bedeutend niedriger stehen, als wenn wir auf dem Bodensee führen: dennoch gewährt die freie Lage des Berges in dieser weiten, von keinen hohen Bergen begrenzten Fläche eine nach allen Himmelsgegenden ausgezeichnete Rundschau. Schon die nächstliegenden Punkte fesseln den Blick. Die Ludwigsburger Ebene breitet sich vor uns aus. Das liebliche Ludwigsburg selber ist ganz nahe; den Wald dort drüben nennen die Leute das Osterholz. Er ist von schönen Alleen durchschnitten. Eben jagt ein Bahnzug von dort heran; wie wild sich das Dampfroß geberdet! Lieblich gelegen erscheint das Seegut! Nur eine kleine Strecke weiter, und ein glänzendes Silberband schlängelt durch die Gefilde sich hin: es ist der Neckar. Weiter entfernt liegen in duftigem Blau die Berggruppen, die wir auf dem „Salon" schon erkannten. Gegen Norden aber bildet der Stromberg mit seinem Schlußpunkt, dem Michaelsberg, einen herrlichen Grenzwall, während im Westen die alte Besitzerin der Reichssturmfahne, das Städtchen Markgröningen, als Schlußstadt des Glemsgaus und des Strohgäus sich brüstet.

Vergessen dürfen wir nicht den Leonberger Wartthurm, das sicherste Barometer der Asperger, dessen weißes Erglänzen das untrüglichste Zeichen dafür ist, daß es in Bälde regnet. — Und damit uns von Einem Punkte dieses Berges die Aussicht überallhin ermöglicht wird, lassen wir uns auf das „Belvedere“ führen, wo wir in die weiteste Ferne mit Hülfe des dort aufgestellten Fernrohrs zu blicken vermögen. Schon steht es bereit auf der metallenen Scheibe, auf der alle Ortschaften im Umkreis von mehreren Stunden ihrer Lage nach so verzeichnet sind, daß der Tubus, der gedreht werden kann, genau die Lage des verzeichneten Punktes angibt. Ganz nahe gegen Südosten liegen uns jetzt die Solitüder und Stuttgarter Höhen. Von der Solitüde selbst können wir einen genauen Einblick nehmen. Auf dem Filderanfang erscheint Degerloch. Weiter entfernt treten Theile der Alp hervor: Teck und Neuffen, werden erreicht. Ohne Fernrohr erkennen wir den rothen Berg mit seiner Kapelle; mit dem Tubus können wir „fein“ in das Städtchen Winnenden hineinsehen; auch Ebersberg, Lichtenberg, Prevorst, der Stocksberg, die Burgruine bei Löwenstein, der Wunnenstein und der Heilbronner Wartberg stellen sich nach und nach ein und mögen sich unsrer Neugier nicht länger entziehen. Ja mit dem Tubus läßt sich sogar der 26 Stunden von hier entfernte Melibokus mit seinem großen Thurme auffinden. Wollen wir nicht dorthin die freundlichsten Grüße senden? Wieder in nächster Nähe entdecken wir den Enzviadukt, die staunenerregende Brücke bei Bietigheim, die den Uebergang über die Enz vermittelt. Welch ein Riesenbauwerk! Mehr als thurmhohe Pfeiler bilden die Grundstütze des Ganzen. Und bei all der riesigen Höhe sind sie so schlank und so zierlich!

Unsere Mühe ist reichlich belohnt durch den hohen, unvergleichlichen Genuß, den uns die Kuppe des Aspergs geboten. Unzählige Städte und Dörfer, fruchtbare Wiesen und Aecker, ergiebige Weinberge und nutzbare Waldungen, weite, reiche Ebenen und waldbedeckte Höhen: Alles, was ein wohlkultivirtes Land irgend nur bieten kann, ist hier vor uns ausgebreitet; Alles, was das Auge beglücken mag, kann es von hier aus erschauen. Auch den „Freiheitberaubten“, die sich im Freien doch täglich bewegen dürfen, möchte der freundliche Ausblick zu Zeiten als Tröster erscheinen.

Begeben wir uns nun an einen andern Ort. „Spazieren Sie hier herein!“ räth unser Führer. Und er öffnet eine gewaltige Thüre. „Das ist die Stätte, darin der Dichter Schubart zu Anfang seiner zehnjährigen Gefangenschaft (1777—1787) 377 Tage in engem Gewahrsam schmachtete.“ Ein Seufzer des Mitleids, ein Blick der Wehmuth, ein Wort der Theilnahme gelte dem Unglücklichen. In aller Kürze über ihn nur das Wichtigste!

„Christian Friedrich Daniel Schubart (geb. 1739 zu Obersontheim, gest. 1794 in Stuttgart) war ein unruhiger Kopf, mit sich und seinen Bestrebungen entfernt nicht im Klaren, ein Naturalist im schlimmen Sinne des Worts. Die Natur hatte ihm ein solch unübertreffliches Talent von Witz, Laune und Originalität verliehen, daß ihm Keiner darin gleichkommen konnte. Er durfte nur seinen Mund aufthun, um den treffendsten Gedanken schlagfertig herausspringen zu lassen, wie Minerva aus Jupiters Haupte. Zeitgenossen schildern ihn als einen breitgebauten, dabei aber hageren Mann mit hoher Stirne, großem Kopfe, aufgestülptem Gesichte, glühenden Augen und schlaffen, kirschrothen Lippen. Nach seinen Bestrebungen war er für seine Zeit eine durchaus originelle, kräftige Natur und eine tief in ihr wurzelnde Persönlichkeit. Seine in Ulm erschienene „Chronik“ enthielt eine Menge wahrer, wichtiger und tiefgedachter Bemerkungen, die um so werthvoller waren, je niedriger in jenen Tagen die Journalistik in Deutschland stand. Seine Dichtungen athmen Freiheit, haben patriotischen, poetischen Schwung, wie wir ihn bei keinem der damaligen Dichter wieder finden. In einer Zeit, da in Deutschland in vieler Beziehung noch große Finsterniß herrschte, wagte er es, frei zu sprechen und zu schreiben. Durch dichterische und prosaische Werke wurde er einer der Hauptvorläufer jener großen Umwälzung, welche der neuesten Zeitepoche als Anfangspunkt dient.“

Warum mußte er aber in diesem engen, dumpfen, finstern Kerker so lange schmachten? Die nächste Veranlassung soll ein beißendes Sinngedicht (Epigramm) gewesen sein, wodurch sich Herzog Karl verletzt fühlte. In der freien Reichsstadt Ulm war er übrigens vor jeder Gewaltthat sicher; wäre er dort geblieben, nie wäre er Aspergs traurigster Insaße geworden. Aber die Lockungen eines Blaubeurer Beamten durchschaute er nicht, und so ging er, obwohl mit offnen Augen, doch blindlings in die Falle: er fuhr mit dem Falschen arglos nach Blaubeuren. Kaum angekommen, wurde er im Namen und auf Befehl des Herzogs verhaftet und ohne langes Verhör nach Hohenasperg gefangen geführt. Erst die dringendste Fürsprache Friedrichs des Großen machte seiner zehnjährigen Kerkerhaft ein Ende. Aber gebrochen war sein feuriger Genius, gelähmt die Schwingen seines kühnen Geistes. Der Trotz des genialen Mannes wich der Uebermacht pedantischer Oberer; die Gluth der freiheitsdurstigen Seele verglomm unter der Wucht der Fesseln. Steine hätten sich mögen erbarmen ob den Seufzern und dem Wehklagen des Gefangenen. Und dennoch flammte immer und immer wieder das Feuer des Geistes auf, der sich in jedem Gebiete Bahn zu brechen vermochte. Hielt er in Geißlingen

Schule, spielte er in Ludwigsburg die Orgel, schrieb er in Ulm seine Zeitungsartikel: immer war er dieselbe Originalität. Wie schade doch, daß er so oft das richtige Geleise verlor! Wie schade, daß sein schneidender Spott so oft dem Heiligen galt! Darum war es wohl nicht allein das genannte Sinngedicht, das unserem Dichter sein trauriges Geschick bereitete: gewiß trug dazu auch seine Satyre und Parodirung der kirchlichen Litanei des Landes, sowie seine heftige demagogische Polemik bei, welche er gegen einige damalige Machthaber auf eine großes Aufsehen erregende, rücksichtslose, sarkastische Weise zu verbreiten suchte. — Genug, er büßte schwer und wie kein Anderer, was er jemals durch Wort und Schrift und Lebenswandel gesündigt hatte. Hören wir noch die Stimme eines Dichters über unsern Dichter Schubart *).

Ihn stießen sie aus frischen Lebensgärten
In dunkle modernde Gewölbe nieder,
Mit Ketten seine Hände sie beschwerten;
Da stiegen Heil'ge liebend zu ihm nieder,
Und wurden fortan Freund' ihm und Gefährten:
So sang begeistert er die frommen Lieder.
Und als den Kerker sie ihm aufgeschlossen,
Schien ihm die Welt von Grau'n und Nacht umflossen.

Enteilen wir nun diesem Gemache des Schreckens! Aber gedenken müssen wir noch dieser und jener Gefangenen, die diese Feste im Laufe der Jahre beherbergte. „Fort auf den Asperg!“ war zu gewissen Zeiten ein Wort, das die Besten des Landes in Nacht und Schrecken, in Armuth und Elend stürzte. Und sogar Günstlinge höchsten Glückes mußten oft fühlen, wie „schnell das Unglück schreitet!“ So legt uns der Ort, auf dem wir eben jetzt stehen, die Wahrheit der Worte des Weisen, „vor

*) J. Kerner.

dem Tode ist Niemand glücklich zu preisen", mit eisiger Kälte an's Herz. — Hier schmachtete ja jener Oberst Rieger, der so lange im Vollgenuß irdischen Wohlseins schwelgte. Hu! wie schaurig wendet sich doch oft das Blatt! Ach und so Vieles noch könnten wir hören, „was sich der Asperg erzählt"; aber es sind häufig nur Scenen des Jammers, Bilder zum Grausen! Darum sei stille der Mund, darum verstumme das Wort! Eines nur füg' ich noch bei: wie die Gegenwart eine humanere, eine ganz andere worden, als die Zeiten der letzten Jahrzehnte des vorigen und der ersten des jetzigen Jahrhunderts, so sind auch die Gefangenen, die noch jetzt dem Asperg zugeführt werden, milder und freundlicher Obhut gewärtig. Ist doch in vielen Fällen dieser Strafplatz entfernt nicht entehrend; ja es war sogar manch ein Ehrenmann hier seiner Freiheit schon eine Zeit lang beraubt.

„Und wie gefällt es hier oben denjenigen Leuten, welchen die Freiheit geblieben? Wie gefällt es den Männern, welche durch Amt und Beruf auf dem Asperg zu leben genöthigt sind?" Wenn des Lenzes milde Lüfte kosen und der Frühling seinen Einzug hält, daß es ringsum blüht und duftet; wenn der Sommer später dann die Gaue mit den schönsten Aehren schmückt; wenn der Herbst endlich die süße Traube reift und Winzerlust ringsum erschallt: dann — sagen Aspergs Bewohner — könnt' es wohl nirgends schöner, lieblicher zu leben sein; dann sei Tag für Tag die Freude laut. Aber wenn des Winters Stürme brausen und die Kälte schneidend über die Wälle schreitet, dann möcht' es da und dort sich freundlicher gestalten; im warmen Stübchen aber wisse der Erfindungsgeist der kühnen Männerschaar auf ungezwungene traute Weise sich zu unterhalten und es finde jede Richtung unbeschränkte Anerkennung. Wir beneiden sie weder um jene, noch um diese Tage, sondern gedenken nur noch die einzelnen Gebäude der Festung zu betrachten. Links vom Thore und an dieses stoßend erhebt sich die vier Stockwerke hohe große Kaserne, in der gegenwärtig das erste Jägerbataillon „liegt". Rechts vom Thore — wenn man in den Festungshof tritt — sehen wir das Kellereigebäude mit dem Wirthschaftslokal und den Wohnungen einiger Militärbeamten. An dieses Gebäude reiht sich der Arrestantenbau und diesem folgt der Spitalbau. Im Kommandantenbau, der sich stattlich erhebt, wohnt nicht nur der Festungskommandant, sondern auch der Schulmeister und der Bäcker; zudem enthält er den Betsaal, das Schullokal und die Kanzlei. An der Ostseite des Berges, dem Thore gegenüber, liegt der Arsenalbau, früher das Galliotenhaus; einen Theil desselben nannte man vormals die Calwer-Läden, weil in früheren Tagen die Calwer Kaufleute ihre Waaren bei Ausbruch eines Krieges hieher geflüchtet haben sollen. Dieses Gebäude dient zu Beamtenwohnungen; aber auch für unfreiwillige Insaßen der Festung sind Wohnungen im Arsenalbau eingerichtet.

Daß in den inneren Festungsgräben Gärten angelegt sind, in denen steinerne Kugeln, sonst nur zur Zerstörung bestimmt, die lieblich duftenden Blumenbeete und die Gartenwege einfassen; daß der äußere Graben mit Obstbäumen bepflanzt ist, dieß Alles nahmen wir wahr, als wir den inneren Wall mit seinen netten Spaziergängen begingen. Auch die verschiedenen Verschönerungen, erst in den letzten Jahren vollendet, betrachteten wir mit Wohlgefallen.

Und so scheiden wir, dankbar für die gebotenen Genüsse auch von diesem nicht blos in Württemberg wohlbekannten und vielgenannten Punkte.

9.

Wieder zeigt sich die alte Inhaberin der Reichssturmfahne, das glemsbespülte Markgröningen. Ob es uns auch noch so freundlich zu einem Besuche einlüde: wir danken ihm dennoch hiefür und hören; derweil wir weiter ziehen, einem Freunde, der uns des Städtchens altüberkommenes und weithin berühmtes Schäferfest mit seinen Herrlichkeiten schildert, aufmerksam zu. Es findet dieß Volksfest alljährlich am 24. August, am Bartholomäustage, statt. Doch, lassen wir unserem Freunde das Wort!

Fragen wir, so beginnt er, nach den Festlichkeiten dieses Tages, so möge uns vorerst ein Schriftsteller des vorigen Jahrhunderts, vom Jahr 1778, Hartmann, antworten. Derselbe sagt: „ich glaube in ein arkadisches Städtchen eingetreten zu sein; überall schallt mir Lustgetümmel, der Takt der Füße, das Freudengeschrei der Jungen und Alten entgegen; Freundlichkeit und Gastfreiheit begegnen mir; Aufrichtigkeit und schwäbische Redlichkeit küssen sich. Wenn nicht selbst den Hypochondristen ein Geist der Fröhlichkeit anhaucht: armer, beklagenswerther Mann!“ Er schließt seine Festbeschreibung mit den Worten: „Möchte doch das Bild dieses Tages mich so lebhaft umschwebt haben, daß ich es würdig beschrieben hätte! Aber ich fühle die Mängel meiner Schilderung. Verbessere sie, Jüngling, der du einst dieses Fest besingst. Gehe hin mit anakreontischem Geiste, und du Maler mit dem Pinsel eines Guido, und den Augen eines Zeuxis, begleite ihn, du, um Bilder der Liebe, du, um Gruppen der Schönheit zu sammeln! Wie will ich mich freuen, wenn mein Zuruf euch erweckt hat, ein Fest zu verewigen, das Württemberg allein feiert!“ — Versuchen wir es nun auch, eine Darstellung der Tagesfeier zu geben.

Wählen wir dazu die Zeit, da das Fest noch in seiner schönsten Blüthe abgehalten wurde, etwa das zweite Jahrzehnt dieses Jahrhunderts!

Jung und Alt rührt sich schon tagelang, würdig sich vorzubereiten auf die freudigen Stunden des heiligen Bartholomäus. Vornehme und Geringe, Vermögliche und Dürftige scheuen kein Opfer der Gastfreundschaft; gilt es doch die Ehre der Stadt! Rauchsäulen steigen empor, und um die Häuser verbreiten sich Düfte, geeignet, das Herannahen von außergewöhnlichen Freuden zu verkünden. Auf öffentlichen Plätzen, in den Straßen deuten die Zurüstungen auf einen Markttag. Schäfer und Schäferinnen ziehen so mälig in's Städtchen; es zeigen sich schon die bestellten Pfeifer der Schäferzunft; schon erblickt man den Dudelsack, die Querpfeife. Auch entferntere Gäste finden sich ein. Freundliche Blicke winken dem Fremden den Gruß zu. Lockende Töne aus einzelnen Schalmeien dringen an's Ohr. Dort in friedlicher Herberg tanzen nur Etliche sittsam ein Tänzchen zur Uebung. Horch, es klinget ein Ständchen, von Schäfern den „Herren" gebracht, herüber. Nacht ist's geworden; der Vorabend des Festes ist da! Und zum Nachtgruß wirbeln die Trommeln und tönen die Pfeifen der Stadtwache durch alle Straßen des Städtchens. Und den erhabenen Schluß bildet das Schreien freudig nacheilender Gassenjungen. Aber wenn auch der Lärm auf den Gassen und Plätzen verstummt ist: in den Häusern ist's doch nicht stille geworden; nicht will der Schlaf die ermüdeten Augen schließen. Naht doch ein Morgen voll Lust! Und siehe da, kaum graut der Tag, der ersehnte, so erhebt sich auf's neue Geräusch, denn die Stunde der Freude, schlüge sie jemals zu frühe? Pfeifen und Trommeln der Stadtwache künden geräuschvoll sie an; mit Tagesanbruch hält sie ihren Umzug. Ueberall Rührigkeit, überall emsiges Treiben!

Die Schäferobermeister ziehen mit Musik und mit fliegender Fahne vor die Stadtschreiberei, um ihren Obmann, den Stadtschreiber, und die Lade, die Kasse, in welcher die Zunftgelder, die Einlagen der Schäfer aufbewahrt werden, auf das Rathhaus abzuholen. Dort wird die Fahne aufgesteckt; sie flattert gegen den Marktplatz hin. Geschäft und Freude beginnen zumal.

In der großen Rathsstube geht das Ein- und Ausschreiben der Schäferjungen, das Einsammeln des Lehrgeldes bei Meistern und Knechten, die Austheilung der Nestel und Bänder an sie und dergleichen vor sich. In der geräumigen Hausflur tanzt die junge Schäferwelt unter aufregenden Hoffnungen des Tages beim hüpfenden Ton der Schalmeien. Die Zahl der Fremden wächst mit jeder Stunde. In allen Straßen, in allen Häusern gibt es, je nach Stand, Bildung und Bekanntschaft, Gruß und Kuß, Händedruck und Bückling. Der Krämer legt ohne Säumniß seine Waaren zur Schau; Handwerker um Handwerker ordnet, was seiner Hände Fleiß hervorgebracht, und auch der, „welcher die Einfalt durch tausend Künste und durch der Worte Schwall zu berücken pflegt, setzt sich in seine vielversprechende Stellung“. Auf einmal ertönt das Geläute der Glocken; sie rufen zur Kirche Einheimische, Fremde: Ein langer, langer Zug schwebt die breite Treppe des Rathhauses herunter; beschaut von einer Menge Neugieriger, ordnet und vervollständigt er sich unten mehr und mehr. Die Spitze des Zuges bilden die Ladenpfeifer und Schäfer, mit ihren Schalmeien und Querpfeifen den Schäfermarsch blasend. (Dieser Marsch ist uralt und höchst einfach und für die Gröninger das, was der Kuhreigen dem Schweizer ist.) Nach ihnen kommt der erste Zug der Stadtwache. Dann folgt die fliegende Fahne, getragen von dem Stadtschäfer Gröningens und umgeben von Obermeistern, die an ihrem Schäferstab silberne Schippen haben. An diese reihen sich der Oberamtmann, der Stadtschultheiß, die Vorsteher der Schäferzunft und viele Andere. Den Schluß des Ganzen macht der zweite Zug der Stadtwache. Feierliche Festmusik empfängt die in die Kirche Eintretenden. Nach Absingung einiger Liederverse besteigt der Diakonus die Kanzel und hält eine dem Feste angemessene Predigt, die theils aufmerksam, theils voll Zerstreuung hingenommen wird, jedenfalls aber baldigst endigen muß, wenn nicht Murren über das säumige Amen vernommen werden soll. Hastig drängt sich die Menge durch die Kirchenthüren hinaus und rennt spornstreichs davon, um bei dem nunmehr beginnenden Hammellauf einen günstigen Standort zu erhalten. Vornehme eilen in ihrem Wagen hinaus. Endlich ziehen die „Herren“ und Schäfer in demselben Zuge, wie sie gekommen waren, auf das Rathhaus zurück. Dort wird die oben berührte Schäferordnung verlesen; dort werden die Preise, welche nach dem Laufe ausgetheilt werden sollen, und die aus allerlei Kleidungsstücken bestehen, an die Schippen der Obermeister gebunden; dort wird an der Rathhaustreppe der mit Bändern und Blumen geschmückte Hammel in den Zug aufgenommen. Dieser Hammel wird von dem Stadtschäfer geführt und nach der Musik eingereiht. Ihm schließen sich an die fröhlichen Bursche und Mädchen, welche den sogenannten Sprung wagen. Der Oberamtmann, der Stadtschultheiß und Andere folgen. Von Zuschauern dicht umgeben, bewegt sich der Zug auf den Festplatz. Auf einem Stoppelfeld ist die 300 Schritte lange Rennbahn hergerichtet. An dem einen Ende stellen sich die Springenden auf; am andern befinden sich die Kampfrichter auf einer Tribüne. Auf beiden Seiten der Bahn wartet eine zahllose Menschenmenge, sei's zu ebener Erde, sei's auf Gerüsten und Wagen, sei's hoch zu Roß, bis das Zeichen zum

Wettlauf gegeben wird. Endlich flattert das weiße Tuch. Barfüßig, die spitzigen Stoppeln nicht scheuend, kommen auf Sturmesflügeln die Bursche herbei. Gleiches Schauspiel bei den Mädchen! Zurufe der schauenden Menge feuern die Kämpfenden an. Alle springen gegen das Ende der Laufbahn hin, wo die Kampfpreise vor den Kampfrichtern liegen. Aber es geht nicht ganz ohne Neid und Schabernack ab! Da erhält wohl eine Dirne von der andern, die um einen Schritt voraus ist, einen gelinden Puff in die Seite, der ihr den Athem auf einen Augenblick nimmt; dort stößt eine an der andern an und beide kommen zu Fall, richten sich wieder empor, lenken aber bald, an dem Siege verzweifelnd, rechts oder links ab und verbergen sich unter den Reihen der Zuschauer; hier verliert eine das Gleichgewicht, fällt zu Boden, rafft sich schnell wieder auf und humpelt den übrigen schadenfroh Vorübereilenden mit Mühe nach. Aber schon hat eine Glückliche keuchend den Fuß der Tribüne erreicht und schaut sich, die Krone auf dem Kopfe, nach dem nächsten besten Sitze um, von der übermäßigen Anstrengung und Erhitzung sich zu erholen. — Der Wettlauf ist endlich vorüber. Der Richter Urtheil verkündet den Lauschenden nunmehr die Sieger und Siegerinnen. Der Jüngling und das Mädchen, die für die besten Springer erkärt werden, bilden das siegende Paar, werden mit schweren, glänzenden, roth unterfütterten Kronen aus Messing gekrönt. Von Mund zu Mund wird ihr Name getragen; ihr strahlender Blick verkündet den Zuschauern wessen die Herzen nun voll. Den sie gewonnen, den Hammel, nehmen sie in ihre Mitte. Im Triumphe, begleitet von ihren Kampfgenossen, ziehen sie unter dem lebhaften Getön der Pfeifen und Schalmeien vom Wahlplatze fort. Man kommt vor dem Rathhaus an; dort wird Halt gemacht. Sämmtliche Schäfer und Schäferinnen, die sich am Sprunge betheiligten, tanzen daselbst einen Ehrentanz. In der Mitte des Kreises steht der Zahlmeister und wirft Nestel unter die Tanzenden, die sie zu erhaschen suchen. Doch nicht blos die Schäfermädchen drehen sich im Tanze; auch aus den umstehenden „Fräuleins und Jungfern“ holt sich der jubelnde Schäfer die Tänzerin; keine dürft' es verschmähen, mit dem Hirtenkind einen lustigen Walzer zu wagen.

Endlich ist's Mittag geworden. Stiller wird's auf den Straßen. Um so geschäftiger regen beim Mahl sich die Hände. Freundschaft und Liebe würzen gar seltsam die Arbeit des Mundes. Wenn im Gedränge sich kaum die Blicke begegneten; siehe, jetzt wirket das Wort, das lebendige, kosend und flüsternd und schäckernd — in allen Gestalten. Doch nicht allzulang dauert das Tafeln. Die Füße der Jugend haben der Ruhe schon satt; sie können es kaum erwarten, bis die Musik wieder zum Tanze sie ladet. Und aus allen Wirthshäusern tönt solch lieblicher Ruf. Ist vom Walzen, ist vom Getrapp und Gejauchze das Geräusche fast unerträglich: dennoch hält der gellende Ton der Querpfeife die Tanzenden richtig im Takte. Die Honoratioren — sie fanden gar zahlreich sich ein — können ihre Tanzlust auf dem Rathhaus befriedigen. Die große Rathsstube ist in einen prächtigen Ballsaal verwandelt und scheint sich dieser Metamorphose baß zu erfreuen; wird sie gemeinhin doch anderer Tänze gewahr! Immer geht es ab und zu; der Tanzenden sind es so viele als der Zuschauenden. Schon ist es zu später Stunde, und dennoch vermindert die Zahl der Fröhlichen sich nicht. Einzelne tanzen sogar fort, bis die kühlende Luft der Morgendämmerung um die glühenden Wangen fächelt.

Der zweite Tag, zugleich Nachmarkt, versammelt in früher Stunde schon die Vorsteher der Schäferlade, um in Zunftangelegenheiten Gericht zu halten. Aber auch die Schalmeien der Schäfer ertönen fast eben so frühe, und dem beobachtenden Auge kann es nicht entgehen, daß die Tanzlust noch nicht männiglich befriedigt ist. Wenn auch die Zahl der herbeigeströmten Festgäste sich auffallend verminderte, daß nur noch selten ein Fremder die Straßen durchwandelt: die Hirtensöhne und Schäfermädchen erscheinen auch heute im Festgewand. Doch sinkt die Flamme, welche so hoch aufgelodert, nach und nach, und das „Juchhei" des letzten Schäfers, der Abends aus den Thoren zieht, gilt als Ausdruck des Dankes für die bereiteten Freuden. —

Obgleich die Zeit gar Manches von dem ehemaligen Glanze dieses Volksfestes, dem einzigen in Schwaben während der guten alten Zeit, verwischte, so besteht es doch heute noch fort, und der Bartholomäustag ist alljährlich für Alt und Jung nicht nur in Markgröningen selbst, sondern auch in den umliegenden und entfernteren Orten ein Tag der Freude, des Jubels. Die Hauptgebräuche des Festes, der Schäfersprung, die Beischaffung der verschiedenen Gewinnste, an deren Spitze der „Festhammel", die Tanzbelustigung rc., haben sich bis heute erhalten. Zudem ist mit dem Feste seit vielen Jahren ein sogenanntes landwirthschaftliches Fest als Erweiterung des Ganzen verbunden worden, wodurch auch die landbebauenden Bewohner des Bezirks durch Austheilung namhafter Preise für rationelle Betreibung des Ackerbaus und der Viehzucht in eine rege und innige Beziehung zum „Schäfermarkt" gesetzt wurden. Und wenn der Freund des Volkes vollends wahrnimmt, daß auch demjenigen Theil der dienenden Klasse, der sich durch Treue und Fleiß und Wohlverhalten auszeichnet, unumwunden theils durch Geldgaben, theils durch Belobungsbriefe Seitens des Vorstandes des landwirthschaftlichen Vereins Anerkennung gezollt wird, so muß ihm dieß doch zur Befriedigung dienen.

Die jüngste Zeit hat dem Feste noch eine andere Erweiterung ausgemittelt. Sie reiht sich dem Schäfersprung an. Eine beträchtliche Anzahl Preisbewerberinnen hat sich an den Schranken aufgestellt. Der neue Akt des Schauspiels beginnt: ein „Rennen mit Hindernissen." Jedes Mädchen trägt nämlich eine neue, mit Wasser gefüllte Gölte frei auf dem Kopfe. Nun gilt es, im Geschwindschritt mit derselben, ohne sie mit der Hand zu halten, der Tribüne zuzueilen. Ohne Mißgeschick geht es auch hier nicht ab. Die Last auf dem Haupte kommt aus dem Gleichgewicht; die Schöne verliert die Haltung, fährt mit den Händen nach der wankenden Gölte und ein tüchtiges Sturzbad kühlt den Eifer der gedemüthigten Neiderin, die kurz zuvor hart an ihrer Nebenbuhlerin vorbeistreifte und derselben durch einen Ruck mit dem Ellbogen die Gölte vom Kopfe herunter zu holen gedachte. Beschämt sucht sich diese in der Zuschauermenge zu verstecken. Es lüstet sie nicht zu sehen, welche von ihren Gespielinnen zuerst die Tribüne erreichte und den ersten Preis gewann.

Der lieben Schuljugend ist endlich ebenfalls Gelegenheit gegeben zu freudigem Treiben. Längst ist sie um den Kletterbaum versammelt, um sich nicht blos zu üben oder Kurzweil zu treiben, sondern um sich die bunten Gaben, die droben verführerisch flattern, herunter zu holen.

So findet Jung und Alt Anlaß genug zur Freude und Lust. Und wollte sie Jemand verwehren, so lange sie inner der Schranken der Ehrbarkeit und guter Sitte sich halten?

10.

Vor uns liegt Marbach. Seit unvordenklichen Zeiten gehört dieses Städtchen zu Württemberg. Ein rüstiges

Geschlecht war frühe schon thätig gewesen, dem Wohnort ein respektables Aus- und Ansehen zu verleihen. Gar freundlich schaut das alte Städtchen von seiner Anhöhe herunter. An seinem Fuße hemmt der Neckar seinen raschen Lauf, und in breiter, stiller, spiegelglatter Behaglichkeit nimmt er die Bilder in sich auf, die ihm von der bedeutungsvollen Höhe und von seinen baumbekränzten Thalufern entgegen strahlen.

Die Marbacher waren ehedem sehr bemüht, ihr irdisches Dasein sicher zu stellen; dieß bezeugen die nicht zu verachtenden Ueberreste ihrer städtischen Ringmauern, sowie das noch ganz gut erhaltene östliche Stadtthor. Auch für die Behäbigkeit des Lebens scheinen sie frühe schon weise Sorge getragen zu haben, denn schon längst sind die Wälder ausgerottet und wohlgepflegte Felder umgeben die Oberamtsstadt in schönen Wellenlinien, und herzerfreuende Weinberge ziehen sich an den Hügelreihen hin. Dabei führten sich die Marbacher aber auch ernstlich zu Gemüthe, daß der Mensch nicht allein vom Brode lebt; hiefür spricht die in gothischem Style von 1450 bis 1480 erbaute schöne Alexanderskirche mit ihrem schlanken, hochragenden Thurme (der neueren Stadtkirche nicht einmal zu gedenken), in welchem jüngst die „Schillerglocke", ein Geschenk von Deutschen in Moskau, eine trauliche Stätte gefunden.

Kaum war die Kirche im Geschmacke des mittelalterlichen Katholizismus ausgebaut, so machte sich eine neue religiöse Weltanschauung dieselbe dienstbar: die Marbacher bekannten sich freudig zur Reformation des 16. Jahrhunderts.

Obgleich die Stadt im 16. und 17. Jahrhundert durch feindliche Heere und pestartige Krankheiten Unsägliches zu leiden hatte; obgleich sie namentlich im Jahr 1693 von den Franzosen eingenommen, geplündert und in Brand gesteckt wurde und die Einwohner die schändlichsten Grausamkeiten zu erdulden hatten:

so sammelten sich doch nach dem Abzug der furchtbaren Horden die Geflüchteten oder glücklich Erhaltenen bald wieder und bauten die Stadt auf's Neue. Wenn auch die hart Heimgesuchte sich nur langsam erholte, so half doch die emsigste Thätigkeit dem tief erschütterten Wohlstand wieder auf, und heute wetteifern Färbereien und Gerbereien, Krapp- und Farbholzmühlen, Tuchwebereien, Metallknopf- und Sesselfabrikation im regsten Betrieb. Ein großer Theil der Bevölkerung ist aber auch mit Landwirthschaft und Weinbau beschäftigt; „nachgerade ist Marbach eine wahre Bäcker- und Wirthshausstadt geworden: so viele Bäckerläden, so viele Wirthshausschilde trifft man nirgends, als in Marbach."

Was aber Marbach ganz besonders zum vielbesuchten Wallfahrtsorte stempelt, das sind nicht seine leiblichen Genüsse; nein, es ist ein kleines, freundliches Häuschen, das zum Besuche einladet: es ist Schiller's Geburtshaus. Wer wüßte es nicht, daß der große Dichter in Marbach geboren? Erst die jüngste Zeit hat die Geburtsstädte des erhabenen Genius dem Privatbesitze zu entziehen und den kommenden Geschlechtern als ein Nationaldenkmal zu übergeben vermocht. Seit Schiller's Geburt wurde das Haus unter mehreren Besitzern verschiedenen Veränderungen unterworfen, und der letzte derselben, ein Bäcker, wirthschaftete und knetete gerade da, wo Schiller nach amtlicher Ermittlung am 10. Nov. 1759 das Licht der Welt erblickte; hier hatte das Haus gegen früher seine Hauptveränderung erlitten: zu dem Stübchen war der Oehrn und Hauseingang gezogen und bildete das dem Gewerbe dienende Zimmer. Weniger hatte sich in den obern Räumen verändert, besonders blieb ein Stübchen nach hinten in unverändertem Zustande. Das Jahr 1859 feierte nun auf wahrhaft erhebende und begeisternde Weise den hundertjährigen Geburtstag des unsterblichen Dichters, und dieses Jahr sah das „Marbacher Schillerhaus“ in seinen früheren Zustand zurückgeführt. Die Fenstereintheilung der Stöcke und der Eingänge wurde auf die Weise ausgeführt, wie wir sie jetzt sehen. Durch die große alterthümliche Hausthüre betreten wir von vorne das Haus. Gleich an ihr öffnet sich das trauliche Stübchen, in welchem Schiller's Mutter der Ankunft des jungen Weltbürgers entgegensah. Und dieses enge Stübchen ist also die Wiege des gewaltigen Geistes. Gehen wir eine Treppe höher, so öffnet uns der gefällige Hauswart ein Zimmer nach vornen, in welchem wir verschiedenerlei Reliquien betrachten, die uns recht innig an Schiller erinnern. Man zeigt uns dann ein Petschierstöckchen und eine Schnupftabaksdose, die beide von Schiller bis zu seinem Tode gebraucht wurden. Sogar noch ein wenig Tabak findet sich in der Dose! Eine treffliche Photographie von dem Originalgemälde von Schiller zieht unsre Aufmerksamkeit nicht weniger auf sich. Noch andere Schillerbilder zieren das Gemach. Auch ein alter Spiegel, von Schiller in der Akademie und nach dem Austritt aus derselben benützt, hängt an der Wand. Verschiedene Schriften aus der Bibliothek Schillers und noch andere literarische Gaben, Schillers Werke in verschiedenen Ausgaben und Schriften über Schiller enthaltend, bilden den Anfang zu einer Schillerbibliothek. Besonders werthvoll sind die von dem Vater Schillers eigenhändig geschriebene Selbstbiographie, sowie einige Briefe aus der Familie Schillers, Originalien. Und noch so manche andere Gabe zeigt uns der freundliche Hausvogt und wohlthuend spricht uns die ganze Umgebung an. Wie sorgsam aber seine Augen gerade jene Originalbriefe bewachen! Sie mögen ihm sehr auf das Herz gebunden sein. Und mit Recht!

Wir haben Alles betrachtet, was dieses Haus, das durch

Den, der hier geboren, „ein Gegenstand der Weltgeschichte geworden“, von Kleinodien birgt. Stets wird es „einer der sonnigsten Punkte auf vaterländischer Erde bleiben“, denn es hat uns ja Den gegeben, „den das deutsche Volk unter all seinen großen Dichtern sich am liebsten als Vorbild denkt, in dessen Ringen nach Stärke und Vollendung, nach Reinheit und Freiheit es am gernsten ein Beispiel seiner eigenen Wünsche und Hoffnungen erblickt.“

So klein das Häuschen, so groß, so unerreichbar erhaben ist und wird sein der Held, der in diesen engen Räumen das Licht der Welt erblickte. Fürwahr, ein Riese an Geist und Gesinnungstüchtigkeit! Darum hat ihn nicht blos Ein Dichter besungen. Hören wir wenigstens einen derselben, G. Schwab! Sein Sang gilt dem „Riesen von Marbach“.

Seht ihr, wie freundlich sich die Stadt
Im Neckarfluß beschauet?
Wie sie sich ihre Berge hat
Mit Reben überbauet?
Dort, wie die alte Chronik spricht,
Hat vor viel Jahren dumpf und dicht
Ein Tannenwald gegrauet.

Gelegen hat ein Riese drin,
Ein furchtbar alter Heide;
Er bracht' in seinem wilden Sinn
Das Schwert nicht in die Scheide.
Er zog auf Mord und Raub hinaus,
Und baute hier ein finst'res Haus
Dem ganzen Gau zum Leide.

Die Steine zu dem Riesenhaus,
Ganz schwarz und unbehauen,
Grub er sich mit den Händen aus,
Fing eilig an zu bauen,

Er warf sie auf die Erde nur,
Daß einer auf den andern fuhr,
Bis fertig stand das Grauen.

Es sei der Riese, sagt das Buch,
Aus Asia gekommen;
Ein Heidengötz', ein alter Fluch
Zum Schrecken aller Frommen:
Mars oder Bacchus sei das Wort,
Davon Marbach, der Schreckensort,
Den Namen angenommen.

Die Steine längst verschwunden sind,
Der Wald ist ausgereutet,
Ein Mährchen ward's für Kindeskind,
Das wenig mehr bedeutet;
Doch horchet wohl auf meinen Sang,
Der nicht umsonst mit seinem Klang
Es jetzt zurück euch läutet.

Denn ob des Schlosses Felsengrund
Versunken ist in Schweigen,
Wird man doch d'rauf zu dieser Stund
Euch noch ein Hüttlein zeigen
Und keine sechszig Jahr es sind,
Daß drin geboren ward ein Kind,
Dem Wundergaben eigen.

Von gutem Vater war's ein Kind,
Von einem frommen Weibe;
Auf wuchs es und gedieh geschwind,
Kein Riese zwar von Leibe:
Von Geist ein Riese wundersam,
Als ob der alte Heidenstamm
Ein junges Reis noch treibe.

— — — — —

Da plötzlich, sieh! erhebt er sich
Verklärt ganz und erneuet;
Der alte stolze Wahn entwich,

Vom jungen Licht zerstreuet.
Es zieht vor uns sein Wallenstein
In's Leben, in den Tod hinein,
Daß es das Herz erfreuet.

Es feiert die Friedländerin
Ein göttlich Liebessterben;
Maria wirft sich büßend hin,
Den Himmel zu erwerben;
Und hoch im ew'gen Glanze steht
Die Frankenjungfrau, fromm erhöht
Bei allen Himmelserben.

Und, ach, da kommt der freie Tell
Mit seinen Eidgenossen:
Ihm folgt der gute Sänger schnell,
Er hat den Zug beschlossen;
Er singt im Himmel fort und fort,
Er denkt an dich, du Heimathsort,
Aus dem die Riesen sprossen.

Es ist hier nicht der Ort, weiter auseinander zu setzen, was dieser „Riese an Geist" seinen Zeitgenossen, seiner Nation geworden, welche Anerkennung Schillers Leistungen bei der Mitwelt gefunden und bei der Nachwelt, so lange deutsche Sprache und Literatur bestehen, selbst in den fernsten Gegenden fremder Länder und Welttheile behalten werden. Aber durchzucken muß jeden Deutschen die Freude, daß wir ihn den Unsrigen nennen dürfen in des Worts verwegenster Bedeutung. Und hinweisen müssen wir noch einmal auf das Jahr 1859, das mit beispielloser Begeisterung des erhabenen Dichters hundertjährigen Geburtstag feierte und dem Genius den Tribut der Dankbarkeit zollte. Was die Herzen damals bewegte, das suchte ich in schwachen Worten auszusprechen durch das folgende, zu diesem Ehrentage geschriebene Gedicht:

Der 10. November 1859.

Wohin das Auge heut' mag schweifen,
Von Süd gen Nord, von Ost gen West,
So weit nur deutsche Laute reichen:
Allwärts ein rauschend Freudenfest!
Der Jahre hundert sind entschwunden,
Seit erstmals dem das Licht erglänzt',
Den jubellaut die Welt bewundert,
Deß Stirne längst der Lorbeer kränzt.

Sein Name haucht in alle Herzen
Begeisterung, die nie verglüht.
Hell jauchzt der Jüngling ihm entgegen,
Dem zauberfrisch die Welt erblüht;
Den Mann ergreift es zwiefach mächtig,
Des Dichters allgewaltig Wort,
Und selbst den Greis, gebeugt, bedächtig,
Es reißt zur Jugendgluth ihn fort.

Schaut, wie sein Banner er entfaltet,
O schaut, wie's in den Lüften wiegt!
Kein Zwang kann ihn darnieder halten,
Den herbsten Druck er kühn besiegt;
Nicht läßt er sich in Fesseln schlagen,
Sein Geist will nur, was ewig wahr;
Das Höchste muß er sich erjagen — —
Die Sonne blendet nicht den Aar.

Ob auch „aus dieses Thales Gründen"
Er einen Ausgang sich ersehnt:
Doch läßt er nie den Muth entsinken,
Nie wird sein klares Aug' bethränt.
Ob von des Stromes wilden Wogen
Umfluthet ward der Heimath Port:
Ihn treibt allzeit „ein mächtig Hoffen",
Ihm bleibt ein „dunkles Glaubenswort".

Was freien Menschen einzig eigen,
Was himmlisch-hehr die Brust entzückt,
Was süß ertönt auf gold'nen Saiten,
Was göttlich-schön das Leben schmückt,
Was selbst die Edelsten beseligt,
Was wonnig Herz um Herz berauscht:
Im Liede hat er's uns gegeben;
Den Göttern hat er's abgelauscht.

Der Wahrheit gilt sein freudig Ringen,
Sein Sinnen, Sehnen, Forschen, Müh'n;
Doch draußen nicht — nein, nein! tief innen
Sieht er der Wahrheit Strahlen glüh'n;
Tief innen auf des Herzens Grunde,
Da baut er ihren Hochaltar,
Und bringt, der Weisheit treu verbunden,
Ihr Opfer stets um Opfer dar.

Gewiegt im Schooß des ewig Schönen,
Deß Zauber Göttlichem entflammt,
Erklimmt er keck die höchsten Höhen
Der Kunst der Künste, gottentflammt;
Voll Inbrunst hält er sie umschlungen,
Von ihren Pfaden weicht er nie;
Die feurigsten der Huldigungen,
Dem ewig Schönen weiht er sie.

Ein Heros tritt er in die Schranken
Für Geistesfreiheit, Recht und Licht.
Sein Wort zerbricht die stärksten Bande;
„Der Mensch ist frei!" — Ihr glaubt es nicht?
Und würd' in Ketten er geboren:
Die Freiheit ist sein Angebind';
Wenn erst vom Wahn er frei geworden,
Ist er des ew'gen Vaters Kind.

Dann blitzt aus jedem Aug' die Würde,
Wie sie sein Seherblick erkannt;

Dann ist die Menschheit hoch gefürstet,
Für jede Tugend heiß entbrannt;
Dann fliehen scheu die finstern Mächte,
Zerstieben muß der Lüge Saat;
Die Liebe hält empor die Rechte
Und übt geräuschlos Liebesthat.

Dann bleibt kein nebelhaft Gebilde
Des großen Dichters Ideal;
Die Bruderkette schließt sich wieder
In Einer Sonne lichtem Strahl.
An's Vaterland, an's liebumfloß'ne,
So Greis, als Jüngling schließt sich an;
Dann steigt ein gold'ner Tag aus Osten,
Und holder Friede bricht sich Bahn.

Wohlan denn, deutsches Volk, erfasse
Mit deutschem Ernst dieß Ideal!
Es heischt von Dir des Muthes Thaten
Und duldet Wanken nicht, noch Wahl.
Versenk' Dich in der Wahrheit Tiefen,
Ergötz' Dich an der Schönheit Glanz,
Und was erhaben, das nur übe;
Dem Vaterlande weih' Dich ganz!

Dir aber, Tag der reinsten Freude,
Dir jauchzen unsern Gruß wir zu.
Den Edelsten der Edeln Einen
Dem deutschen Volke schenktest du!
Mag auch Jahrhundert um Jahrhundert,
Dem Staube gleich, im Sturm verweh'n:
Ein Name bleibt allzeit bewundert,
Und nie wird **Schiller** untergeh'n.

Aber jetzt hinaus in die schöne, weite Welt, auf die Schillerhöhe. Einige hundert Schritte rechts vom östlichen Thor der Stadt liegt dieser Punkt mit seiner herrlichen Rundschau. Das Jahr 1859 legte hier in Anwesenheit einer ungemein zahlreichen Volksmenge den Grundstein zu einem Denkmal, dem diese Stätte schon seit zwei Jahrzehnten entgegen harrte. Nach dem Plane eines Künstlers soll dieses Denkmal in einer Büste auf angemessenem Postamente in einer von vier Säulen getragenen Halle bestehen. Als ein Zeichen der Pietät und Verehrung soll und wird es dazu beitragen, noch bei den spätesten Geschlechtern das Andenken an den unsterblichen Dichter stets lebendig zu erhalten. Und damit jene schöne Feier nimmer vergessen werde, soll alljährlich an des Dichterfürsten Geburts- und Todestag die „Schillerglocke" ihre Klänge weithin erschallen lassen.

* * *

Kehren wir endlich wieder nach der zweiten Residenzstadt des Landes, nach dem nahen Ludwigsburg zurück! Und da dürfte zum Schlusse gewiß die Frage am Platze sein, wie uns gerade diese Stadt und diese Gegend gefallen haben. Bieten sie nicht des Schönen gar Vieles? Wie lieblich sind doch die künstlich angelegten Schattengänge und Wälder! Und die Stille der Stadt, die so Manchen ein unreifes Urtheil über Ludwigsburg fällen läßt, ist sie nicht gerade ein gewaltiger Magnet für alle die Herzen, die dem Gewirr und Gewühl der mammonssüchtigen Menge, der vergnügenerjagenden Massen entfliehen wollen? Mag auch Ludwigsburg eine verlassene, eine todte Stadt, mag es „der Schmollwinkel" Württembergs genannt worden sein: trotzdem bleiben ihm seine Reize unverkümmert. Ob sie vielfach auch nicht beachtet werden, die Werke der Kunst, die Schönheiten der Natur: einmal wird kommen der Tag, der auch in dieser Richtung löset den Bann, der all dieser Pracht gerechte Anerkennung, ja volle Bewunderung zollt. Verblichen sie aber auch, die Herrlichkeiten, die in früheren Tagen einen Zauber eigenster Art über Ludwigsburg goßen: nur um so duftiger blühen alljährlich die Kinder des Lenzes und schmücken die Stadt mit ihrem Gebiete so wundersam schön.

Freuen wir uns deßhalb, daß wir die Gute, umgeben vom Brautschmuck der maienseligen Natur, durchwandern konnten! Wünschen wir der oft gekränkten und vielfach geschmähten Kreis- und Residenzstadt den Segen des Höchsten, den Segen gottinniger Stille!

Druckfehler.

Seite		Zeile		von		lies		statt	
Seite	12	Zeile	24	von	oben	lies	ihren	statt	seinen.
„	13	„	10	„	„	„	von	„	an.
„	15	„	9	„	„	„	schwarz	„	schwurz.
„	57	„	13	„	„	„	Gesträuche	„	Gestrauche.
„	73	„	1	„	unten	„	Esel	„	Ese.
„	83	„	2	„	oben	„	das	„	daß.
„	86	„	7	„	„	„	schmückt	„	chmückt.
„	126	„	4	„	„	„	Hauptsaal	„	Hauptsaa.
„	144	„	1	„	unten	„	Gemäldesammlung	statt	Gemäldelung.

www.ingramcontent.com/pod-product-compliance
Lightning Source LLC
Chambersburg PA
CBHW021113270326
41929CB00009B/859